国家（西部）规划课题
最终成果（编号12XMZ037）

金融支持与西部少数民族地区减贫策略研究

Jinrong Zhichi yu Xibu Shaoshu Minzu
Diqu Jianpin Celüe Yanjiu

孙超英 等 著

西南财经大学出版社
Southwestern University of Finance & Economics Press

中国·成都

图书在版编目(CIP)数据

金融支持与西部少数民族地区减贫策略研究/孙超英等著.—成都:西南
财经大学出版社,2021.12
ISBN 978-7-5504-4973-2

Ⅰ.①金… Ⅱ.①孙… Ⅲ.①金融支持—作用—少数民族—民族
地区—扶贫—研究—西北地区 Ⅳ.①F127.7

中国版本图书馆 CIP 数据核字(2021)第 142435 号

金融支持与西部少数民族地区减贫策略研究

孙超英 等著

责任编辑:张岚
责任校对:廖韧
封面设计:张姗姗
责任印制:朱曼丽

出版发行	西南财经大学出版社(四川省成都市光华村街 55 号)
网　　址	http://cbs.swufe.edu.cn
电子邮件	bookcj@swufe.edu.cn
邮政编码	610074
电　　话	028-87353785
照　　排	四川胜翔数码印务设计有限公司
印　　刷	郫县犀浦印刷厂
成品尺寸	170mm×240mm
印　　张	12.75
字　　数	219 千字
版　　次	2021 年 12 月第 1 版
印　　次	2021 年 12 月第 1 次印刷
书　　号	ISBN 978-7-5504-4973-2
定　　价	78.00 元

目　录

篇一　理论分析
——少数民族地区金融发展、减贫策略的一般分析

篇二　实证分析
——金融支持与减贫的关系探究

篇三　案例探讨
——内部差异化发展的调研分析

篇四　政策建议
——减贫策略的选择与实施

导 论

　　民族是一种社会存在形式，伴随着人类社会发展进程的特定阶段而产生。自古以来，在中华大地上就活跃着多个民族，这些民族不断交融、发展，逐渐形成了统一且疆域广阔的多民族国家——中国。

　　中华人民共和国的成立，终结了封建主义、帝国主义和官僚主义三座大山的统治，为多民族的共同发展与繁荣带来了希望。改革开放以来，在党的领导下，通过全国各族人民的共同努力，少数民族地区①在社会、经济、文化上取得了一定程度的发展，但也积累了一些问题和矛盾。时至今日，随着中国经济社会发展逐渐步入以换挡调速、结构调整为特征的"新常态"，加快推进少数民族地区的改革进程，已越发成为我国经济社会实现可持续发展的不可或缺的动力。习近平总书记在中央扶贫开发工作会议上强调，消除贫困、改善民生、逐步实现共同富裕，是社会主义的本质要求，是我们党的重要使命。推进少数民族地区的发展，不仅关系到国家经济社会转型和全面建设小康社会的成效，而且在挖掘增长潜力、缩小区域差异、维护国家稳定等方面都具有国家层面的战略意义。

一、研究缘起

　　受不利的气候条件、特殊的历史沿革、薄弱的经济基础等众多因素影响，大多数民族地区经济社会发展明显落后于全国平均水平，而且与发达地区的差距呈现出扩大的趋势。因此，"十三五"规划明确提出："加大对革命老区、民族地区、边疆地区和困难地区的支持力度，实施边远贫困地区、边疆民族地区和革命老区人才支持计划，推动经济加快发展、人民生活明显改善。"当前，对少数民族地区而言，发展机遇大于挑战，少数民族地区应当主动作为，加快改革和发展，让人民有更多的获得感。

―――――――――

　　①　少数民族地区也常被称为民族地区，本书没有刻意区别。

1

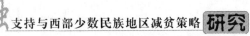

在新的宏观形势和区域布局下，少数民族地区要实现跨越式发展，离不开金融的支持和推动。资金筹集得越多，杠杆利用得越好，少数民族地区的发展越能收到事半功倍的效果。但是，由于历史及现实原因，我国少数民族地区金融支持不足的问题长期未能得到有效解决，限制了少数民族地区资源优势的发挥和潜力的挖掘。虽然从有效市场假说来看，在市场经济环境下，应当遵循优胜劣汰的原则，少数民族地区的发展就应当无为而治；但从公民社会的角度来看，发展平等对每一个地区都是适用的，特别是当前我国已经呈现出区域发展的不平衡，收入、贫富等差距还有不断扩大的趋势。因此，建立健全适应少数民族地区经济社会发展的金融支持体系，促进民族地区内生增长，已经成为少数民族地区面临的紧迫而重要的任务。

二、本书的结构概述

本书主要研究西部少数民族地区的金融支持与反贫困的相关问题，共分为四篇十一章，具体框架及结构如下：

篇一为理论分析部分，分为"相关概念及研究范围界定""少数民族地区金融发展与贫困问题的研究综述""金融支持欠发达地区经济发展的理论基础"和"金融支持西部少数民族地区减贫的理论分析"四章。第一章从梳理相关概念着手，重点对少数民族相关概念和金融支持相关概念进行了界定，并对全书主旨减贫策略做了明确。第二章为文献综述，分别从少数民族地区的金融发展和反贫困问题两个方面对相关研究进行了述评。第三章则是在阐述区域经济学理论、发展金融学理论的基础上，为金融支持少数民族地区减贫提供了理论支撑。第四章着重对金融支持少数民族地区减贫进行了分析：一是分析了少数民族地区经济发展的差异性，即所处的贫困状态及经济发展阶段的不同；二是明确了在差异性基础上应当采取具有适配性的减贫策略。

篇二为实证分析部分，对西部少数民族地区发展过程中的金融支持与减贫的关系进行论述，采用了时间序列分析、面板数据分析等方法进行了计量分析。其中，第五章"西部民族地区经济金融发展概况"分析了经济发展的制约因素以及金融发展的瓶颈问题，并从正规金融和非正规金融两个方面对金融支持进行了阐述。第六章则是在现状分析基础上，将定性结论定量化，认为在长期中金融发展能够促进经济发展，进而实现减贫目标，而为了克服短期中经济发展对金融发展的制约作用，还应当构建与经济发展相适配的金融支持体系，并从对不同的金融行业的研究中得出了一些结论，是全书政策建议的实证支撑部分。

篇三为案例探讨部分，也是课题研究过程中调研总结的环节，共由三份调研报告组成，分别是针对宁夏地区特色民族金融的调研报告、针对青海地区民间金融的调研（NGO 项目）报告、针对人口较少民族基诺族金融发展的调研。三篇调研报告各有侧重点，但行文逻辑基本保持一致，并都在调研分析后就金融支持背景下的减贫策略方向或路径给出了建议。其中，对人口较少民族的调研通过入户调查获得了大量的问卷数据，并做了较为详细的数据分析。

篇四为政策建议部分，包括本书减贫策略的两个重要方面，一是参与式金融开发，二是差别化发展战略。第十章分析指出，真正意义上的参与式金融开发并不会自动出现，这不是一种自发而成的市场行为，而是以政策性金融为主导地位的一系列开发手段。因此，参与度的提高需要扫除众多的障碍性因素，即开发手段、开发过程和开发结果必须是和西部少数民族地区相适应的。同时，最后一章进一步对差别化金融支持进行了实证分析，认为有效的区域金融结构差别化发展战略实际是精准扶贫战略的最佳体现；通过差别化实现精准化，可以因地制宜提升地区经济发展的质量并且实现地区经济发展较强的可持续性。

三、本书的创新

本书可能的创新体现在以下几方面：

（1）将金融支持作为一种反贫困手段来研究，研究视角比较新颖。本书在前人研究的基础上，选择将金融支持作为有效的反贫困手段来研究，并选取了西部少数民族地区为研究对象，将扶贫与发展结合起来，提出了基于金融支持的参与式金融开发战略，以此为西部少数民族地区减贫策略提供依据。

（2）将差别化发展战略引入反贫困的研究，既重视了民族地区的内部差异，又为精准扶贫提供了强有力的理论支持。既往文献对西部地区的扶贫研究多是从国家层面、地区层面出发，没有更多考虑特定民族的地域特性，对民族间发展的差异性重视不够。本书结合计量经济分析和案例分析方法，基于民族地区的内部差异提出了差别化金融支持的减贫策略。

（3）提出从扶贫开发到减贫策略的转变过程中，重点在于参与式金融开发。本书在金融支持研究和扶贫开发研究的基础上提出减贫策略，并以参与式金融开发作为其核心，这不仅是名词上的一种创新，更是模式上的一种新思路，期望通过推广参与式金融开发推动西部民族地区经济发展。

篇一　理论分析

——少数民族地区金融发展、减贫策略的一般分析

　　金融是现代经济的核心。在加快经济发展、改变少数民族地区相对落后的状态并使其迈入现代经济的进程中，金融发展的作用不可忽视。首先，民族地区的经济处于迈向现代市场经济的前期阶段，这为金融进一步发展提供了土壤。民族地区内部客观存在的差异使得其经济发展也存在一定的差异性，但相应地区的金融发展则相对与之不匹配，形态、结构相对单一化，需要多元化的金融供给保证这些地区的金融生态更加完善。其次，多元化、完善化的金融结构，能够与经济发展阶段相匹配，为当地带来高速的经济运行效率；而多元化的结构安排客观上也保证了差异化的存在，为民族地区的差异化发展提供了可能性。因此，研究少数民族地区的减贫问题，需要在进一步探讨经济与金融关系的理论基础上，使民族地区在加快经济发展的同时实现有效减贫。

第一章 相关概念及研究范围界定

　　"民族"的基本要义是人群共同体，它既是一个历史范畴，又是一个社会范畴。伴随着人类社会的发展和演进，民族在特定的阶段产生、发展和消亡。"民族"一词常见于现代学术研究并被较为广泛地讨论和研究，但由于出现于不同场合，人们对其的理解也不尽一致。斯大林曾指出，民族是"人们在历史上形成的一个有共同语言、共同地域、共同经济生活以及表现于共同文化上的共同心理素质的稳定的共同体"①。而根据《韦伯斯特大学辞典》的解释，民族是一国居民之总体，即国家。国内学者德全英将民族概括为"一群基于历史、文化、语言、宗教、行为、生物特征而与其他有所区别的群体"②。因此，民族这一概念有广义和狭义之分：广义上对应"nation"，指一定区域范围如国家或地区内的各民族统称，如中华民族（包含 56 个不同的民族）；狭义上则是对应"ethnic group"，指各个具体族群，如汉族、蒙古族等。

　　一个民族的产生、发展和消亡均与特定区域的自然环境、气候条件等因素密不可分。不同区域的地理、气候等自然条件很大程度上决定了该区域人们的物质生产和精神生活。因此，本书重点讨论的民族地区的金融支持政策，也属于少数民族地区经济问题的范畴，需要融合民族与区域因素，以单个或多个民族聚居的一定地域为研究对象。

---

　　① 斯大林. 马克思主义和民族问题 [M] //斯大林选集：上卷. 北京：人民出版社，1979：64.

　　② 德全英. 民族区域自治权：中国民族关系法制化的实践 [D]. 北京：中国社会科学院研究生院，2000.

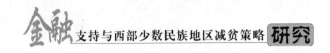

第一节 少数民族地区相关概念界定

一、少数民族地区

中华人民共和国成立以后，中央政府在一批人类学、社会学专家学者的建言下积极开展民族识别工作，先后确认了 56 个民族。但汉族在人口数量上占据绝对比重，因而其余 55 个民族常以"少数民族"见于书面和口语称谓，当然这种"少"并非一种歧视（陈连开，1995）。少数民族地区也常被简称为民族地区，虽然这一概念在我国社会各界被广泛应用，且学术界普遍认可这是一个相对汉族聚居区而言所提出的概念，但其具体的指代对象在各种文献中却不尽相同。主流观点主要分为以下三种：

其一，某些文献明确将这一概念界定为我国的民族自治地方。我国于 1984 年出台了《中华人民共和国民族区域自治法》，规定我国在各少数民族聚居的地方实行区域自治，各自治机关属于国家的一级政权机关，分为自治区、自治州、自治县，分别对应省级、市级和县级行政单位。中华人民共和国成立后，我国在民族识别的基础上，先后设立了内蒙古、广西、西藏、宁夏和新疆 5 个自治区、9 个省级行政区（包含新疆）内的 30 个自治州，以及分布在 18 个省级行政区（包括内蒙古和新疆）内的 120 个自治县。整个民族自治地方地域广袤，占我国国土总面积的三分之二。

其二，部分学者（任志军，2007；刘磊，2010；毛捷，2011）认为，民族地区的概念应当不限于民族自治地方。虽然部分省级行政单位没有设立为自治区，但该区域内有较多的自治州、自治县，且少数民族在该区域内活动频繁，其社会、政治、经济和文化等均受到少数民族的活动影响（这类地区主要有云南、贵州、甘肃和青海等），也应当将其纳入民族地区的概念。

其三，以郑长德（2007）为代表的学者认为，青海、甘肃、云南、贵州、四川和重庆这 6 个多民族聚居的省（市）虽不是自治地方，但拥有的民族众多，存在大杂居、小聚居，应当把这些区域整体纳入民族地区的概念。同时，诸如吉林、海南、湖北和湖南等地，特别是多省交界地带，由于有多个少数民族聚集地区，也应大范围地纳入民族地区的概念（施正一，2001）。

综合对比了以上各种界定，由于我国统计数据的范围局限性，现在没有按民族专门分类来对经济社会状况进行的统计，而在一些政府报告或公文中，民族地区常常专指民族自治地方，因此本书采纳将全部民族自治地方界定为少数民族地区的观点。

二、西部少数民族地区

"西部"一词最早来自美国西进运动，尤其是美国影片中的西部牛仔让人印象深刻。西进运动是美国历史上的重大事件，甚至对今日作为超级大国的美国仍不断产生着潜移默化的影响。与美国相似，我国1999年出台了西部大开发的国家战略部署，就是要依托西部地区资源禀赋、交通干线，综合利用东部沿海地区的资金、技术等优势，进一步加快西部地区的建设和发展，努力缩小地区经济差距。从地理意义上而言，中国的西部一般被分为西南地区和西北地区，但西部大开发战略实施以来，中国西部的概念逐渐扩展为西部大开发所涵盖的地域，即由"10+2+2"构成的区域——以四川、重庆、云南、贵州、西藏（西南五省区市）和陕西、甘肃、青海、新疆、宁夏（西北五省区）共十省（区、市）为主体，再加上一北一南的内蒙古和广西两个自治区，以及两湖地区的湘西土家族苗族自治州和恩施土家族苗族自治州两个自治州，共同构成了这一定义上的西部地区。其中，四川盆地和关中平原等小部分区域人口密度和发展水平相对较高，其余广大区域虽资源丰富、地广人稀，但发展却相对落后，亟待开发。因此本书研究的反贫困问题，实质上是西部地区民族自治地方发展问题的重要组成部分，书中的西部少数民族地区，既是被西部大开发战略涵盖的区域，又是属于少数民族自治地方范畴的特定区域。

三、民族发展与民族地区发展

一方面，民族发展是一个综合的多维度进程，蕴含政治、经济、文化、人口等多个方面的演进。都永浩（1991）认为民族发展就是民族素质、民族生存力和竞争力提高的过程，这个过程还包含民族从事国家政治、经济、社会文化活动能力的增长，是一个民族自身价值的实现过程。他重点强调民族自身发展能力的培养才是民族发展的关键。金炳镐（2007）把民族发展定义为"在民族的自身因素、自然因素、社会因素的综合作用下，通过民族的内部结构、整体素质、外在特征以及民族之间关系的不断调整更新、协调适应，推动民族纵向质的提高和横向量的

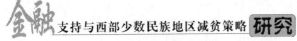

扩展，不断实现民族自身性发展、社会性发展以及人的发展的过程，本质上是民族生存和演进的质和量的提高"①。

另一方面，民族地区发展本质上是特定区域的发展，是区域内外部因素共同作用产生的。任维德（2003）认为，民族地区发展主要指民族地区经济、教育、科学技术和文化卫生事业的发展。在民族发展的一系列核心内容中，民族所处区域的经济发展为上层建筑的发展提供了物质基础，这关系到民族最基本的生存问题，包括衣、食、住、行等方方面面。毕竟社会生产是人类赖以生存发展的基础，社会生产力的高低直接决定了人类所处的发展阶段，因此，民族地区经济发展和民族地区发展拥有不可割裂的关系，前者既是对后者的促进，同时又蕴含在后者之中。

通过对民族发展与民族地区发展两个概念的归纳整理不难看出，民族发展本质上是人的发展，属于生产关系发展的范畴，更多地表现为政治发展、人口发展、文化发展等；而民族地区发展本质上是区域的发展，属于生产力发展的范畴，更多地表现为经济发展。

第二节　金融支持与减贫

一、金融支持

金融支持，一般是对金融支持政策或金融支持体系的简称。金融支持政策是指当某一部门、行业或者地区通过自由竞争的市场配置难以获取所需资金时，由政府通过差别化利率、准备金率等管理工具，调整信贷结构，引导资金流向，从而为其提供金融租金补贴的一系列制度安排。现阶段，学界普遍认为，我国的金融支持政策主要包括银行信贷投放、风险分散补偿、资本市场完善、金融部门混业协调以及金融创新等。"金融支持体系，也是为加快特定对象（如某一部门、某一行业或者某一地区）的持续健康发展，而采取的以金融支持政策为主，配套法律法规保障、信息技术支撑以及市场中介协调，大力发展金融组织机构、引进金融人才、鼓励金融创新的金融支持系统。在我国存在着各种金融支持体系，具体到少数民族地区的金融支持体系，应该包括法律法

---

① 金炳镐. 论民族发展规律 [J]. 西南民族大学学报（人文社科版），2007（2）：7-13.

规体系、金融支持组织机构体系、信用担保体系和金融创新机制。"①
法律法规体系包括宪法、民法、针对少数民族与民族地区的专门法律和
法规，以及民族自治地方自治条例等。金融支持组织机构体系主要强调
各种金融机构在民族地区的配套性，而非提供金融产品的全面性。信用
担保体系包括政策性信用担保机构、非营利性互助机构、营利性商业机
构。金融创新机制不仅包括融资服务的各种产品创新、渠道创新，而且
鼓励基于民族习俗的金融形式创新②。

二、贫困与贫穷

贫困相对于富足而言，是世界各国发展过程中广泛存在的社会问
题。同时，贫困也是一个很广泛的观念，学界也一直没有对其形成统一
的定义。目前全球上认可度最高的是世界银行对贫困的表述，该表述强
调了人处于物质世界中贫穷的状态，以及精神世界中的无权、脆弱和恐
惧等状态（World Bank，2001）。简言之，贫困是一种状态的长期存在，
这种状态是物质资源包括生产资源、生活资源的匮乏导致的生活窘困，
同时这种物质生活的窘困会引起精神生活的进一步贫乏，因而贫困是一
种包含物质和精神两方面、蕴藏于社会生活中的综合观。对于贫困的分
类，因学者所持视角不同也存在很多种类。"绝对贫困"和"相对贫
困"运用较广，前者是用指标直接衡量，而后者则需通过参照系进行度
量。随着中国经济的快速发展，学界从对贫困成因的关注更多转向了对
贫困界定标准、多维度的贫困（郭建宇，2012）以及贫困敏感性（杜
凤莲、孙婧芳，2011）的探讨。近几年，国外学者（McKay、Lawson，
2002；Stefan Dercon，2005）开始从发展经济学的动态视角研究贫困问
题，提出暂时贫困和慢性贫困的概念，将贫困状态过程化。

然而，在探讨中，学者们往往忽视了贫困和贫穷之间的差异。如前
所述，贫困不仅包含物质方面，而且拥有精神意味，但贫穷只客观地说
明了物质生活上的贫乏，至于这种贫乏有没有造成窘困，或者形成精神
上的脆弱、恐惧等，实则不知。这正是国内外对贫困问题关注点不一致
的表现，也导致了反贫困手段的差异。国内很少单一提及"贫穷"这
一词汇，"贫穷"在中文里的本来意思就是指"极度缺乏"，而满足与

---

① 张家寿. 加快民族地区经济社会发展的金融支持体系研究 [M]. 北京：人民出版社，
2010：242.

② 刘博. 论中国少数民族地区金融支持政策的适配与选择 [D]. 成都：西南财经大学，
2014.

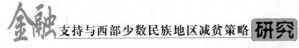

否则是个人的感觉，我们更愿意将这种个人感觉融入其中，称其为贫困，因穷而生困惑。另外，贫穷较之贫困更有贬义蕴藏其中，贫困更加强调了困惑、窘困，淡化了贫穷的意指。因此，国内反贫困的首要手段就是扶贫，无论是早期的"输血"还是后期的"造血"，扶持贫困地区、扶持贫困群体都是借由物质上的提升安抚精神上的困惑。

三、减贫策略

国外的研究文献通常客观地使用"贫穷"一词，同时大量研究也更侧重人文关怀，甚至是探讨贫穷群体的心理状态，但是并没有像国内对这一概念进行类似的区分。外国学者更注重思考如何减缓甚至是减少贫穷。在他们的理念中，贫穷是可以减少的，他们将这一类研究称为"poverty reduction"（Paul Collier、Stefan Dercon，2006）或者"poverty alleviation"（Farah Aida Ahmad Nadzri，2012），认为减少贫穷依赖于推动经济发展的各种手段。也正是因为国外采用以减缓为主的反贫困，没有出现早期国内反贫困导致的较高返贫率的问题。在这一点上，单从国内学者对扶贫的翻译——"poor supporting"，也能看出国内外在处理贫困问题上的差异，国内更加注重对贫困地区或贫困群体的支持，以期安抚贫穷所带来的精神痛苦。

因此，从国内当前实践来看，应当提出"减贫"这一概念，在对贫困问题进行全新阐释的同时也能满足精准扶贫的客观要求，从而以经济发展来减少贫困。减贫应当是一系列有效推动经济发展的长期政策手段。这一系列的手段，不仅要包括常用的经济手段，如金融约束、融资补贴、税收减免等，而且要包括有利于社会发展的手段，如发展教育、提供额外的社会保障、引进优秀人才等。同时，减贫应当是因地制宜的，也就是说减贫过程应当与不同经济发展阶段相适配。综上，减贫是一种长期演化的策略，是一系列反贫困手段的集合，它强调贫穷是动态的演变过程，是根据物质和精神双方面所处贫穷状态的不同而不断演化调整的策略。而对于民族地区而言，减贫策略应当由三个方面来构成：一是应当用教育促成民族交流与融合，完成民族地区的开化，即先要根治精神贫穷；二是在少数民族和外界达成发展共识的情况下应当采用常规扶贫手段推动民族地区经济发展；三是应当建立切实可行的扶贫政策退出机制，引导民族地区脱贫后走上常规发展途径，回归跨越后的稳定发展。

本书讨论金融支持与减贫的关系，认可有两点假定在中国是成立的：一是政府运用政策对市场进行干预是有效的，即政府能够通过相关金融政策引导、推动区域金融健康发展；二是区域金融的可持续发展能够有效推动当地经济社会的进一步发展。实际上，我国政府在欠发达地区的政策干预特别是对金融政策的干预和调控优于一些发达国家，这为减贫策略的制定提供了基础。

第二章 少数民族地区金融发展与贫困问题的研究综述

第一节 少数民族地区金融发展的研究述评

我国区域经济发展格局的一个显著特征是地区间的非均衡发展，民族地区与汉族地区在经济发展上的差异正是这种不均衡的写照。从整体来看，民族地区落后源于自然条件、历史基础、政治环境、文化传统等多方面因素。但从经济金融角度看，资本的积累与再生能力很大程度上决定着地区经济的发展水平。随着社会货币化、信用化趋势的加快，以资本形成能力为基础的金融发展对经济发展的撬动作用更是日益明显。因此，本书从民族地区金融发展相关文献的梳理工作出发，试图为研究和解决民族地区经济发展问题找到合理的切入点。

一、民族地区金融发展的问题表现

虽然少数民族地区金融业在改革开放以后取得了一定程度的发展，但在全国范围来看，其发展水平仍较为滞后。任志军（2007）以贷款相关率[①]衡量金融发展水平，指出民族地区的金融发展不仅落后于全国平均水平，而且也不能完全适应当地经济发展。纵观现有文献，我国民族地区金融发展面临的问题主要有以下几个：一是金融相关率偏低，金融资产规模小，表现为信贷供给渠道不断收窄、贷款总量与存款总量的占比呈下降趋势。二是金融业态不全，组织体系欠缺，表现为银行类金融机构在民族地区分布密度较小，城乡基本金融服务不均衡；非银行金融机构缺失，直接融资渠道不畅，资本市场发展落后。三是担保机制不健全，信用风险难以有效分担，表现为银担合作准入门槛高，财税扶持政策力度不足，企业担保难问题普遍。四是资金沉淀能力差，供需矛盾

[①] 贷款相关率等于金融机构贷款与国内生产总值之比。

突出，表现为区域内项目风险调整收益率较低，资金流失严重，内生积累不足。五是金融工具单一，产品创新滞后，表现为民族地区金融服务过度依赖传统信贷业务，新兴投融资手段运用率低。六是金融制度设计缺乏针对性，一方面金融优惠政策难以真正落地、效果不佳，另一方面金融法律体系构建停留在共性层面，区域发展特殊性未能得到充分体现。

二、民族地区金融发展的制约因素

针对上述问题，相关文献对制约民族地区金融发展的因素进行了研究分析。从金融需求的角度来看，民族地区经济发展总体水平不高导致金融产品的有效需求不足（任志军，2007）。由于民族地区人口分布稀疏，金融需求具有分散的特点；同时，民族地区以农业为主的产业结构与其地理环境决定了其金融需求的周期性和季节性。因此民族地区金融需求普遍小于全国其他地区（张毅，2010）。从金融供给的角度来看，民族地区由自然因素导致的外生金融交易成本，如通信、交通等，以及由金融生态决定的内生金融交易成本，如违约成本、担保成本等，都显著高于其他地区；在民族地区，国家的政策性金融机构没有能力提供足够的金融服务且效率不高，正规的商业银行等金融机构在利益驱使下没有动力提供足够的金融服务，而非正规金融部门不被允许提供金融服务（张毅，2010）。从金融运行的外部环境来看，民族地区因其自然条件复杂多变、生产技术低下、教育水平落后、商品经济意识淡薄、司法体系不健全等原因，无论是非金融环境还是金融环境均不尽如人意。廖群云（2005）指出民族地区实体经济价值创造能力弱，融资方还款能力不确定性高，信用机制不健全，缺乏完善的守信联合激励和失信联合惩戒制度。周运兰（2011）也指出民族地区金融中介组织发育滞后，评估审计、法律咨询、要素市场等相关服务体系尚未完全建立。从政策引导方面来看，产业、财政、金融等相关政策联动不足、措施不细使民族地区不能有效撬动和利用金融资源（廖群云，2005）。任志军（2007）指出金融政策没有关注区域经济差别，其主要表现有三点：一是缺乏有区别的且有针对性的区域货币政策；二是在信贷管理体制中的商业银行在存贷比例、授信额度、贷款结构、贷款原则等方面仍采取全国统一的方式，缺乏通过信贷政策支持民族地区经济的灵活性和差别性；三是缺乏引导民族地区完善金融组织体系的鼓励性政策。

三、民族地区金融发展的影响效应

金融发展水平滞后对少数民族地区最直接的影响是减缓了当地经济增长速度，阻碍了当地经济健康发展（梁平，等，2005；刘磊，2011）。郑长德（2007）的研究表明，总体而言民族地区金融业占服务业的比重以及对经济增长的贡献率较低。柳劲松（2009）的实证研究也证实，民族地区 GDP（国内生产总值）与金融规模和金融效率正相关。再进一步，一些文献对民族地区金融发展如何抑制当地经济发展进行了描述。鲁钊阳（2012）的实证研究发现，在民族地区产业转型升级的过程中，财政政策的影响远高于金融政策的影响，且财政政策对金融政策的实施效果有负面影响。柳劲松（2009）选取民族自治地方 1992 年至 2006 年各项贷款额数据进行实证研究，认为民族地区金融机构在促进地区产业结构优化方面的效率有待提高。周运兰（2011）从企业的角度指出，融资难、融资贵严重制约民族地区企业的扩大再生产。严琼芳（2012）则站在消费者的角度，收集了长达 20 年的样本数据，对民族地区农村金融发展对农民收入的影响效应进行了研究。研究结果显示，民族地区农民人均纯收入与农村金融发展规模正相关，但这种相关关系存在明显的滞后效应。

四、文献述评

"通过对少数民族地区金融发展相关文献的回顾，可以发现对该问题的理性分析取得了一定的成果，例如任志军（2007）根据民族地区特殊的经济金融状况，提出金融支持民族地区经济发展应遵循金融与财政结合原则、政策性金融与商业性金融分工合作原则以及货币信贷政策的统一性与区别性相结合原则。但总体来看，该领域的研究还有待进一步深入。首先，研究民族地区金融发展的学者较少，主要局限于研究民族经济学或在民族地区金融系统工作的学者。其次，研究者的视角还不够开阔，对相关问题的分析还不够全面。民族地区的金融从业人员往往针对自己工作中的实际问题就事论事，在相关问题普遍性与特殊性的把握上过分偏重后者，缺乏系统性和理论高度；研究民族经济学的学者虽然注意到了民族地区经济发展中金融支持的重要性，但他们缺乏对民族地区金融系统运行的深入了解，无法将民族地区金融发展与其特殊的社会文化环境联系起来，以至于对很多问题的研究仍停留于表象。"[1]

---

[1]　陶磊. 中国少数民族地区金融排斥研究 [D]. 成都：西南财经大学，2013.

第二节　少数民族地区贫困问题的研究述评

一、民族地区贫困的成因及反贫困的路径

在定义贫困的基础上，前人对导致民族地区贫困的原因、贫困人群的区域特征、贫困对人们生产生活的影响以及反贫困的路径等也进行了较多的分析研究。

从国外研究来看，美国经济学家 Nelson 将人口过快增长阻碍人均收入提升描述为发展中国家始终位于低水平均衡的"陷阱"的原因，他认为只有资本投资带动的规模超过人口增速的产出增长才能使发展中国家跳出"陷阱"。瑞典经济学家 Gunnar Myrdal 则从另一个角度分析了部分不发达国家和地区贫困问题的成因，他提出的"循环积累因果关系"理论阐释了这样一种恶性循环：低收入限制了居民人力资本投入，导致社会劳动力水平低下，从而抑制经济增长；同时，低产出又进一步拉低居民收入，加剧了当地的贫困问题。

从国内研究来看，鲁健彪从物质和精神两个对立面分析了民族地区经济贫困问题难以解决的原因：首先反思了我国历来对民族地区实行的物质扶贫道路的弊端；其次指出民族地区经济贫困问题的核心障碍是文化贫困，分析了文化贫困的作用方式，强调了文化扶贫的重要作用；最后提出应该从精神、文化和智力开发层面上着手扶贫政策的实施，培养民族地区脱贫的内生力量，进而保障民族地区脱贫攻坚取得最终胜利。汪三贵、张伟宾等通过对少数民族贫困的趋势以及贫困的同质性和差异性进行分析，指出少数民族减贫脱困主要受到恶劣的自然生态条件、收入差距不断扩大以及生计文化跟不上现代化经济发展步调这三个因素的制约。因此，民族地区脱贫攻坚应整合各类扶贫政策资源，以集中连片扶贫开发为出发点，加强扶贫资金的投入和管理；使少数民族人民能够接触到更加公平的教育机会，提高教育质量；精准对接建档立卡贫困户脱贫需求，提高金融扶贫实效。王明黔和王娜（2011）则从科教扶贫、城镇化、异地搬迁、农业产业化、基础设施建设和小额信贷等方面辨析西部民族地区反贫困路径选择过程中存在的问题，最后针对具体问题得出结论：第一，决定西部民族地区反贫困成败的关键在于国家缩小区域发展差距的制度创新和供给力度；第二，消除空间贫困陷阱应加大力度建设基础设施，建立健全的生态补偿机制，加快资源税改革进度。

二、民族地区反贫困效果的评估

从国外研究来看，Moris（1979）在《世界贫困状况的衡量：物质生活质量指数》中首次提出用婴儿死亡率、识字率和一岁时的预期寿命这三个指标组成一套衡量生活物资质量的指数（PQLI）。20世纪90年代初，联合国计划开发署又提出采用实际人均收入、预期寿命、在校学生人数和识字率等人类发展指数来衡量贫困状况。亚洲银行（2000）主要监测是农户脱贫状况，着重突出项目扶贫的重要性和其他经济影响，例如项目受益人中贫困人口数量比例、贫困户生活水平的改善、该项目在多大程度上能够改善民族地区的社会经济条件等。

再从国内有关反贫困绩效的研究来看。赵昌文（2002）以区域划分为起点，从经济社会发展规模、结构、速度、水平、效益和基础设施等方面构建了评价贫困区域经济发展效率的综合指标。黄承伟（2004）构建的反贫困综合评价体系以减缓贫困目标、经济、社会、环境发展四个方面为主要内容，采用20个数量指标全方位地评价了世界银行西南扶贫贷款项目。郭佩霞认为民族地区扶贫的一个重要内容是要建立一个科学合理、全面动态、体现地区特性和人文关怀的民族地区扶贫效益评估体系，并尽可能使之具体化、可量化，具有层次性和可操作性，因此指标体系的构建应特别注重三个方面：一是突出对扶贫事业社会效益的评估，二是强化对资源利用效率和资金使用精准度的反映，三是建立差异化的效益评估体系，充分体现不同民族和地域的特点。

三、文献述评

总的来说，尽管学界对贫困问题已有较系统的研究，但国内对新时期脱贫攻坚思路和措施的探索还有待进一步深入，而专门探讨西部少数民族地区减贫策略的文献更是鲜有所见。尽管近年来全国各地按照党中央和国务院有关精准扶贫的各项部署加大工作推进力度，取得了积极成效，但也应清醒地认识到，我国大部分地区特别是西部少数民族聚居区反贫困工作依然任重而道远，一些人口数量有限的少数民族甚至处于整体贫困状态。而对于有效反贫困的路径来说，习近平总书记系列重要讲话指明了方向：一是脱贫必须靠发展，发展需寻内生动力；二是扶贫开发成败在于是否精准；三是治贫先治愚，扶贫必扶智。因此，本书按照习近平总书记重要讲话精神，系统研究新常态下民族地区减贫策略，为解决长期存在的少数民族贫困问题出谋划策，具有重大的现实意义。

第三节 少数民族地区金融支持与反贫困的研究述评

一直以来，国内对金融支持脱贫攻坚的研究侧重于发挥金融的杠杆作用以优化资源配置，而没有把研究重心聚焦到金融如何精准地实现收入再分配的功能上来，特别是忽视了在民族地区特殊的经济社会环境下金融支持与反贫困关系的重要性。因此，专门研究民族地区金融支持脱贫攻坚的文献不多，且主要集中在以下三个方面：

一是小额信贷对民族地区居民增收的作用。吴国宝（2004）认为开展民族地区小额信贷能够充分发挥准金融组织门槛较低的优势，帮助当地居民提升脱贫资金的可获得性。郭沛（2005）同样通过实证分析证明，小额信贷的深度执行对贫困人口的家庭收入增长有明显的促进作用。孙若梅（2006）则研究发现贫困地区缺乏制度性信贷服务，而小额信贷通过改善资金在农户之间的分配，成为农户生产投入的重要资金来源；同时，家庭初始生产禀赋和非农经营能力显著影响扶贫合作社的贷款选择行为。

二是差异化金融政策对缩小地区差距的作用。赵晓芳、王亦龙主张对于不同的地区应实行有差别的货币金融政策，从而缩小地区经济发展差距。他们以西北的回族聚集区为样本，研究了西部民族地区的货币政策传导效应，分析归纳了扶贫政策效果层层递减的原因，进而指出解决西部民族地区贫困问题需要建立差异化的金融政策体系和政策传导机制。

三是国际扶贫融资对民族地区反贫困的作用。图裕春从国际多元化扶贫融资视野来研究民族地区减贫的途径及问题，提出了民族地区要充分利用国际扶贫资金助力当地脱贫攻坚必须建立健全国际国内扶贫项目差异化的管理机制，吸收积累国际合作扶贫开发的先进经验，进一步增强国际扶贫项目合作对民族地区扶贫的示范作用。

第三章　金融支持欠发达地区经济发展的理论基础

金融是现代经济的核心问题——这是金融发展理论经过多年发展及沉淀后，众多学者得出的共同观点。西部民族地区经济发展的问题，实际上就是欠发达地区的减贫效率问题，与金融发展息息相关。我国西部民族地区涵盖地域较广、资源分布不均，各民族文化、风俗各异，使得经济发展在区域内部也呈现出非平衡性，这就进一步说明金融支持政策具备多样性与适配性，与民族地区的发展节奏相一致，才能形成最优金融结构，加快民族地区经济社会发展。因此，本章引出减贫策略的概念，这一策略应涵盖四种状态下的民族地区的发展问题。在各个状态下，安排不同的金融支持政策与之对应，才能达到促进而非制约经济发展的目的。

第一节　区域经济发展的理论与借鉴

一、区域经济发展相关理论

（一）传统的区域经济发展理论

传统的区域经济发展理论最初围绕发展的均衡性展开讨论，成为研究区域发展问题的重要基础。大推动理论（the theory of the big-push）是 P. N. Rosenstein-rodan 于 1943 年提出的一种均衡发展理论，也是最具代表性的传统区域经济发展理论。该理论强调要实现经济高速且全面地增长，就必须以国民经济各部门的大规模投资为前提条件，即经济大发展需要保证生产、需求和储蓄供给的统一性，三者缺一不可。

法国经济学家佩鲁（Perroux）在研究经济增长时最早提出增长极（growth pole）的概念，他借鉴物理学磁场概念，认为也应当有一种极点存在于运行的经济空间，这种极点可以是经济中的一类产业，因为聚集在一起而产生数倍的增长效应，并不断带动周边产业或部门的经济增长。在不同的经济增长极的共同作用下，实现着整体经济的增长。

贫困恶性循环理论（Ragnar Nurkse，1953）则认为，资本不足是发展中国家的发展瓶颈问题。因为人均收入较低，发展中国家的储蓄率和消费率均较低，所以资本形成不足，间接地表现为长期贫困。"贫困的恶性循环"本身就是同义反复，代表了一种持续的贫困。当然，大规模且全面的各部门投资也受到这一理论的推崇，即要逃离这种贫困循环的命运，只能依赖部门间扩大化的相互投资。

美国经济史学家亚历山大·格申克龙（Alexander Gerchenkron）在总结德国、意大利等国经济追赶成功经验的基础上，于1962年创立了后发优势理论（late-developing advantage theory）。

后发优势理论是以欧洲二梯队国家对英美等国成功实现追赶为基础而总结出的发展理论，在某些文献中又被称为次动优势、后动优势等。该理论产生于行业研究：先入行的企业开发行业领先技术需要一定时间和成本，掌握技术后为先进者；而后入行的企业由于存在技术空白，反而可以用"拿来主义"省去开发新技术的一系列成本，并处于优势地位。亚历山大·格申克龙则将这种微观层面的分析上升到宏观层面，认为地区乃至国家也会形成这种后发的优势，包括时间成本的节省、先发地区的技术外溢效应，以及能够迅速抽离先发地区的错误发展方向等，这将为后发地区乃至国家带来高速增长。

（二）新经济地理学派的区域经济增长理论

新经济地理学派形成于20世纪90年代[1]，以克鲁格曼（Paul R. Krugman）等为主要代表。该理论从现实角度出发，摒弃了规模报酬不变和完全竞争的传统假设，认为实际情况是因为集聚现象的存在边际收益并非递减而是递增。在进一步引入企业运输成本问题的基础上，克鲁格曼（1999）根据"冰山成本"概念，提出了"中心—外围模型"，详细阐述了产业分布的空间集聚现象，并进一步说明形成这种集聚、区域配置的成因。该模型认为传统经济学对于技术和资本边界的区分因为其完全竞争假设而变得毫无意义，强调是资金外在性而非技术外在性导致了一国经济发展的空间分布不均衡现象，而集聚与扩散的关键在于通勤成本和通勤可能性。

新经济地理学的主要代表马丁（Martin P.，1999）认为，在区位竞争中拔得头筹，是增强该区域集聚效应的重要手段。存在集聚经济时，

---

[1]　克鲁格曼，藤田久昌，等. 空间经济学：城市、区域与国际贸易［M］. 梁琦，译. 北京：中国人民大学出版社，2005.

第一个企业进入该区域将获得丰厚的激励政策，虽然第二个或者之后的企业享受的政策补贴较少，但由于头筹效应，后者可以获得产业集聚带来的外部经济效益。由于具有吸引力的区域环境的成形，越早进入的投资，其收益越将是一个动态的或者说长期的效果，因此各区域都将目光聚焦在激励措施上。

（三）区域经济发展的阶段划分理论

在很早的研究中，已有学者发现了区域经济增长具有阶段特征，相继提出了区域经济增长阶段理论（胡佛—费雪尔）、经济成长阶段理论（罗斯托）。胡佛（E. M. Hoover）与费雪尔（J. Fisher）在1949年就提出，任何区域的经济发展都会经历大体相同的过程，这被称为"标准阶段次序"。该次序通常分为五个阶段：第一，自给自足阶段。这一阶段的主导产业为农业，经济活动空间分散，经济环境总体是封闭的，缺乏区域交流。第二，自给之后的初级工业发展阶段。随着人口增长和生产扩大化，区域内的农业贸易日渐繁盛，初级工业开始抬头发展，经济规模扩大。第三，农业结构调整阶段。虽然还处在农业生产阶段，但集约型和专业化的农业生产显现，社会产出进一步扩大。第四，传统工业化阶段。在这一阶段，工业占比逐步提升，矿业、制造业等已成为区域内经济增长的主要动力。第五，服务业输出阶段。农业、工业的发展，集聚了大量劳动力，进而衍生出服务业，随着服务业的输出，进一步实现经济增长。

罗斯托通过研究工业化国家的经济增长，在《经济成长的阶段》一书中提出，经济发展应当经历以下几个阶段：第一个是工业发展的传统阶段。在此阶段经济结构相对单一，生产力仍然低下，国民生活处于较低水平。第二个是工业发展起飞前阶段。在此阶段农业技术的进一步升级和专业化分工的出现成了底部扭转的标志象征。第三个是工业发展的起飞阶段。在此阶段通过前期量的积累，经济开始高速增长，近代工业的出现推动了其他产业发展。第四个是成熟阶段。在这一阶段，经济增长的速度减缓并不断收敛，人口伴随着经济发展而集聚到城市。第五个是增长之后的消费阶段。在此阶段工业的成熟和人口的集聚逐渐带来了供给需求失衡，政府对市场的干预越发重要。第六个是社会消费扩大阶段。在此阶段随着消费倾向的改变，人们开始追求更高的生活质量，第三产业的主导地位被确立。

二、区域经济理论对发展西部民族地区的借鉴与启示

（一）西部民族地区的非平衡发展是常态

在实际中，由于空间是一种非均质性的存在，区域经济发展也将按照非均质的空间而产生发展的不平衡现象，而且这将是一种常态①。这种非均质化的空间分布，主要决定着经济发展的要素禀赋差异，即这种先天的发展基础也将呈现非平坦的分布状态，导致了经济空间发展的非平衡现象，例如资源较少的地区经济发展往往落后于资源丰富的地区。我国国土面积宽广、地形多样、各地先天资源不等，造就了东中西的梯队发展现象，即西部地区相对东中部地区发展不足。而就西部民族地区而言，其内部地形复杂，高山大川、高原湖泊居多，自然资源的禀赋问题决定了各民族地区的发展状态也不尽相同，而且这种非平衡的发展状态在一定发展阶段内都将成为常态。因此，应对不平衡的发展实质，还需要用差异化的政策给予支持。

（二）资金问题依然制约着西部民族地区经济开发

以上的这些区域经济理论，都说明了资本对于经济发展的重要性。大推动理论强调大规模投资对于经济发展的不可或缺性，而这种大规模投资所要实现的就是资金这一要素的自由流动。由于资金自由流动的方向未知，理论界才进一步提出了累积因果论和贫困恶性循环论。因此，对于西部民族地区经济发展而言，保证资金要素的自由流动是至关重要的前提，但同时又要保证资金的流动方向有利于西部民族地区的经济发展。西部大开发战略的实施，可以看作很好的大推动理论的实践范本，但实际中西部地区的经济极化效应并不明显，资金的流向偏向于由西向东、中的"抽水"。若能通过政府适当干预，保证资金流向的正确引导，西部民族地区的经济发展指日可待。

（三）政府的适度干预有利于激发民族地区的后发优势

根据格申克龙对国家层面后发优势的定位，某一特定的相对落后的区域也应当具备后发优势，民族地区便是如此。从经济发展程度来看，广大民族地区位于西部，相对落后于我国东、中部地区。这些先进地区的外部性一旦扩散到民族地区，都能引发后者出现一波高速经济增长，哪怕这些技术和制度还不是当前最先进的。后发地区就是具备这一优势，能够低成本甚至零成本地获得先进地区的发展经验，节省创新成本。然而，如果仅凭市场自发调节，先进经验传入后发地区会耗费大量

---

① 郝寿义. 区域经济学原理［M］. 上海：上海人民出版社，2007：22.

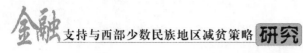

的时间，存在以时间换空间的不对等客观条件，也许5年的飞速发展需要前期接近30年的落后状态来换取，这时候就需要政府进行适度的干预。通过行政干预和政策倾斜，例如在民族地区形成具备吸引力的招商、投融资体制等，能够引导先进地区的经验第一时间被这些地区获得，加速资本、劳动力、技术的转移，真正使民族地区把握住后发优势，实现赶超发展。

第二节　金融与经济关系的理论与借鉴

一、金融发展理论

（一）演进脉络

金融发展问题的研究，始于经济学家们对货币现象的痴迷。有关货币现象，萨伊（Say）最初用"面纱"来进行解释。他认为货币是一种中性的介质，就像面纱一样覆盖在实体经济上，这也是古典经济学所推崇的观点。虽然与当前的认知有所偏差，但这一认识作为最初的原点为后来的金融发展理论提供了"温床"。最早将金融与经济关联起来的学者是熊彼特（Schumpeter），他在研究创新本质的基础上，认为金融发展与经济增长是正相关的。随后，耶鲁大学教授雷蒙德·W. 戈德史密斯（Raymond W. Goldsmith）在研究发展经济学的基础上，认为以资本为首的金融结构是经济增长的关键因素，金融结构理论的提出标志着金融发展理论的成形。而金融抑制和金融深化理论的进一步提出，则预示着金融发展理论的进一步完善。由于金融深化带来的金融自由化与现实发展中的国家发展轨迹相左，学者们进一步提出了金融约束论。同时，引入内生增长后的金融发展具备了微观基础，不仅使得金融发展理论不再停留在宏观层面，也使得这一理论推导出的各种政策主张更具说服力。金融与经济关系研究的理论脉络详见图3-1。

（二）国外金融发展理论

1. 金融结构理论

金融结构理论认为，各式各样的金融机构、工具在特定经济环境中的形式、性质、数量和规模等一系列特征，就是这个经济中的金融结构。这一理论最早由戈德史密斯提出。他认为，金融发展到不同阶段或者经济增长到不同程度，金融结构应当随之反映出不同的形态，正是这种形态说明了金融对于经济的重要性。在提出该理论后，戈德史密斯为了度量其重要性，进一步给出了金融相关比率（financial interrelations ratio，FIR）这一概念，该概念被广大学者沿用至今。金融相关比率首先是一个比值，反映了金融部门相对国民经济所有部门的一种活跃程度，通常用一定地区范围内的全部金融资产价值（包括储蓄和投资）除以该地区经济活动总量计算得出。同时，这一比率也能有效反映出经济增长的阶段。普遍认为其比值越高，经济发展阶段也应当越高，因为金融资产的提升预示着储蓄和金融中介机构增加，代表着更深入的经济货币化。

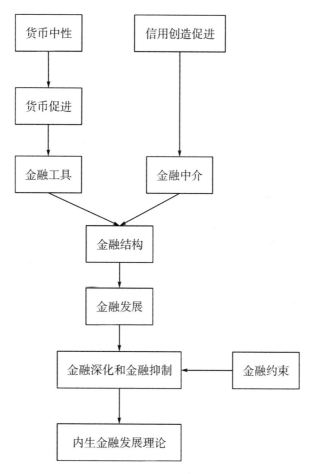

图 3-1　金融与经济关系研究的理论脉络

2. 金融深化与金融抑制理论

金融发展理论建立的标志性事件，是金融深化和金融抑制理论的提出。麦金农（Ronald Mckinnon）和肖（Edward S. Shaw）通过研究分别出版了自己的专著，提出了金融深化和抑制论。他们认为发展中国家之所以经济欠发达，就是因为存在金融抑制；只有坚定地推行金融自由化，发展中国家才有可能加速发展，跻身发达国家行列。其中，金融抑制（financial repression）是指政府采取了不恰当的政策干预，使金融市场的价格扭曲，无法实现资金的供求平衡，达到金融市场出清的最佳状态。往往在这种情况下，需求者的资金获得渠道有限或不通畅，难以以有效价格获得资金；而供给者很有可能因为政策提供了高价的资金，导致有价无市，因此二者在市场上被割裂。而金融深化（financial deepening）则是指要在开放的基础上不断创新金融中介、工具和市场，打破金融抑制所带来的供求割裂，让金融市场在专业化和复杂化的过程中进一步出清。所以，他们为发展中国家选择了金融自由化，目的就是要改变利率、汇率等被扭曲的市场价格。当然，更多的金融抑制造成的是金融欠发达的事实，更需要金融自由开放来造就良好的金融发展环境。

3. 金融约束论

金融约束是相对于金融自由而言的，这是对发展中国家尝试金融自由化途径失败的另一种解决方案。赫尔曼、默多克和斯蒂格利茨（Hellmann、Murdock、Stiglitz，1995）对20世纪七八十年代发展中国家盲目的金融自由化进行研究，认为从某种意义上而言，金融自由化貌似并不现实，金融抑制也并非全不可取。因此他们提出了另一种类似于发扬金融抑制的选择——金融约束论（financial restraint）。他们相信，就应当对利率、汇率等价格加以限制，甚至可以进行严格的市场准入，用这种强有力的"金融抑制"手段，来让金融部门掌握寻租空间，获得租金收入，从而在寻租的同时获得发展机会。当然，金融约束论的核心并不是进行"金融抑制"，这只是一种手段，其核心是强调政府的适度干预具有积极意义。这种干预至少可以在短期内让发展中国家获得比金融自由化更大的经济效益（租金和集聚发展效应）。因此，金融约束论主要为发展中国家提供了一条非金融自由化的发展道路，认为它们至少可以不急于追求金融自由化。

（三）国内的金融发展理论

1. 金融资源论和金融可持续发展理论

改革开放后，我国在20世纪90年代迎来了经济高速发展时期，金融运行与经济发展在相互推进的过程中也产生了一系列显著的矛盾，于是国内的发展金融学也有了新的发展。一些学者认为，金融本身就是一种资源，它的运行与社会、政治、经济等息息相关，同时它自身也与后三者构成了庞大且复杂的系统，在运行过程中还需要各种要素的进一步协调，这些要素也将构成金融资源的组成部分。因此有学者将金融资源进一步区分：底层为金融体量，即核心金融资源；中间层为金融结构，即实体性金融资源；高层为金融与周边要素的协调，即功能性金融资源。有了这些资源后，则应当立足金融资源论，控制好体量、结构，做好协调，从而实现金融可持续发展（白钦先，2000）。这种可持续发展，要求的就是金融发展与经济发展相匹配——既不能造成金融资源的浪费，又不能形成资源不足的局面。换言之，这种可持续发展就是金融资源的可持续发展，要求金融资源与社会、政治和经济相协调。当然，这种协调的过程也允许偏离现象的存在，但只要金融生态是完整的，金融体系就会让这种偏离调整回金融资源的最佳配置状态，从而实现可持续发展。

2. 金融协调理论

随着亚洲金融危机的爆发，现实世界的情况给可持续发展提出新的挑战。基于此，有学者认为金融协调理论（孔祥毅，2002）比金融可持续发展理论更具有现实意义。虽然从某种意义上而言，金融可持续发展也强调金融资源与外部相关要素的相互协调，这也是高层次的金融资源所具备的要求，但是金融协调理论将这种协调关系进行了更深入的阐释，在保证二者内在统一的基础上更关注这种协调机制的内在规律。因此，金融协调研究的重点是金融的高层资源即功能性金融资源如何导向与周边要素的协调发展。通过对这种协调规律及机制的探究，适时进行金融调控，完善金融生态，在协调的基础上发挥金融对经济的正向激励作用。由于金融调控的客观需求，金融倾斜的概念也就应运而生，金融协调就是要打破这种不平行甚至是不平衡的金融发展状态，使间接金融与直接金融适应经济发展阶段，协调持续发展。

3. 最优金融结构理论

林毅夫等（2009）认为金融结构的重点应当是金融制度的各种安排，包括占比以及构成，而非直观的金融中介和金融工具，因为这才是导致区域金融结构差异的根本原因。相应的经济发展特征，特别是经济体的要素禀赋，进一步决定了其产业特征。要实现最优的产业结构，就需要与之相匹配的金融制度安排也就是最优的金融结构，才能最大化金融体系的功能，保证实体经济的发展。由于企业作为社会的主要融资者，其融资并非与理论状态毫无差异，而是和自身的规模、风险偏好息息相关，这就客观要求了金融制度的各种安排要满足这些差异化的需求。因此，最优金融结构是由区域的要素禀赋内生决定的。但需要注意的是，现实中这种最优状态也只是一种不断追求的理想状态，不断地上下偏离才是一种常态。

二、金融发展理论对西部民族地区的借鉴与启示

（一）西部民族地区的经济增长依赖于金融发展

虽然古典学派一直强调货币中性，但现代金融发展理论的深入研究已经为我们进一步揭示了金融发展与经济增长的显著关系。近年来大量的国内文献也用实际数据论证了这种关系，即金融发展与经济增长是一种格兰杰因果关系。金融欠发达的西部民族地区理应具备金融与经济的这种关系。由于市场机制的不完善，市场作用无法完全呈现这种关系，这时候就需要政府的政策引导，将原有的金融抑制引导为金融约束。作为市场中重要角色的政府，应当选择一系列的金融支持政策，例如较低的贷款利率、较高的存款利率以及资本流动的限制等，使资金有效地留存，促进本地区的经济发展。

（二）金融创新是金融可持续发展的有效手段

由于民族地区的欠发达状态，金融抑制情况明显。这种工具单一、环境封闭的金融运行状态，致使这些地区的资金外流情况严重，这种情况也被学界称为"抽水机"现象。这种金融资源的出逃，是欠发达地区经济发展的制约因素，影响其可持续发展。因此，要有效地阻止资金外流情况，在金融约束的基础上还需要大力推行金融创新，特别是符合少数民族和少数民族地区的金融创新。

（三）要寻求西部民族地区金融发展的适配性

如前所述，要实现最优的产业结构以推动经济发展，就需要与之相匹配的金融制度安排，也就是说最优的金融结构才能最大化金融体系的功能。因而，一旦不适配的情况产生，不当的金融结构将阻挠经济发展，从而拖慢经济发展的步伐。当然，这一切都需要以有效市场假说为前提。我国西部民族地区地域广袤，各地经济发展情况因资源禀赋、宗教、民族等因素不尽相同，最重要的是市场在经济中的作用很难显现，也就无法期望这种均衡会实现。这时候，就需要各地政府出台差异化的金融支持政策，在避免结构单一、发展趋同的基础上，形成各地最优的金融结构，寻求金融发展与经济发展的适配，有效通过金融支持政策促进经济的可持续发展。

第四章　金融支持西部少数民族地区减贫的理论分析

党中央在民族发展问题上保持了一贯的政策延续性，新中国成立以来的若干次民族工作会议，为民族地区经济社会发展奠定了扎实的理论基础。然而，一系列政策后续的执行，常常违背了最初政策制定者的意愿。一方面是受到具体政策执行者的惯性思维影响，即往往过分强调了民族地区的落后或贫困，将扶持发展简单理解为扶贫，追求考核指标上的突破；另一方面是因为对民族地区间的差异认识不够，没有充分考虑民族地区的主观发展意愿，违背了"精准扶贫"精神，达不到政策适配的效果。最终，实际上民族地区的发展更多地演变成"输血式"的扶贫。

第一节　少数民族地区的贫困问题与减贫策略

一、民族地区贫困状态的探讨与分析

通常采用贫困线对贫困进行度量。世界普遍认同的是由世界银行于20世纪90年代提出的每天人均收入1.08美元作为衡量贫困标准，但考虑到中国多方面的特殊性，特别是少数民族地区在生活水平上的差异，笔者认为更可靠的度量标准是 Ravallion 和 Chen（2004）提出的贫困线指标（在《中国反贫困进程》一文中，他们衡量了贫困线，认为以2002年不变价衡量，当时中国的城市贫困线应为人均年收入1 200元，农村贫困线应为人均年收入850元，以下简称"R&C标准"），以及中国政府2011年新公布的贫困线标准（人均年收入2 300元，以2011年不变价衡量，以下简称"新国标"）。以民族自治地区2008年分地区

的农民人均纯收入数据①为例，按照贫困线标准：一是按 R&C 农村贫困线标准，换算为 2008 年不变价为 1 025 元；二是以中国标准，换算为 2008 年不变价为 2 127 元。民族自治地区分地区共包括 5 个自治区、30 个自治州、120 个自治县（旗），若以 R&C 农村标准衡量，仅有贡山独龙族怒族自治县以农民人均纯收入 1 037 元的水平靠近贫困边缘；而按新国标，则有 6 个自治州、20 个自治县被认为是贫困地区。《中国农村扶贫开发纲要（2001—2010 年）》② 明确了国家扶贫开发工作重点县共有 592 个县（旗、市），其中民族自治地方共有 257 个，占 43.4%，这明显与以上分析结果有出入，说明了民族地区发展落后、贫困的惯性思维是不可信的。

在少数民族和少数民族地区发展的过程中，政府多以温和的政策为主。这种导向往往使少数民族地区"被贫困"，更使得这些地区"被发展落后"。那么，这种惯性思维是如何建立的？就是以发达地区的视角，将想法、框架套用到民族地区。例如，政府通常用 GDP（国内生产总值）考核官员、进行一系列经济发展指标对比，这种一刀切的考核体系已经人为制造了比较上的偏差，使得大家更加忽视民族地区发展阶段和发展节奏的差异。再者，由于历史沿革因素，早前对于民族地区的非客观认识也加强了这种思维惯性。从某种程度而言，民族地区是数据指标上的落后与贫困。如果少数民族群体认为现阶段不需要发展，或者虽客观上贫穷但不感到精神痛苦，但外界却偏偏把他们归为贫困群体，那这就是外界所臆想或断定的"落后"与"贫困"。考察是否落后，用经济发展指标能够反映；而考察是否贫困，则不能仅仅依赖于指标对贫困的度量，还应当对前文所述的"困"加以分析。

少数民族作为民族自治地区的主体，其发展意愿的表达受到民族间差异的制约而不同。换言之，在他们眼里贫穷和贫困是有区别的，贫穷不一定就影响了精神生活，这是由该民族内在的宗教、习俗等因素导致的。当然，这也是基于整体民族发展水平一致而言的，正如一个人身边围满了穷人，他就不再觉得穷是让他困惑的事情一样。同理，若是某些少数民族地区不再处于贫穷状态，也会有不同的发展节奏存在。对于这一点，有力的佐证来自本项目开展的一项对西双版纳景洪市基诺乡的入

---

① 数据来源于 2009 年《中国民族统计年鉴》，不变价格计算采用居民消费价格指数，来自《中国统计年鉴》。

② 《中国农村扶贫开发纲要（2011—2020 年）》规定："原定重点县支持政策不变。各省（区、市）要制定办法，采取措施，根据实际情况进行调整，实现重点县数量逐步减少。"因此目前贫困县仍为前期纲要中确定的 592 个。

户调查①。在是否觉得自己贫困的问题上：3 人回答缺失；仅有 4 人认为自己非常贫困，无法解决温饱，占受试人数有效百分比为 1%；162 人认为自己贫困，只能勉强度日，占 41.3%；217 人认为自己一般贫困，无法做自己喜欢的事情，占 55.4%；9 人认为自己不贫困，生活很好，占 2.3%。可以看出，认为自己是否贫困，的确是一种自我主观的判断，除非物质生活贫乏到一定程度，否则更多的主观界定将在贫困的边缘摇摆。另外，在受访的人群中，有效样本 357 户，有 203 户仅在橡胶产量一项上就达到 2 000 千克以上，以市价 20 元一千克计算，年收入在 40 000 元以上，若以 5 口之家计算，人均收入在 8 000 元以上，已远远超出新国标界定的贫困。然而，在"是否对生活现状满意"的问题上，这 203 户中有 135 户的是答案是否定的，占 66.5%，同时给出的不满意原因大部分并未涉及贫穷或收入低。

二、民族地区制定减贫策略的必要性分析

通过对部分民族地区的实地走访可以看出，由于国家、地方政策相对优待，少数民族精神生活相对丰富，相较于"贫困"而言，更应当用"贫穷"来描述民族地区的状态，即这些地区的状态仅仅表现为数据上的相对贫穷。在外界普遍认同这些地区贫穷的状态下，加入少数民族作为主体的主观发展意愿后，就会使这些地区的发展呈现四种方向：少数民族自知贫穷并困惑而需要发展（相当于贫困）、不觉贫穷也需要发展、自知贫穷但不困惑而不需要发展、不觉贫穷从而不需要发展。因此，再用传统扶贫的思路对民族地区一刀切，就会仅考虑了贫困状态而忽视了另外三种状态，导致推动少数民族地区经济发展乏力。本书认为，减贫策略理应包含扶贫，即扶贫是减贫的策略之一，减贫策略将有效涵盖以上四种发展情况所需政策。

首先，当某些少数民族确实认识到了自身的贫困状态，迫切想要通过当地的经济发展改变这种状态，这时的减贫策略应当继续沿用传统扶贫思路。按照党的十八大报告中的叙述："采取对口支援等多种形式，加大对革命老区、民族地区、边疆地区、贫困地区扶持力度"②。其目

---

① 此次入户调查由本课题组于 2012 年 10 月在云南省西双版纳傣族自治州基诺乡开展，调查对象为基诺乡 7 个行政村共计 46 个自然村：共有 1 000 多户，抽样对象 500 户；共发放问卷 500 份，收回 395 份，有效问卷 392 份。

② 胡锦涛. 坚定不移沿着中国特色社会主义道路前进 为全面建成小康社会而奋斗：在中国共产党第十八次全国代表大会上的报告 [J]. 理论学习，2012（12）：4-27.

的是扶持民族地区摆脱贫困，重点是推进经济发展方式的转变。其次，当某些民族地区已经通过改革开放以来的发展摆脱了贫穷的面貌，想要得到更进一步的发展，这时就应该建立扶贫政策的退出机制。这涉及政策连贯性，如果脱贫之后还是进行扶贫，就是对社会资源的浪费，应当在减贫策略下建立成熟、完善的贫困退出发展机制。例如，山西大同县在成为"小康县"16年后主动返贫，已成为轰动一时的新闻。再次，对于主观认为当前不需要发展的情况，应当确定不需要发展的意愿由来后，单独制定相应政策。某些民族或是因为宗教，或是因为语言等，虽然物质生活贫乏，但无法接受现有的发展模式；还有本身物质生活就很富足，或是脱贫后认为不需要再发展的情况。这时减贫策略就应该包含对民族地区的人文关怀，不能一味地推动经济发展、反贫困，而要以关注民风民俗发展为首要任务。党的十八大报告指出，要"大力促进教育公平，合理配置教育资源，重点向农村、边远、贫困、民族地区倾斜"[1]，教育将是民族融合的基础，而民族融合是达到开化的必要前提，只有健康、良好的民族关系，才有利于民族地区经济社会的良性发展。

第二节　少数民族地区金融支持的多样性与适配性

一、民族地区金融支持经济发展的逻辑路径

在学界，对于金融与经济关系的探讨从未停止过，与传统货币中性论的观点不一样，最新的金融发展理论已经揭示了金融发展对经济增长的促进作用，只是对这种作用力的程度、大小和途径等学者们众说纷纭，并未形成统一观点。从西部民族地区实际情况来看，与东中部地区相比较为低下的人民生活水平、稍显落后的市场经济环境，都预示着这些地区的经济发展水平有限；同时，全国大一统式的金融发展目标、政策和模式，使得这些地区盲目地追赶发达地区金融发展模式，而较低的经济发展水平则使金融结构更加单一和集中，最终金融机构也沦落为单纯的"抽水"工具。因此，越是西部民族地区，越需要与经济发展水平相适配的金融结构，这就需要适配的金融支持政策来引导，才能使这些地区进一步实现反贫困的目标。

---

① 胡锦涛. 坚定不移沿着中国特色社会主义道路前进 为全面建成小康社会而奋斗：在中国共产党第十八次全国代表大会上的报告 [J]. 理论学习，2012（12）：4-27.

　　首先，打破常规的、有效的金融支持能够在短期内带来金融行业的繁荣发展，而这也意味着资金的进一步聚集。如前文所述，资金不足问题依然是西部民族地区进一步发展的瓶颈因素。这种资金集聚将为这些地区的发展带来新的活力，不仅有利于通过投资形成新的支柱产业，而且有利于吸引外部人力资源。一方面，这一系列金融支持政策必须具有强烈的边界壁垒，将优惠政策形成闭环封闭在民族地区内部。例如贴息政策，不能简单地以降低这一区域的融资成本为目的，而应当在限制贴息区域范围的基础上，对融资企业进一步加强限制；可以将已具备市场直接融资能力的企业剔除，避免资金以企业形式借由二级市场转移出民族区域。另一方面，金融支持政策应当以激励为主，特别是对金融中介机构的激励。还是以贴息政策为例，若是单纯考虑通过政策贴息降低融资人成本，而作为资金提供方，在没有更高收益、更有效保证的基础上，还是难以控制资金外流到外区域价高质优的融资人手里。因此，在适当奉行准入的基础上，以激励为导向的支持政策，必能以短期的金融繁荣体现资金集聚效果。

　　其次，金融的加速发展乃至繁荣有利于传播市场经济思维，让西部民族地区的市场参与主体进一步具备市场经济意识，从而有利于推动经济发展。一系列金融支持政策带来了地区的金融大发展，看似脱离实体经济的金融繁荣，却带来了新的金融理念和新的资金形态，而这些新事物的背后则是合同条款、法律规章和市场规则等在共同作用，让这些地区进一步接受了市场经济思维的洗礼。外部金融机构、金融事物的进入，在提升当地市场参与主体认知的基础上，还能进一步将先进的金融服务带到当地，甚至形成符合当地特色的金融产品，进而使更多市场主体主动参与市场经济建设，推动当地经济的进一步发展。而同时，大量外部金融形态的进入，也会打破民族地区大量存在的民间金融形式，特别是一些不合理的高利贷现象将会逐渐绝迹，唤起市场主体在参与过程中的理性以及对市场的敬畏之心。

　　最后，在经济发展到一定阶段后，短期的金融支持政策将逐渐退出，取而代之的将是与当期经济发展匹配的金融结构，这种匹配的金融结构将推动经济发展迈向更高阶段。经济持续增长，地区资金的原始积累基本完成，已无需再用非常规的金融支持政策来带动金融的繁荣。从另一方面来看，经济的增长也在推动着金融进一步发展。这时候非常规的金融支持政策应当逐渐退出，取而代之的将是市场力量和常规金融政策的配合，形成适合当期经济发展阶段的金融结构。而根据最优金融结构理论，每一种经济发展都有一种最优的金融结构理论与其适配，这时候政策的作用就是辅助市场建立这种最优的金融结构。例如为西部相对

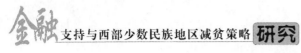

发达地区的优质企业建立单独的上市通道或单独的交易场所，而为西部地区次发达地区的优质企业建立新的间接融资渠道。这种差别化的结构设置完全取决于经济发展的阶段差异。一旦金融结构适配，将推动经济发展向更高阶段迈进。

二、西部民族地区经济发展的多样性

为民族地区制定不同的减贫政策的主要原因是考虑各少数民族地区间的经济发展差异。这就要求无论常规与否，金融支持政策都要与经济发展的差异相适配，这样才能有效按照逻辑路径推动经济发展。因此，还需要对西部民族地区经济发展的差异性进行分析。

总体而言，这种经济发展的差异，大到经济发展总量指标的差异、产业结构的差异、人均纯收入的差异，小到地区生活方式的差异、幸福指数的差异。例如：内蒙古的游牧民族喜爱牛羊胜过了金钱，在茫茫草原上牛羊肉比金钱更能让人活下去，而从经济度量上来看，人均几十头牛羊的资产价值又相当高。这就和生活在广西以种植水稻为生的民族有了明显的差异，毕竟粮食作物的年产量相当有限。虽然这些民族也爱着自己脚下的大山，但他们的人均资产则相对较低。这样一来，我们可以把这种经济发展的差异区分为两类：一是经济产量的差异，能够用工具度量并加以对比，是一种外在差异；二是经济活动方式的差异，语言、文化、宗教、习俗等因素导致各民族具有不同的生活习性和市场认知，这内嵌于经济发展的过程中，是一种内在差异。

西部民族地区经济发展的外在差异最直观的表现就是经济总量的差异。我国少数民族大杂居小聚居，由南向北覆盖了我国大部分地区，且这些地区多是地形复杂、位置偏远的地区。恶劣的自然环境，后天发展不足的基础设施，导致了这些地方经济总量普遍偏低。但我国改革开放以来，特别是实施西部大开发战略之后，"铁公基"项目上马提速，少数民族地区得到了空前的发展，同时相互之间也逐渐地拉开了发展差距。一方面，这种差距是由历史发展根基和要素禀赋造成的。历史因素，特别是封建统治的势力范围变化，导致不同的民族地区的经济、社会、文化等状况并不相同，甚至在解放初期某些民族还处在母系氏族社会。同时，由于广大民族区域的要素禀赋不同，在建立社会主义市场经济体制之后，也呈现出不同的发展情况。例如拥有丰富矿产资源的鄂尔多斯，其经济总量曾一度超越香港。另一方面，随着西部大开发的进一步推进，广大西部民族地区也实现了铁路、高速和国道的"三通"，甚至西藏最西边的墨脱县也通了公路。基础设施的大力建设确实为民族地区带来了巨大的发展机遇，但各民族地区自身的开放态度以及外界对当地资源的需求、各民族的文化认同不一样，致使不同地区吸引外来投资也不尽相同，也间接加剧了这种地区间的发展差异。

西部民族地区经济发展的内在差异，往往是由不同民族在面对发展时主观意愿的差异所导致的。这是一个复杂而又难以具象化的过程，通常是由语言、文化、宗教、习俗等富含民族属性的人文指标所决定的。正如马克斯·韦伯将资本主义的繁荣归因于新教的理性主义回归，而德国和美国发展模式的差异则可以看成教派差异一样。因此，这种内在差异，虽然不会改变经济的总体发展趋势，但会左右具体的经济发展形式，同时还会影响经济发展进程和所处阶段的长短。从总体上来看，这种内部差异可以笼统表现为民族主体主观上是否愿意发展。这和前文对贫困的论述如出一辙：当某些民族地区对开放发展有强烈的抵触情绪，特别是经济发展与其宗教、信仰等相左时，推动经济增长势必会遇到障碍。这时候就需要找到折中的发展方案，或是完全用另一种产业或模式推动发展。从具体过程来看，内部差异就是不同民族愿意怎么发展的问题。对多数民族的人民而言，他们都愿意增加收入，过上小康生活，但具体到怎么样开放、通过什么产业发展，他们还是存在不同的认知，甚至会受到民族属性上的限制。举一些简单的例子：在崇尚圣山、圣湖的藏族聚居区，也许开发地下资源、湖泊资源就不是合适的选择；而大热的民族旅游产业，在自然环境不能有效得到保护的前提下似乎也不适用。这些内部因素不仅需要顶层设计，而且需要赋予自治地方相对宽松的政治考核和激励导向。

三、减贫与开发过程中的金融支持

由于民族地区存在的经济发展阶段的差异，以及民族地区间不同的市场经济表现，要求制定异质化的金融政策，以不同的金融支持政策来适配民族地区存在的这两种差异。无论是外部差异还是内部差异，都是制定减贫策略时应当考虑的因素，需要因地制宜顺势地运用这些差异，用格物致知的方法去糟粕留精华，让民族地区的发展尽快向着市场经济的发展方向迈进，这将是可持续地增加收入、减缓贫困的方法。

因此，西部民族地区的金融支持政策的多样性显得尤为重要，这种多样性是和适配性一脉相承的，无法割裂开来。满足适配性的必要条件就是多样性，在适配的同时又为不同金融支持政策的交替提供了选择空间。随着原来适配的金融支持政策推动经济发展到新的阶段，将会需要新的金融支持政策来与之适配，这时候其他地区差异化的金融支持政策

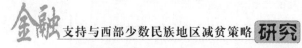

则提供了丰富的政策选择库。多样性的金融支持政策，可以认为是由民族的多样性、地域的多样性所决定的，换言之，也就是由民族地区经济发展的外在差异和内在差异共同作用的。

首先，这种经济发展的外在差异通过经济体量的大小、经济质量的好坏决定了金融支持的方向。如前文所述，是否需要提供非常规的金融支持政策，完全取决于经济阶段。如果某地相对周边地区经济总量较低，内源融资困难，就需要通过加大金融优惠力度进一步降低引资难度；而经济相对向好的地区，则应当适配以丰富和完善的金融体系，在传播市场经济思想的基础上进一步寻找最优的金融结构。

其次，经济发展的内在差异通过地区市场参与主体的主观意愿来体现。特别是对四种面对贫穷时的状态所导致的不同发展意愿，需要匹配不同的金融支持力度。一是对自知贫困需要发展的状态，需要加大金融支持力度，也就是更快地制造金融繁荣，使经济按照既有逻辑路径发展，早日减缓贫困。二是对不觉贫穷也需要发展的状态，则需要次之的金融支持力度，满足这种需要发展的主观意愿。三是对不觉贫穷从而不需要发展的状态，这时候一方面需要相对谨慎的金融支持政策，特别是在开采自然资源等可能触碰宗教禁忌的方面，切忌轻易触动当地市场主体的神经；另一方面则是要让周边处于愿意发展状态的地区起到带头作用，让当地的市场主体愿意参与市场并推动发展。四是对自知贫穷但不困惑而不需要发展的状态，金融支持政策在这时候的主要作用就是传播市场经济思维，培植越来越多的市场参与主体，帮助其逐渐转变观念，最终走上经济发展、自觉减缓贫困的道路。

篇二　实证分析

——金融支持与减贫的关系探究

民族地区往往地处西部，同时又是革命老区、边疆地区或者贫困地区，经济发展相对落后于东、中部地区。如何加快民族地区经济社会发展，不仅是西部大开发的难点，而且是中国全面建成小康社会的攻坚问题。经济社会的发展离不开金融支持的前提，对西部民族地区给予对口的金融支持政策，建立匹配的金融服务体系，将有利于促进该地区的经济社会发展，减缓甚至降低贫困发生率。本篇将在分析西部民族地区发展现状的基础上，通过定量工具对金融支持与减贫的关系进行实证分析，为后文提出推动民族地区反贫困进程的策略提供依据。

第五章　西部少数民族地区
经济金融发展概况

第一节　西部少数民族地区经济发展的
人文环境与资源禀赋

一、西部民族地区经济发展的人文环境

　　按照前文的界定，西部民族地区由纳入西部大开发战略的 12 个省（区、市）及接壤的恩施、湘西等民族自治州组成，其大部分区域与革命老区和西部边疆地区重合。该区域的基本特征是地域面积广阔、自然资源丰富、民族文化丰富多彩，但人口分布不均衡、生态环境脆弱、产业结构单一、经济总体欠发达且发展层次不统一。从人口数量看，全国少数民族人口总数量为 1.14 亿[①]，占全国人口的 8.49%，其中绝大多数分布在西部民族地区（见表 5-1）。从地域面积看，西部民族自治地方总面积占全国面积的 61.6%，合计 591.31 万平方千米，毗邻南亚、东南亚、中亚、东北亚的 10 余个发展中国家和欠发达地区。这一特殊的地理位置决定了其经济发展滞后的现实状况，但同时也凸显了该区域在维护国家安全、社会稳定以及保持对外开放中的重要战略地位。因此，增强西部民族地区的经济稳定性对于巩固国家统一、稳定边疆政治和建设稳固的政治、经济、文化、国防环境具有举足轻重的作用。

---

　　① 此处为少数民族人数，表 5-1 中为少数民族自治区人数（含有汉族人数）。

表 5-1　2015 年民族自治地方行政区划和人口

区域范围	地级区划数/个	县级区划数/个	总人口/万人	少数民族人口/万人	少数民族人口占自治地方总人口比重/%
西部民族自治地方	76	671	17 482.24	7 128.58	40.78
全国民族自治地方	77	707	18 617.70	7 633.28	41.00
占比/%	98.70	94.91	93.90	93.39	—

注：西部民族自治地方数据为上述 12 个省级行政区与湖南、湖北两省数据的合计数。

二、西部民族地区经济发展的资源禀赋

西部民族地区历史上就是各民族迁徙、聚散、停留之地，汇集了东西方各种民族文明，形成了相互依赖、共处交融的特色民族关系和独具特色、异彩纷呈的独特民族文化。因此，混杂相依的居住方式、相互交融的民族关系、纷繁多样的民族文化从一定程度上决定了该区域文化、经济的复杂性。另外，西部各民族群众不同的信仰和生产生活方式形成了西部民族地区繁荣的宗教文化，这种经济社会文化环境的多元化、多层次，客观上促成了西部少数民族之间不同的对社会发展的态度、民族价值取向、进取意识、适应现代经济社会发展的主观能动性和对现代社会新兴事物的接纳程度等。这种文化、宗教信仰、生活方式、风俗习惯、经济发展模式等方面的差异，始终都是完成全面建成小康社会任务不容忽视的影响因素。

总体看来，西部民族地区贫困人口多、贫困程度深、贫困覆盖面广、返贫率高等问题仍然是我国全面建成小康社会和维护社会安定、民族团结的严峻挑战。因此，西部民族地区脱贫攻坚既是实现国民经济可持续发展的重要经济问题，又是维护祖国统一和增强民族凝聚力的政治与社会问题。

西部民族地区虽然地域辽阔，但高原、山地、冰川等高寒阴湿地区以及沙漠、戈壁等干旱地区占比较高，难以开展生产经营或综合利用开发。此外，民族地区深处内陆、地势偏远、气候复杂多变、地质灾害频发，致使自然资源开采难度大、基础设施建设成本高，当地居民生产、生活空间相对独立、狭小。尽管如此，西部民族地区多样化的地理生态环境蕴藏和孕育着极其丰富的自然资源，区域内的生物多样性和资源多

样性都位居世界前列。独特的民族风情、悠久的历史人文，形成了丰富多样的民族传统、工艺技术、风土人情等，这里是世界上最富有特色的民族文化地区之一。

西部民族地区还有一个最主要的特征就是自然地域各式各样、自然环境布局不平衡。西部民族地区自然地域类型主要有高原型贫困区、山地型贫困区、过渡带型贫困区、内陆干旱型贫困区四种，有半数以上分布在山区。西部民族地区的地域类型是通过气候、地貌因素和时间、空间的变化率，同时参考其他环境影响因素进行划分的。山地海拔高、地势起伏剧烈、生态容量小、土层贫瘠、植被稀少、抵御外界破坏的能力和自我修复调节能力弱以及梯度差异大等原因都给该地区土地开发利用带来了极大的困难和风险。加上山体对交通和通信的阻碍，致使该地区人民与外界交流甚少，甚至难以接触到现代社会先进的文化、进步的生产技术和生产方式，生产能力较低。同时，西部民族地区的气候在西风带天气和东南季风的共同作用下极不稳定，以干旱和多风为主要特征，年降水量少且分布不均衡，不利于农业的生产与发展，限制了该区域自给自足的物质生产能力，使经济结构调整缺乏稳固的产业基础。

第二节　西部少数民族地区经济发展现状及制约因素

为缓解区域发展不平衡，提升经济社会发展韧性，我国于 1999 年提出西部大开发战略。20 年来，西部民族地区经济社会和人民群众生活虽得到了极大改善，但落后于全国平均水平的现象仍然没有从根本上改变。

一、西部民族地区经济发展的现状

2015 年我国按当年价格计算的国内生产总值（GDP）为 68.55 万亿元，其中东部 10 省（区、市）地区生产总值合计 37.30 万亿元，占比 51.6%，西部 12 省（区、市）地区生产总值合计 14.50 万亿元，占比 20.1%。2015 年，我国人均 GDP 49 992 元，其中东部地区为 71 256 元，西部地区为 39 210 元，前者是后者的近 2 倍（见表 5-2）。

表 5-2　2015 年不同区域的国民经济和社会发展主要指标

指标	全国统计	东部地区		中部地区		西部地区		东北地区	
		绝对数	占全国比重/%	绝对数	占全国比重/%	绝对数	占全国比重/%	绝对数	占全国比重/%
国内（地区）生产总值/亿元	685 505.8	372 982.67	51.6	146 950.46	20.3	145 018.92	20.1	57 815.82	8.0
人均国内（地区）生产总值/元	49 992	71 256		40 399		39 210		52 743	

资料来源：《中国统计年鉴 2016》。

在 2015 年的统计数据中，地区生产总值排序的后 10 个省（区、市）中有 7 个位于西部民族地区，人均地区生产总值排序的后 10 个省（区、市）中也有 6 个位于西部民族地区。西部民族地区中，四川地区生产总值最高（3.00 万亿元），但与东部最高的广东（7.28 万亿元）相比，还不足一半；而人均地区生产总值最低的甘肃（26 165 元）仅相当于全国平均水平的约二分之一，与东部最高的天津（107 960 元）相比，约是后者的四分之一。

尽管总量上存在差距，但从表 5-3 可以看出，西部大开发战略实施以后，西部民族地区 GDP 增速已经超过东部地区。这意味着在国家政策的支持和西部民族地区自身的努力下，东西部区域发展不平衡的问题有所缓解。而且，"一带一路"建设、长江经济带战略的推进还将为西部民族地区进一步缩小差距带来新的历史机遇。然而，从人均 GDP 的增长来看，由于西部民族地区人口增长速度超过了 GDP 增速，很大程度上抵消了该区域经济总量增长的成效。2000 年到 2013 年，全国范围、东部沿海地区以及西部民族地区人均 GDP（以当年价格计算）分别由 7 858 元、11 334 元、6 443 元上升为 10 542 元、20 694.9 元、6 656.42元，其中西部民族地区的增量最小，该区域人均 GDP 与全国人均 GDP 的差距不升反降。

表 5-3　国内（地区）生产总值（GDP）年均增长率　单位:%

年份	全国平均	东部地区	西部地区	中部地区	东北地区
2003	9.3	10.4	8.7	11.2	10.6
2005	10.7	9.9	10.1	12.5	12.0
2008	9.1	11.4	12.6	12.3	13.7
2010	9.9	12.9	13.7	14.1	13.6
2011	8.8	10.9	13.6	12.9	12.8
2012	7.1	9.5	12.4	11	10.5
2003—2012	9.9	12.4	12.9	12.6	12.6

资料来源：《中国统计年鉴 2013》《中国统计年鉴 2008》。

二、制约西部民族地区经济发展的因素分析

一是经济发展起步较晚且基础薄弱。在特定的历史条件下，西部民族地区各项工作开展一段时期以来聚焦于国家统一、社会稳定、民族团结等政治任务，集中用于经济建设的力量与全国其他地区相比相对较少。由于发展起步较晚，受市场环境不良，资本、人力匮乏等种种限制，该地区与东部发达地区的差距不降反升，区域发展不平衡现象愈发严重。从统计数据来看，西部民族地区多项反映经济发展水平的综合指标均与全国平均水平和发达地区水平存在较大差距。

二是基础设施不足且思想观念落后。长期以来，受交通、通信制约，西部很多民族自治地方经济社会发展相对缓慢，市场竞争、人文教育等方面与外界交流较少，逐渐形成了保守和闭塞的思想观念，甚至对创新事物和新兴文化有抵触情绪。

三是非正式制度的约束。非正式制度的约束主要指民族地区一些人口缺乏突破传统方式的创造性想象力和行为，对生产生活缺乏主观能动性。一个地区的贫困和落后不仅从社会经济发展的统计数据指标体现出来，更多地表现为人内心的一种意识状态。从原始社会到现代社会的跨越式社会发展，历史遗留下的带有传统色彩的思维习惯、行为准则、民族惯例等严重地束缚了当地人们的进取开拓精神和与外界进行交流的愿望，不利于商品经济观念的形成和市场经济作用的发挥。

四是国家支持政策精准度和实效性不足。由于西部民族地区经济基础薄弱，其经济要有质的飞跃，离不开财政、金融、产业等各方面的扶持政策。但从十几年来的实际情况看，国家支持政策的针对性、精准度不够，对西部民族地区特殊的经济发展环境、条件等考虑较少。此外，政策的前瞻性不足，往往是根据昨天的情况制定今天的政策，但却无法解决明天的问题。例如，就财税金融体制而言，目前国家对民族地区实行同汉族地区一样的分税制，大量的财政收入要上缴中央和省州，导致民族地区原本稀缺的发展资金更为拮据，发展后劲严重不足；同时部分专门针对少数民族地区的税收优惠政策未得到全面有效落实，也未起到应有的投资导向作用。

五是发达地区对落后地区的冲击。国家实施西部大开发的意图是使西部地区发挥后发优势，在承接产业转移时吸收东部先进人才、技术等各种资源，进而助推西部地区经济发展，但实际情况却与政策初衷相去甚远。事实上，在产业转移上，西部地区承接了大量过剩产能和落后产

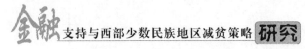

能，随着我国经济进入新常态，这些产业反而成为西部地区的拖累；而在一些新兴产业和高附加值的行业上，东、西部之间实质上存在竞争关系，西部地区吸引区域外部资金的政策收效不甚明显。

第三节　西部少数民族地区金融发展的现状

一、总体发展落后，金融结构失衡

西部民族地区以传统自然经济为主体，金融结构不合理。其主要表现有：经济发展过度依赖银行间接融资，金融组织以商业银行为主，股权融资和直接债务融资没有得到充分运用，新兴金融业态发展相对落后，实体经济融资渠道比较单一；融资需求与供给结构性错配，信贷资金仍然在重资产行业、过剩产能行业和政府融资平台等领域集中和沉淀，而以专利、品牌等无形资产和服务为主的轻资产行业和科技创新型企业由于市场回报周期较长、软性资产占比较大，不易从金融机构获得贷款等资金支持。西部民族地区的存贷款余额占全国存贷款余额的比重皆低于民族地区生产总值在全国 GDP 中所占比重，表明该区域金融发展水平尚不能有效满足实体经济发展的需要。

二、机构功能单一，金融工具缺乏

当前，西部民族地区的金融组织体系呈现以下特点：一是国有金融机构市场份额仍占据绝对优势，创新发展动力不足；二是非国有金融机构受制于较小的市场份额，发展非常缓慢，持续经营能力强的村镇银行以及小贷公司、金融服务公司等民营机构的资源主要集中在东部发达地区。整体来看，西部民族地区金融行业缺乏结构性特征，对股权投资、风险投资等融资工具创新不足，金融机构及其产品服务难以满足当地居民和企业多元化、多层次的融资需求。

此外，西部民族地区的金融工具缺乏还表现在以下两个方面：一是当地金融机构主动挖掘实体经济有效信贷需求的动力不足，对政府信用和国家信用过度依赖，导致金融资源大量向政府平台和国有企业倾斜，从而形成资金需求与供给的错配，加剧了西部民族地区融资难、融资贵的矛盾。二是重抵押担保、轻第一还款来源的风控文化加剧了风险集聚，不利于科创型轻资本产业发展。在银行"规模歧视"的叠加作用下，会进一步加大西部民族地区实体企业的融资难度。

三、潜在金融风险不容忽视

受经济下行及行业不景气影响，西部民族地区银行信贷资产质量有所下滑，企业资金回笼困难，流动资金不足，导致银行业不良贷款余额和不良贷款率呈现双升态势，一批大型企业相继出现突发信贷违约事件，违约金额大、债权银行数目多、涉及范围广，给区域金融稳定造成较大压力。同时，当前不同金融机构之间业务相互渗透、混业明显，其背后所蕴含的风险已脱离了传统意义上的单行业风险。此外，由于西部民族地区群众金融安全意识相对较弱，非法集资形势依然严峻，由其引发的信访、维稳事件不断出现，成为区域金融稳定的重大风险隐患。

第四节　西部少数民族地区金融发展
对经济发展的支持状况

一、正规金融系统对西部民族地区经济发展的支持

西部民族地区的正规金融系统主要由国有商业银行、政策性银行、邮政储蓄机构、地方商业银行以及各级农村信用社构成。长期以来，西部民族地区的信贷资金主要来源于这些机构。但近年来，随着经济的发展以及资金需求的快速增长，正规商业银行的经营机制越来越不能有效适应新常态下西部民族地区社会经济发展的需要。从时效性看，部分贷款从接洽、申请、审批到发放耗时长达数月，导致银行资金无法与企业生产经营周期对接，有的企业因等待时间过长被迫转向民间借贷。从融资额度看，企业抵押资产通常按市场价值计付评估费用，但向银行融资时，抵押率往往不足 60%，部分产品还要求存入保证金，折算之后仅能部分满足企业融资需求，有的甚至杯水车薪，无法解决企业实际问题。

西部民族地区经济发展难度大的主要原因是自身的资金积累能力差、有效的资金投入缺乏，因此促进经济发展的首要措施就是加大对西部民族地区的金融资金投资力度，引导正规金融机构优化经营管理体制，提升服务质效，从而充分发挥其信息丰富和资金雄厚的优势，有效缓解西部民族地区资本短缺的状况。但以表 5-4 的扶贫贷款为例，在西部民族地区中，几个贫困人口较多的省区的金融精准扶贫贷款余额仅占

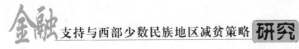

全国总量的约一半，表明正规金融对西部民族地区的支持力度还需进一步加大。

表 5-4   部分西部民族地区金融精准扶贫贷款统计表

单位：亿元

地区	金融精准扶贫贷款		个人精准扶贫贷款		产业精准扶贫贷款		项目精准扶贫贷款	
	余额	当年累放	余额	当年累放	余额	当年累放	余额	当年累放
全国	18 178	4 378	1 332	644	3 698	1 208	13 148	2 526
四川	2 541	325	118	54	393	111	2 031	160
贵州	1 146	298	167	99	190	50	789	149
云南	1 948	311	95	43	230	72	1 623	196
陕西	851	129	134	55	50	30	667	44
甘肃	1 560	423	229	114	502	167	829	142
广西	1 149	359	54	29	153	84	942	246

注：数据截至 2016 年 6 月末。

资料来源：中国人民银行。

二、非正规金融体系对西部民族地区经济发展的支持

非正规金融体系是在正规金融系统提供的信贷资金不能满足民族地区金融需求的情况下逐渐产生的。其主要运行模式有：临时借贷，即亲朋好友筹措资金、商业信用借贷；专门性放贷、捆绑信贷，主要指互联性信贷交易；小额信贷、资金互助社等。

由于信息不对称和抵质押手段的差别，为了降低成本和经营风险，正规金融部门往往倾向于把大量资金投入发达地区的国有大中型企业，导致贫困的西部民族地区被排除在正规金融体系之外，众多需要资金的中小企业、小商户、农民等无法获得发展所需要的资金，而倒逼形成了与正规金融互为补充的非正规金融体系。甚至在我国一些地区，农村经济主体和多数中小企业生产发展投入的资金主要来源于非正规金融体系。非正规金融体系内生于经济社会，具有灵活、快捷以及手续简便等优点，对缓解小微企业、"三农"等金融服务薄弱领域融资难有着重要作用。以四川省为例，截至 2015 年年末，全省 419 家小额贷款公司的贷款余额为 699 亿元，余额户数为 141 017 户。其中，涉农贷款 120 亿元、23 587 户，占比 17.14%、16.73%；小微企业贷款 276 亿元、11 327 户，

占比 39.51%、8.03%；涉农及小微贷款合计（剔除重叠）291 亿元、16 454 户，占比 39.5%、11.67%；个人贷款 322 亿元、110 387 户，占比 46.1%、78.28%。全年累计发放贷款 538 亿元、105 298 户、115 881 笔。其中，涉农及小微贷款合计（剔除重叠）280 亿元、25 405 户，占比 52.16%、24.13%；个人贷款 228 亿元、101 293 户，占比 42.33%、96.2%。

第六章 金融支持西部少数民族地区减贫的实证分析

通过前文的文献综述和理论分析，可以清晰地得出结论：金融发展在一定程度上可以推动经济发展。虽已被众多实证研究所证明，但这一结论还有待进一步针对民族地区进行实证研究。这主要是因为民族地区具有其特殊性：一是少数民族这个群体的文化、风俗等带来的经济发展节奏不一致，二是该地区市场经济机制较普通欠发达地区更加不健全，三是民族地区的金融结构形式单一、趋同。再者，金融支持与减贫的关系还需要进行实证研究。就算有效的金融支持政策能够加快经济发展，但这种发展是否会提高个人、家庭的收入，缓解民族地区的贫困现状，是本章将集中研究的问题之一。最后，西部民族地区金融发展差异程度的度量、其差异的来源都将在本章逐一进行阐述。

第一节 金融发展支持经济增长的时序分析

一、内生经济增长模型的合理解释

如前文所述，规模报酬不变是新古典增长理论的最基本假设，但实际中人们发现这并不能很好地解释长期中的增长现象，特别是资本收益递减。现实中，资本是一种扩大化的概念，这样一来资本收益递减的结论就不成立了。特别是引入内生技术进步后，外部性的存在进一步使得资本边际收益不再递减。

（一）AK 模型的结论

本节以帕加诺[①]的研究为借鉴，采用 AK 模型来说明内生情况下金

---

① MARCO PAGANO. Financial markets and growth：An overview ［M］. Europ：Eeon，1993
（2）：613-622.

融发展与经济增长的关系。AK 模型假定总量生产函数为

$$Y = AK$$

式中，Y 为社会总产出；K 为社会上的总资本存量；A 为一个正的常数，为资本-产出比。集约型生产函数为

$$y = f(k) = Ak$$

从而有 $\Rightarrow f' = f/k = A$，所以资本边际收益不是递减的，而是常数。在最优消费框架下，AK 模型的家庭行为与基本 Ramsey 模型类似。

其一，家庭的行为。家庭的效用函数为

$$U = \int_0^\infty e^{-(\rho-n)t} \frac{c^{1-\theta}}{1-\theta} \mathrm{d}t \tag{6-1}$$

约束条件为

$$\dot{a} = (r-n)a + w - c \tag{6-2}$$

$$\lim_{t\to\infty}\left\{a(t)\exp\left[-\int_0^t [r(v) - n]\, \mathrm{d}v\right]\right\} \geqslant 0 \tag{6-3}$$

其中，c 为家庭消费；θ 为消费的边际效用弹性[①]；a 为人均资产；r 为利率；w 为工资率；n 为人口增长率。

按照标准最优控制求解方法，得到欧拉方程与横截性条件为

$$Foc: \frac{\dot{c}}{c} = \frac{1}{\theta}(r - \rho) \tag{6-4}$$

$$TVC: \lim_{t\to\infty}\left\{a(t)\exp\left[-\int_0^t [r(v) - n]\, \mathrm{d}v\right]\right\} = 0 \tag{6-5}$$

其二，企业的行为。企业的集约生产函数是

$$y = f(k) = Ak \tag{6-6}$$

由于 $f' = A$，$f'' = 0$，$f' = A$ 违反了稻田条件，才有 $\lim_{K\to\infty}[f'(k)] = 0$ 导致了内生增长。

因此，企业优化条件为

$$f'(k) = R = r + \delta \Rightarrow r = A - \delta \tag{6-7}$$

劳动的边际产品为 0，工资率 w 也为 0。

其三，消费者和生产者的均衡。在封闭经济中有 $a = k$，代入式（6-4）、式（6-5）、式（6-7），可以得到均衡条件

$$\dot{k} = (A - \delta - n)k - c \tag{6-8}$$

$$\frac{\dot{c}}{c} = \frac{1}{\theta}(A - \delta - \rho) \tag{6-9}$$

---

①　此处所使用的效用函数的形式是不变跨期替代弹性效用函数，为 $1 - \theta$。θ 越大，消费者越不愿意进行跨期替代。

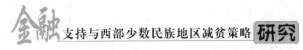

$$\lim_{t \to \infty} \left\{ k(t) e^{-(A-\delta-n)t} \right\} = 0 \qquad (6\text{-}10)$$

进一步，由于 AK 模型没有转移动态，即如果偏离了某一稳态，该经济将不会回到原稳态。所以有

$$\frac{y}{} = \frac{k}{} = \frac{c}{} = \frac{1}{\theta}(A - \delta - \rho) \qquad (6\text{-}11)$$

因此，AK 模型表明时间偏好参数 ρ、边际效用弹性 θ 和资本-产出比 A 将影响增长率。消费者越看重未来的消费，或者跨期替代越明显，越会导致当期消费的减少、投资的增加，经济增长越快。

（二）金融发展支持经济增长的机制

综上，金融发展支持经济增长的途径应当包括：

首先，资本-配置效率的提高，依赖于金融深化，可以通过资本-产出比的增加提升经济增长率。健全且完善的金融体系或者说最优的金融结构将有效推动经济增长。第一，微观上解决资金的供需矛盾。完善的金融体系，将通过金融工具和金融中介的作用实现资金的有效配置、促进资金在充裕者与短缺者之间自由流动。第二，宏观上实现社会资源的有效配置。金融市场具有发现价格的作用。当价格确定后，社会资源便会按照价格高低在整个经济中进行流动，让资金随着资源流向更需要的地区。第三，有效市场提升资金使用效率。当市场上所有人都可以获得清晰且准确的信息，也就保证了市场参与者都能获得该资产的实际信息和价值，这就是市场有效假说。市场有效的情况下，资金流向准确、流速提升。

其次，家庭储蓄与投资习惯的改变伴随着金融结构的调整，进而通过消费倾向改变影响经济增长。金融发展带来金融结构的更迭：一方面，金融结构的优化降低了金融系统性风险，使预防性的储蓄需求减少；另一方面，金融结构调整特别是金融中介的服务渠道增多、金融工具的可获得性增强，降低了储蓄意愿。快速下降的储蓄率将进一步传导到投资率上，使投资意愿不足。因此，外生化的储蓄率假设是必需的，这样可以排除量上的改变，而通过对习惯的改变进行分析。最优的金融结构，将在为家庭提供多元化金融服务和保障的同时，提供更多的投资性消费需求。这样一来，家庭将会用投资代替当期消费，增加全社会的投资，进而推动经济发展。

最后，资本折旧率也会受到金融发展的影响。第一，固定资产的折旧。金融的繁荣发展能够有效解决资源配置问题，特别是引导资金流向主导产业，推进技术进步和产业升级。技术进步后，原有的固定资产，诸如无尘车间、机械臂等，与原来装备相比使用年限更长，折旧损耗被间接降低。第二，无形资产的折旧。金融工具的繁荣为作为无形资产的人力资本带来了更便利的投资、消费和各种健康保障，将进一步降低人力资本折旧率，为企业发展乃至经济发展提供保障。金融发展使员工可以轻易通过融资来获得教育机会；消费金融的大力发展，可以为员工提供更为愉悦的生活环境，减少心理负担；保险诸如健康险的发展则提高了员工的健康保障。

二、变量选取与数据来源

根据以上的内生经济增长理论分析，本节将选取金融发展总量指标和金融发展效率指标作为解释变量。

金融发展的总量指标是对发展规模的考量。由于绝对规模的考察意义不大，为了考察相对规模的概念，国际上的通行做法是用金融相关比率作为金融发展规模的转换指标。根据前文的界定，金融相关比率是一个时点上的量，戈登史密斯和麦金龙分别给出了两种常用的计算方法。戈氏的方法已在前文进行过叙述，即用金融资产的总价值作为分子，而麦氏则是以 M_2（广义货币量）作为分子，两者使用的分母均为国内生产总值。这两种方法各有优劣，但都不失为金融发展相对规模的一种指标呈现。由于我国广义货币量数据只给出了全国性数据，并未按照地区单独统计，因此本书运用戈登史密斯的方法来计算金融相关比率。不过，以往学者们所采用的以存贷款总额来代替社会金融总资产的做法已经无法进一步反映金融发展的全貌，本书将加入证券、保险等行业的金融数据，以期全面地反映金融发展状态：金融总资产应为各金融中介存贷款余额、资本市场市值和保费收入的总和，当然这些数据将按民族自治地方分地区计算得出。

对金融发展效率的考量指标有配置效率和转化效率。但是配置效率是一种定性概念，无法直接度量，本书选用转化效率的代理变量来考量金融运行效率。根据列维（Levine，2002）的研究，单一的换手率（turnover ratio）指标反映上市公司股票的流通效率，而整个市场的换手率指标则反映整个股票市场的周转效率，是资本市场运行效率的间接表现。另外，银行的信用扩张步伐代表着金融中介机构的运行效率。由于公有部门的贷款受限于政府的诸多干预，会使运行效率产生偏差，列维在研究时仅保留了私人部门贷款指标，本书也沿用这种方法，以私人部门贷款占国内生产总值的比重作为银行信用（bank credit）指标来考察金融中介机构的运行效率。

金融发展的解释变量选定后，笔者选取 GDP 增长率作为经济增长指标，也就是被解释变量，这在学界已是通用做法。本章所使用的 GDP 增长率为实际值，先用居民消费价格指数（CPI）对名义 GDP 进行平滑，然后再算出每年的 GDP 增长率，作为经济总量的增长指标，就剔除了价格因素的 GDP 增长率。关于数据，这里以民族自治地方[①]为研究对象：GDP、CPI 及银行业各项贷款数据来源于各年份《中国民族统计年鉴》《中国统计年鉴》《中国区域统计年鉴》等；换手率是流通市值加权市场年换手率[②]，以及上市公司年末总市值的数据，都来源于 wind 金融研究数据库；保费收入按照产险和寿险加总，数据主要来源于《中国民族统计年鉴》，其中缺失年份的数据由《中国保险年鉴》的地区数据折算获得。通过对原始数据的处理与计算，获得各项指标比率，具体数据见图 6-1。其中 fir、g[③] 的含义如前所述，$turn$ 代表换手率指标，$dtgdp$ 代表银行信用指标。

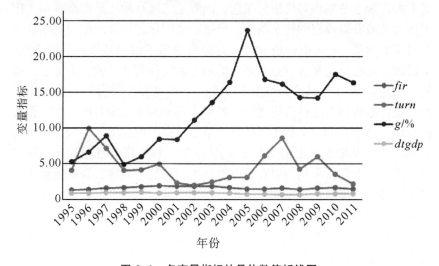

图 6-1　各变量指标的具体数值折线图

①　此处为民族自治地方汇总数据，涵盖 5 大民族自治区、30 个自治州、3 个自治盟等，具体涉及河北、内蒙古、辽宁、吉林、黑龙江、浙江、湖北、湖南、广东、广西、海南、重庆、四川、贵州、云南、西藏、甘肃、青海、宁夏和新疆 20 个省（区、市）。

②　换手率指标涵盖国内深圳和上海两大交易所的数据，而民族自治地方上市公司年末总市值是民族自治地方上市公司（包括 A、B 和 H 股）的年末总市值。

③　此处增长率指标乘以 100 是为了建模中取对数方便，一方面保证了序列的整体趋势不被破坏，另一方面保证了增长率取对数后为正。

三、民族地区的金融发展与经济增长：一个简单的回归模型

根据以上的理论分析和变量构造，本节构建如下模型：

$$\dot{Y}/Y = \beta_0 + \beta_1 X_1 + \beta_2 X_2 + u$$

其中，$\dot{Y}/Y$ 为经济增长率；X_1 为金融发展总量指标；X_2 为金融发展效率指标。结合上文各代理变量的选取，并取对数减弱数据的异方差性，得到具体模型为

$$\ln g = c + \alpha_1 \ln fir = \alpha_2 \ln banc + \alpha_3 \ln turn + u$$

传统的时间序列建模过程要求每一个变量都必须是平稳的，如果存在非平稳的变量，就需要用差分方法，得到平稳序列后再构建模型。虽然这样做可以解决非平稳的问题，但通常会让水平序列的信息有所损失。这时候，为了更好地保留水平序列所包含的信息，协整理论便应运而生——只要变量间存在协整关系，非平稳时间序列也可以直接构建模型。

（一）单位根检验

一般情况下，检查序列平稳性常采用单位根检验。本书运行 EView6.0 软件，对单位根进行 ADF 检验，包括变量 $\ln g$、$\ln fir$、$\ln banc$、$\ln turn$。同时，选用 AIC 准则来确定最佳滞后阶数。检验结果如表 6-1。

表 6-1　单位根的 ADF 检验表

变量	检验类型 (C, T, N)	ADF T-Statisti	各显著性水平下的临界值			检验结果
			1%	5%	10%	
lng	(C, T, 0)	−1.946 056	−4.667 883	−3.733 200	−3.310 349	不平稳
1 lng	(C, T, 0)	−4.167 690	−4.728 363	−3.759 743	−3.324 976	不平稳
	(C, T, 0)	−6.233 464	−4.800 080	−3.791 172	−3.342 253	平稳
lnfir	(C, T, 3)	−2.943 863	−4.886 426	−3.828 975	−3.362 984	不平稳
1 lnfir	(C, T, 2)	−0.993 076	−4.886 426	−3.828 975	−3.362 984	不平稳
	(C, T, 1)	−5.834 983	−4.886 426	−3.828 975	−3.362 984	平稳
lnbanc	(C, T, 0)	−1.482 190	−3.920 350	−3.065 585	−2.673 459	不平稳
	(C, T, 0)	−2.883 082	−3.959 148	−3.081 002	−2.681 330	不平稳
	(C, T, 1)	−4.637 722	−4.057 910	−3.119 910	−2.701 103	平稳
lnturn	(C, T, 3)	−2.443 219	−4.886 426	−3.828 975	−3.362 984	不平稳
	(C, T, 0)	−4.256 419	−4.728 363	−3.759 743	−3.324 976	不平稳
	(C, T, 1)	−5.590 008	−4.886 426	−3.828 975	−3.362 984	平稳

从检验结果看，所有变量在二阶差分后在 T 统计量上均是显著的，

即有 99% 的概率拒绝存在单位根的零假设，即 $lnfir \sim I$（2）、$lnbanc \sim I$（2）、$lnturn \sim I$（2）。

（二）协整分析

协整理论由恩格尔和格兰杰在 20 世纪 80 年代提出，主要解决的是非平稳序列建模问题。按照协整理论，只要经济变量的线性组合是平稳序列，这些变量就能构成协整方程，这些变量本身是否为非平稳序列则不再重要，它们一样具备长期稳定的均衡关系。由上文 ADF 检验可知，各变量在水平值上不平稳，需要进行协整关系检验。进一步，通过表 6-1 可知，各变量间具有相同的单整阶数，满足检验前提。

首先，以 lng 为被解释变量，$lnfir$、$lnbanc$、$lnturn$ 为解释变量，得到①

$$lng = 1.229\ 0^{**} + 1.608\ 1^* lnfir - 4.422\ 7^{**} lnbanc - 0.313\ 7^* lntrun + \hat{u}$$

s. e. = （0.575 4）　　　（0.819 6）　　　（0.825 7）

（0.156 6）

$R^2 = 0.712\ 930$　　　$F = 10.761\ 70$　　　$D.\ W. = 1.389\ 513$

其次，对上述 OLS 回归进行协整检验，即对上述模型的残差（令 $ECM = \hat{u}$）进行单位根检验，结果见表 6-2。

表 6-2　回归残差的单位根检验

变量	检验类型 (C, T, N)	ADF T-Statistic	各显著性水平下的临界值			检验结果
			1%	5%	10%	
ECM	(C, 0, 3)	-4.169 686	-4.057 910	-3.119 910	-2.701 103	平稳

由表 6-2 的检验结果可以看出，金融发展和经济增长之间具有协整关系。上述协整回归方程整体拟合良好（$R^2 = 0.712\ 9$，$P_F = 0.000\ 79$），根据 DW 统计量不存在序列自相关，模型构建合理，可以用来度量二者的关系。一方面，金融总量对经济增长率的弹性为 1.608 1，意味着金融总量每增加 1%，经济增长率将增加 1.608 1。另一方面，金融效率特别是银行信用的扩张对经济增长率呈现出负的弹性。

（三）误差修正模型

通过上文检验可知，经济增长与金融发展是协整关系，是一种在长期来看稳定的均衡关系；那么在短期内这种均衡关系是否容易被打破，还需要进行验证。因此，本书通过 Engel- Granger 两步法构建误差修正模型（ECM）来考察短期波动对两者关系的影响。

---

① 其中 * 号描述了显著性水平，***、**、* 分别表示了在 1%、5% 和 10% 水平上显著。

第一步，构建长期均衡方程，即上文的协整回归方程。第二步，将残差序列 $\hat{u}$ 作为误差修正项，建立误差修正模型如下：

$$\Delta \ln g_t = c_0 + c_1 ecm_{t-1} + \gamma_1 \Delta \ln fir_t + \gamma_2 \Delta \ln banc_t + \gamma_3 \Delta \ln turn_t + \varepsilon_t$$

估计得到

$$\Delta \ln g_t = 0.051\,849 - 0.622\,489^{**} ecm_{t-1} + 0.635\,812 \Delta \ln fir_t$$

$$-2.732\,049^{**} \Delta \ln banc_t - 0.048\,677 \Delta \ln turn_t$$

$$R^2 = 0.417\,675 \quad F = 1.972\,453 \quad D.\,W. = 2.202\,197$$

在误差修正模型中，长期均衡关系由协整关系解释，而差分项则是对短期波动的一种间接反映。因此，这种间接反映应当由两部分构成：一是金融发展在短期内不均所造成的影响；二是对长期均衡关系的偏离所造成的影响。其中，误差修正项 ecm_{t-1} 的系数大小反映了这种偏离均衡的调整力度。

（四）格兰杰因果检验

协整分析的结果支持民族自治地方金融发展与经济增长之间存在长期的均衡关系，误差修正模型则说明了金融发展的短期波动将服从于二者的长期关系。但这种均衡或者波动，是否会使二者构成因果关系，有待进一步进行检验。

格兰杰（1969）提出了因果关系检验，能够说明解释变量与被解释变量的关系，一般使用 F 统计量来进行检验。如果在预测中解释变量对被解释变量有帮助，或者说两者在统计上相关关系显著，这就是一种格兰杰因果，即被解释变量是由解释变量格兰杰引起的。本节检验金融发展的各代理变量和经济增长率之间的关系，具体结果见表6-3。

表6-3　格兰杰因果检验的结果

原假设	F 统计量	样本量	P 值
fir 不能由解释变量格兰杰引起 g	1.109 78	15	0.367 0
g 不能由解释变量格兰杰引起 fir	6.597 90	15	0.014 9
banc 不能由解释变量格兰杰引起 g	0.478 75	15	0.633 1
g 不能由解释变量格兰杰引起 banc	5.496 20	15	0.024 5
trun 不能由解释变量格兰杰引起 g	3.066 45	15	0.091 5
g 不能由解释变量格兰杰引起 turn	1.785 90	15	0.217 2

从表6-3的结果可知，民族自治地区的经济增长率往往决定着金融发展。P 值为 0.014 9，在 5% 的置信水平下有理由拒绝原假设，即经济增长是社会整体金融发展的格兰杰原因。同理，经济增长也是银行信用

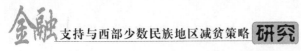

扩张（银行业发展）的格兰杰原因。但资本市场的效率却能在 10% 的置信水平下成为经济增长的格兰杰原因。这说明在民族自治地区，经济增长往往决定着金融发展，而资本市场效率的提高可以部分地解释经济增长。

四、结论

上文运用时间序列建模分析得出了一些结论。以我国民族自治地方为研究对象，论证了金融发展与经济增长存在一定的关系：在长期中，只有金融的发展才能推动经济的快速发展；但在短期中，经济增长还会决定着金融的总量规模。因此，民族自治地区的金融支持政策必须以完善适合民族地区经济发展阶段的最优金融结构为目标。

（一）长期来看金融发展促进经济增长

国外学者的相关研究通常都能得出金融发展对经济增长的具有正向的促进作用的结论（Robert G. Rajan，Luigi Zingales，1998；Ross Levine，Sara Zervos，1998）；但我国具有特殊国情，经济发展情况呈现出明显的梯度式划分，因此诸多学者会区分东、中、西地区进行相关研究。如马瑞永（2006）得出结论，关于我国金融发展对经济增长的促进作用，中部地区最大，东部次之，西部最弱。甚至有学者认为在我国西部地区金融发展和经济增长没有关系。当然，大多学者往往采用经济总量指标度量经济增长，而本书考察的是经济增长率指标。根据本书的协整回归分析，在民族自治地方，金融发展的总量指标对经济增长率具有较大的正向弹性，即经济增长率对金融相关比率的变动较为敏感，经济增长率的提高离不开金融相关比率的提高。同时，银行业效率的弹性显著为负，这与列维针对国际间的研究结论不同，说明了民族地区经济发展水平有限，银行业信用的盲目扩张不能有效提升经济增长率，反而会显著地制约经济增长率。但从长期来看，随着民族地区经济总量规模的提升，经济发展阶段渐渐与东部发达地区趋同，可以预期银行信用、资本市场的作用会越来越大。

（二）短期内经济发展决定着金融总量规模

在进行金融和经济的关系研究时，由于研究的地区、时间段的不同，往往会得出不同甚至是相左的结论。而且，这也是与人们对经济发展的认知相关联的。随着经济发展理论的演进，对二者的关系的结论也经历了从货币中性到货币促进的转变。当前，学界认同的观点是，金融发展与经济增长是一种螺旋式上升的互动关系。而笔者认为，针对某一区域二者是否表现为互动关系，还需要结合研究区域的特定情况进行研究。由协整分析得知，金融发展长期看来将有利于提高经济增长率，而误差修正模型得出结论，认为短期金融发展与经济增长的偏离会有较强的回归长期均衡关系的动力，同时格兰杰因果检验证明了民族自治地方短期内经济增长决定着金融总量规模。因此，短期中金融与经济关系的倒挂是一种对长期均衡关系的偏离，而这种偏离在长期中会逐渐回归到金融发展促进经济增长的轨道上来，即二者还是一种互动关系。这与民族地区经济发展的现状紧密相关：不可否认民族地区经济发展相对东中部地区较为落后，同时民族地区区域内部的经济增长也是非均衡的，导致整个民族地区的金融发展呈现差异性，无法整体上促进经济增长。更现实的情况是，在某些经济相对发达的民族地区，如省会城市、二线城市等，金融发展能够促进经济增长；而在某些经济相对落后的民族地区，如人烟稀少、资源匮乏的地区，金融发展往往只能决定于区域经济增长。

（三）应构建与经济发展相适配的金融支持体系

综上所述，就民族自治地方而言，长期来看金融发展能够促进经济增长，而短期内金融总量规模又要受到经济增长速度的限制。因此，民族地区需要构建与经济发展阶段相适配的金融支持体系，从而迅速从短期偏离回归到长期均衡关系，使金融发展与经济增长呈现互动关系：首先，必须找准并构建最优金融结构。一方面，我国现有金融工具创新不足，特别是针对少数民族地区的创新匮乏，无法满足来自民族地区的各项金融需求。另一方面，我国金融机构虽涵盖了银行、证券、保险等，但在民族地区各机构的职能发挥不同，有些机构甚至存在局限性，不适合民族地区经济发展需求。因此，必须将金融工具与金融机构相结合，构建与地区经济相适配的金融结构。其次，强化金融支持政策力度。政策安排只能通过金融发展支持实体经济的发展，进而促进经济增长的实现。盲目地加快金融发展，并不能在短期内打破经济对金融规模的限制。只有构建了最优的金融结构，按照经济发展需要去安排金融支持政策，才能又好又快地推动经济发展。这是银行信用对经济增长的负弹性告诉我们的。最后，完善的金融支持体系还需要制度和法律的保驾护航。金融支持体系本身就是一种制度安排，只有从制度的完善上着手发展，使金融制度安排的合理性得到充分体现，才能发挥其支持效用。这就需要民族地区的金融制度安排能够接地气，要有别于非民族地区和发达地区，允许试错性的创新显得尤为重要。而这一切也更需要法律法规体系产生积极作用。

第二节　最优金融结构支持减贫开发的面板分析

上节通过构建一个简单的多元回归，对我国民族自治地方进行了实证分析，得到了一般性的结论——民族地区需要构建与经济发展相适配的金融支持体系，即拥有最优金融结构。因此，在进一步研究西部民族地区的减贫策略时，需要从金融结构着手金融支持问题。为了打破统计资料数据的限制，扩大样本容量，使实证分析更加精确，本节将利用面板数据（panel data）对金融发展和减贫开发之间的关系进行研究。

一、模型的设计基础

（一）资本概念扩大的 AK 模型

如前所述，AK 模型本身既是一种简单的内生增长模型，又能作为许多内生经济增长模型的核心。因此，当引入物质资本、人力资本之后，AK 模型变为

$$Y = F(K,\ H) \tag{6-12}$$

$$\Rightarrow Y = Kf(H/K)$$

$$\frac{\partial Y}{\partial K} = f(H/K) - \frac{H}{K} \cdot f'\left(\frac{H}{K}\right) = R_K$$

$$\frac{\partial Y}{\partial H} = f'\left(\frac{H}{K}\right) = R_H$$

如果物质资本和人力资本可以相互达到完全替代的状态，而且都和产出具有一对一的关系，则它们的净收益率应该相等，即

$$R_K - \delta_K = R_H - \delta_H$$

由以上得

$$f\left(\frac{H}{K}\right) - f'\left(\frac{H}{K}\right) \cdot \left(1 + \frac{H}{K}\right) = \delta_K - \delta_H \tag{6-13}$$

式 6-13 右边为常数，左边单调，从而确定唯一的常数值 $\frac{H}{K}$。所以 $f\left(\frac{H}{K}\right) = A$ 为常数，与上文所述，单一 AK 模型的形式相同。从而有两种资本的生产函数式（6-12）实质上是一种 AK 形式。因此，人力资本也是经济增长过程中不可忽视的影响因子。

（二）最优金融结构的组成

金融结构理论认为，各式各样的金融机构、工具在特定经济环境中的形式、性质、数量和规模等一系列特征就是这个经济中的金融结构。因此，金融结构可以看作金融总体的一种结构状态。一国或一地区的经济需要发展到一定阶段，商品化、货币化达到一定程度，具有了社会化的信用关系，且文化、传统、习俗等推动了经济主体的理性化程度提高，这种地区的金融结构才能赖以存在。

在以西部少数民族地区为研究对象时，因为经济发展的外在差异和内在差异，更需要提供与之相匹配的金融制度安排，也就是最优的金融结构，才能最大化金融体系的功能。这就要求各地政府出台差异化的金融支持政策，在避免结构单一、发展趋同的基础上，形成各地最优的金融结构，寻求金融发展与经济发展的适配，有效通过金融支持政策促进经济的可持续发展。本节将金融发展分为银行、证券、保险三个行业的发展，以体现金融结构在金融发展中的变迁。

（三）模型的初步设计

在学界，关于经济增长和贫困之间关系的争论由来已久，但理论上的争执并不能抹杀中国的经济增长所带来的减贫奇迹。中国的贫困问题主要存在于农村（Ravallion，Chen，2007），中国绝大多数农村人口（76%）在经济改革开放初期生活在贫困线以下，但随着快速的经济增长，中国农村贫困率迅速下降到12%（1976—2001年），这是全球其他国家没有经历过的最快速贫困率的下降。同时，这也预示着中国政府提前实现了联合国设定的2015目标即贫困人口减半的千禧年目标。面对这种减贫目标的实现，不可否认经济增长与减贫之间存在千丝万缕的关系。夏庆杰等（2010）利用中国家庭收入项目（CHIP）的调查数据，建模研究了我国农村贫困的一系列影响因素，主要包括收入分配变化、绝对贫困指标、收入增长指标等。最终结果显示收入增长是导致贫困下降的主要原因。李小云等（2010）在利用2000—2008年分省的数据进行研究后，认为我国的经济高速增长对反贫困工作的顺利开展有着巨大的推动作用，但新世纪的贫困降低速度依然比我国经济增速慢。

因此，根据中国经济增长的实践以及经济增长理论，本节将构建金融发展与减贫之间的模型，初步形式如下：

$$\ln Y = C + \alpha \ln F + \beta \ln X + \varepsilon$$

式中，Y 为贫困缓解的变量；F 为金融结构变量；X 为控制变量。形式如前，依然采用双对数模型，取对数的目的是消除观测数据的异方差。

二、变量说明与数据来源

（一）被解释变量 Y：贫困缓解程度

由于经济增长能够有效地减缓贫困，相应的经济发展指标也能够间接反映贫困缓解程度。结合民族地区的实际情况，本书首先选取人均GDP、人均纯收入两个经济发展指标作为贫困缓解程度的代理变量。作为发展经济学中衡量一定区域经济发展状况的指标，人均 GDP 在很大程度上反映着宏观经济，它是人们了解和把握宏观经济运行状况的有效工具，因此也能够部分地反映贫困缓解程度。本书选取人均纯收入指标来度量区域内个体所分享的经济发展成果。人均纯收入分为农村人均纯收入和城镇居民可支配收入两个度量指标。另外，学界对贫困的描述通常基于贫困线展开，收入在贫困线下的人口就被定义或者划分为贫困人口。而为了反映某一地区贫困的广度，贫困发生率（head count ratio）的概念被提了出来。贫困发生率指贫困人口占全部总人口的比率，这一概念首先由朗特里（Seebohm Rowntree）于 1901 年提出。

综上，本节选取人均实际 GDP、人均实际纯收入（农村/城镇）和贫困发生率（农村/城镇）三个变量作为贫困缓解程度的代理变量。考虑到民族地区数据的可获得性，时间跨度选为 1994—2011 年。研究范围为西部民族地区，包括内蒙古、广西、西藏、宁夏和新疆 5 大自治区，以及湖北、湖南、重庆、四川、贵州、云南、甘肃、青海等各省包含的少数民族自治州、自治县等。人均实际 GDP、人均实际纯收入均是以各年份居民消费价格指数将名义量换算为 1994 年不变价格。贫困发生率的数据，由于受统计资料的限制，通过 2000—2005 年各民族地区城镇低保人数、农村低保人数除以年末总人口获得。被解释变量原始数据均来源于各年份的《中国民族统计年鉴》。

（二）解释变量 F：金融结构

为了避免在回归模型中产生多重共线性，此处将不再以金融相关比率作为解释变量，即不再度量金融发展的总量指标。在银行业发展方面，依然采用银行信用（bank）这一变量度量银行业效率。考虑到是研究西部民族地区，并且是面板数据，再次采用换手率指标不能够有效反映地域特色，因此引入上市公司年末总市值占 GDP 比重（security）这一指标衡量证券市场对经济增长的贡献度。上市公司年末总市值数据依然来源于 wind 金融研究数据库。

保险密度和保险深度是考察保险业发展的常用指标。保险密度通常用特定区域的总保额收入除以该区域的人口数量计算获得，是一种人均概念。这一指标反映了特定区域内国民对保险消费的接受程度，亦即国民投保热情程度，能够客观反映保险业的发展水平。保险深度则是在特定区域内反映保险行业相对其他行业的发展水平，通常用保费收入总额与国内生产总值之比计算。解垩（2008）利用中国健康与营养调查（CHNS）数据，估计了1989—2006年医疗保险对中国城乡家庭的反贫困效应，认为家庭成员数量、教育程度、抚养比率、参保人数等都会影响贫困程度。但本节根据前人经验，在产险、寿险两个方面分别用保险深度和保险密度指标进行模型拟合，最终确定使用产险保险密度（insurd）指标衡量保险业的发展。

（三）解释变量 X：控制变量

为了仅考察金融结构对贫困减缓的影响，还需要加入控制变量来剔除其他因素的影响。列维（Levine，2002）认为，作为政府消费考量的财政支出大小，会直接影响经济增长的结果，因此本书按照比率思路，构建财政支出占 GDP 比重（pfra）的指标。同时，影响经济发展的主要因素还有市场开放程度（open）、人力资本（humr）等（李朝林，2005；杨继瑞，1998）。借鉴列维构建的指标，此处人力资本用地区每万人高校在校人数指标代替，市场开放程度采用进出口总额按当年平均汇率折算为人民币后占 GDP 的比重表示。最后，考虑到中国的贫困问题集中体现在农村地区，加入城市化率（urb）控制变量，这在国内相关研究中已是共识。城市化率指标由当年年末地区城镇人口除以地区总人口获得。控制变量的相关原始数据取自《中国民族统计年鉴》各年份版。

三、西部民族地区的金融发展与减贫：来自面板数据的经验证据

面板数据作为经济分析中常用的工具，具备了截面、时间和变量三个维度，可以认为是各截面上对不同个体的时间序列的汇总，由于包含了时间序列，平稳性检验也是必不可少的。同时，为了避免时间序列的虚假回归问题，协整检验也是必不可少的步骤。同样重要的一个问题是模型设定，这对面板数据分析而言尤为重要；如果设定不对，将会严重影响分析结果。因此，要建立面板数据模型，检验参数 α 和 β 是否对所有截面都是同样效果，进而改进参数估计的有效性。通常运用协方差分析检验（F 检验）系数是否可变，随后还要通过对个体影响的形式进行检验，最终确定模型类型。本节面板数据模型经过似然比检验（likelihood ratio test）和 Hausman 检验，并结合需要考察的经济意义，

确定为变截距的固定效应模型，具体结果见后文。

（一）面板数据的平稳性检验

用 Eviews 6.0 对被解释变量（$gdpc_{it}$、$fincom_{it}$、$cincom_{it}$、$fhcr_{it}$、$chcr_{it}$）、金融发展变量（$bank_{it}$、$security_{it}$、$insurd_{it}$）以及控制变量（$pfra_{it}$、$open_{it}$、$humr_{it}$、urb_{it}）分别进行单位根检验，输出结果见表6-4。结果表明，各个变量在进行一阶差分后都呈现出了平稳性，说明这些序列都是一阶单整的，即 I（1）。在此基础上，可以进行协整分析，具体协整分析结果在估计结果之后给出。

表6-4　面板数据单位根检验结果

变量		LLC	Breitung	IPS	Fisher-ADF	是否平稳
被解释变量	Lngdp	−2.163 **	2.665	0.218	29.176	否
		−6.765 ***	−5.614 ***	−6.975 ***	90.313 ***	是
	Lnfincom	2.064	1.053	1.404	22.55	否
		−13.621 ***	−0.694 *	−10.203 ***	112.485 ***	是
	Lncincom	0.344	−0.364	0.962	21.204	否
		−16.079 ***	−4.978 ***	−8.430 ***	138.748 ***	是
金融发展变量	Lnfhcr	−14.450 ***	0.119	−0.468	26.331	否
		−39.168 ***	−1.532 *	−6.227 ***	56.370 ***	是
	Lnchcr	−12.221 ***	2.269	−2.501 ***	51.287 ***	否
		−20.455 ***	1.785 **	−4.287 ***	50.153 ***	是
	Lnbank	−2.317 **	−0.710	−2.055 **	41.298 **	否
		−8.492 ***	−3.444 ***	−9.072 ***	113.932 ***	是
	Lnsecurity	−3.353 ***	−0.588	−0.473	17.397	否
		−9.877 ***	−6.967 ***	−4.250 ***	64.111 ***	是
	Lninsurd	−24.934 ***	1.359	−7.565 ***	39.366 **	否
		−28.710 ***	−5.522 ***	−8.689 ***	104.024 ***	是
控制变量	Lnpfra	−0.174	—	2.57	37.269 *	否
		−22.002 ***	—	−12.526 ***	358.596 ***	是
	Lnopen	−1.846 **	—	−0.722	33.487 *	否
		−13.553 ***	—	−10.828 ***	128.510 ***	是
	Lnhumr	−4.0447 ***	—	−0.447	25.971	否
		−5.772 ***	—	−7.079 ***	96.567 ***	是
	Lnurb	−1.951 **	—	−0.456	25.461	否
		−13.288 ***	—	−10.967 ***	150.699 ***	是

（二）面板数据模型形式的设定

1. 变截距模型

如前文所述，建立面板数据模型，需要检验被解释变量 Y 的参数 α

是否对所有截面都是一样的，由此可以将面板模型划分为以下三种类型。

（1）无个体影响的不变系数模型

$$y_i = \alpha + x_i\beta + u_i, \ i = 1, \ 2, \ \cdots, \ N$$

（2）变截距模型

$$y_i = \alpha_i + x_i\beta + u_i, \ i = 1, \ 2, \ \cdots, \ N$$

（3）含有个体影响的变系数模型

$$y_i = \alpha_i + x_i\beta_i + u_i, \ i = 1, \ 2, \ \cdots, \ N$$

在因变量选择人均 GDP 时，运用 Eviews 6.0 估计以上面板模型，用残差平方和数据，得出 F 值[①]为

$$F_2 = \frac{(S_1 - S_3)/[N - 1](k + 1)}{S_3/[NT - N(k + 1)]} = 71.788 > F(56, \ 48) = 1.69$$

$$F_1 = \frac{(S_2 - S_3)/[(N - 1)k]}{S_3/[NT - N(k + 1)]} = 1.307\ 89 < F(49, \ 48) = 1.93$$

因此，应当选择变截距模型来进行估计。本节仅呈现以人均 GDP 为因变量进行协方差检验的结果，其他几个面板模型此处省略，详细模型形式见后文估计结果。

2. 固定效应和随机效应的选择

由于对个体影响，变截距模型有不同的处理形式，需要区分固定影响和随机影响，这就要进一步检验加以判断。在 Eviews 6.0 中，可以通过 Hausman 检验和似然比（likelihood ratio）检验来确定模型是固定影响还是随机影响。Hausman（1978）提出了一种可靠的检验方法，来检验模型中个体影响与解释变量之间的相关性。其原假设是两者不相关，这种情况选择随机效应变截距模型；反之，则选择固定效应变截距模型。进一步，似然比检验则是在混合估计模型与固定效应模型间进行选择。在似然比检验过程中，原假设是建立混合估计模型，若是拒绝，应选择个体固定效应模型；若是接受，则不能选择。这样一来，通过两种检验，即可在三种类型上选出适合的模型。通过逐次检验，本节建立以下五个模型，具体为

$$\ln gdp_{it} = c_i + a\ln F + \beta\ln X + \varepsilon_{it} \tag{1}$$

$$\ln fincom_{it} = c_i + a\ln F + \beta\ln X + \varepsilon_{it} \tag{2}$$

$$\ln cincom_{it} = c_i + a\ln F + \beta\ln X + \varepsilon_{it} \tag{3}$$

$$\ln fhcr_{it} = c_i + a\ln F + \beta\ln X + \varepsilon_{it} \tag{4}$$

---

① 原始数据个体数为 13、年份跨度为 18（1994—2011）。但由于中间部分数据缺失以及取对数的处理，最终个体数为 $N = 8$，年份数为 $T = 14$。

$$\ln chcr_{it} = c_i + a\ln F + \beta\ln X + \varepsilon_{it} \qquad (5)$$

同上文一样，受篇幅限制，在此仅报告模型（1）的检验结果，详见表6-5。

表6-5　模型因变量为人均GDP的设定检验输出结果

检验方法	原假设	输出值	自由度
Hausman 检验	应当建立随机效应模型	68.787 850 ***	7
假然比检验	应当建立混合估计模型	F = 9.826 836 ***	(7, 85)
		Chi-square = 59.292 280 ***	7

（三）模型估计结果

根据前文的分析，用最小二乘法（OLS）对模型（1）~（5）进行估计。各模型整体拟合较好，均拥有较高的R^2和F统计量。进一步由DW统计量可知，各模型几乎不存在序列自相关。具体估计结果详见表6-6。其中，模型（1）~（3）是利用西部民族地区按8省区区分统计所得的数据，跨度为1998—2011年。按原来获得的1994—2011年数据，由于存在某些指标数据缺失，非平衡面板数据产生了，这在Eviews软件里面会自动进行更正，通过缩短时间年限或剔除截面个体等方法，获得平衡面板进行估计。根据最终结果可知，首先，在各模型中，财产保险的保险密度对减贫的各项指标均具有较大弹性，说明产险保险密度提升能够有效增强减贫效果；其次，城市化率的平均弹性系数也很大，说明了城镇化的推进能够有效缓解贫困，特别是缓解农村地区的贫困，这是模型（2）和模型（4）得出的结论；最后，银行信用在减贫开发中也扮演着一定角色，虽然不及财政支出和人力资本的弹性大，但其在城市中的扶贫作用往往大于农村地区。而常数项，即固定效应的不同，反映了各省的民族自治地区除开金融发展和经济增长之外自发减贫的差异性，与前文对经济发展阶段的论述相呼应。

表6-6　模型5.1~5.5的估计结果

自变量	因变量	lngdp	ln$fincom$	ln$cincom$	ln$fhcr$	ln$chcr$
金融发展变量	ln$bank$	−0.179 9 *	−0.186 8 *	−0.167 3	1.003	0.927 2 *
	ln$security$	0.016 2	−0.027 3	−0.048 9	−0.062 7	−0.006 1
	ln$insurd$	0.415 3 ***	0.327 9 ***	0.361 0 ***	1.108 3 **	−0.010 7

表6-6(续)

自变量＼因变量		lngdp	lnfincom	lncincom	lnfhcr	lnchcr
控制变量	ln*pfra*	−0.273 6 **	0.331 8 ***	0.136 0	0.475 1	1.342 8 ***
	ln*open*	−0.032 6	−0.004 3	−0.037 5	−1.456 *	−0.435 3
	ln*humr*	0.350 2 ***	0.121 1 **	0.062 9	−0.700 1	1.302 ***
	ln*urb*	0.085 2 *	−0.263 6 ***	−0.296 ***	1.599 8 ***	−0.286 4
固定效应	内蒙古	5.441 3	6.295 5	7.057 1	−8.736 2	−8.085
	湖南	5.094 9	5.957 6	6.878 8	−9.281 7	−7.861 7
	广西	5.171 1	6.325 2	7.179 0	−8.242 4	−8.399 5
	四川	5.345 3	5.860 2	6.746 7	−12.979 9	−8.943 8
	云南	5.510 0	5.917 5	6.963 2	−8.808 7	−5.799 9
	西藏	5.681 8	5.581 4	7.087 7	−10.806 9	−9.811 4
	宁夏	5.358 6	6.157 9	7.095 9	−6.777 9	−8.656 6
	新疆	5.192 5	5.968 6	6.911 2	−11.608 6	−8.443 7
加权统计量	*Obs*	100	100	100	38	40
	R^2	0.953 9	0.891 9	0.839 9	0.920 8	0.892 8
	F	125.58 ***	50.076 ***	31.858 ***	19.101 ***	14.868 **
	D. W.	1.570 7	0.887 5	0.959 5	1.719 7	1.899 7

四、结论

(一) 保险业的发展将是当下扶贫开发有力的金融推手

我国的贫困问题集中在农村地区,而发展涉农保险业作为国家支农重要政策往往为缓解贫穷起到了推动作用。在我国西部少数民族地区,农业保险保费占了财产保险保费收入中较高的份额,同时由于中央政府、地方政府对这些地区给予了政策性农业保险较高的财政补贴,农户用较低的保费可以享受较高的风险保障水平,对个人和家庭都是一种很好的风险分摊机制,能够有力地减轻贫穷。这和本章的实证结果也是吻合的。在学界,财产保险与国民经济之间存在何种内在联系一直是理论界探索的重要问题。通过比较我国东、中、西部三个梯度区域的财产保险发展情况,王建伟等 (2008) 得出了一个共同规律。特别是以前期投资功能受限为前提,他们认为尽管财产保险对经济平稳运行的促进作用远远大于对经济总量的直接作用。在本节中,财产保险的这种促进经济平稳运行的能力莫过于减轻家庭贫困、推动当地扶贫开发工作。因

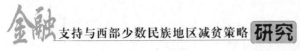

此，保险业的发展至少是当前西部民族地区的金融结构调整优化过程中极为重要的方面。

（二）银行业的适度发展是减缓地区贫穷不可忽视的环节

为了形成最优的金融结构，需要根据具体的经济发展阶段来设计并完善已有金融体系。根据实证分析可知，银行信用的扩张在当前对减轻贫穷的弹性显著为负，说明银行信用的继续扩张将阻碍当前的扶贫开发工作的开展。虽然平均弹性系数较小，但影响仍不可忽视，这是由西部民族地区的现状所决定的。西部民族地区经济发展相对落后，经济的市场化和货币化程度相当有限，如果照搬发达地区的银行业扩张发展态势，盲目地扩张信用，将会使民族地区的经济发展遇到困境，形成制约，不利于有效实现减贫。从实证分析能够看出这种影响当下还较小，至少对于减贫的效果影响较小，说明虚拟经济与实体经济的偏离在西部民族地区还在可接受的限度之内。但银行信用保持适度规模，形成最优的金融结构，是西部民族地区减贫工作中不容忽视的环节。

（三）差异化金融政策是民族地区金融发展的有效手段

从国际上对经济欠发达地区推行的金融支持政策来看，差异化的金融支持政策是各国在加速欠发达地区经济发展、减缓地区贫穷过程中最常用的策略之一：一方面为政策性金融提供直接支持，另一方面通过政策对商业性金融进行指引，当然这都需要中央或者地方政府直接对市场采取干预行为。在差异化金融政策体系中，政策性金融更应该扮演重要角色。以政策性贷款为例，其利率水平、期限结构等都应当与具体地区相适应，这就需要地方政府参与政策的制定。同时，在具体金融支持政策方面，我国很早之前就出台了支持少数民族和民族地区发展的相关文件；但这些都是原则性、根本性的规定，还缺乏针对具体少数民族、具体地区政策的顶层设计。这也导致商业性金融的作用在金融支持政策中没有得到很好的体现。因此，真正实现差异化金融政策是民族地区金融发展乃至有效推进扶贫开发的一个可行手段。

篇三　案例探讨
——内部差异化发展的调研分析

西部民族地区金融业发展中存在金融资源稀缺、金融结构不合理、金融资源配置效率低下、金融生态环境脆弱等问题。西部民族地区的金融业发展具有一定的特殊性，即不仅与其他较发达地区存在差异性，而且在西部民族地区内部也存在一定的差异性，这导致西部民族地区难以通过复制主流群体的成功经验来发展本地金融业。因此，要促进西部民族地区金融业的发展，需要实施一系列凸显少数民族特色、富有民族地区产业特质的优惠政策及措施。本篇内容以调研报告与案例分析为主，着重探讨西部民族地区金融业内部差异化发展，旨在借鉴西部民族地区金融业发展先行地区的成功经验，为后文提出以金融支持推动民族地区反贫困进程的策略提供参考。

第七章　特色民族金融发展的
调研报告——以宁夏地区为例

　　当前，民族地区金融业经历了从小到大、从低级到中级的阶段，有了长足的发展与进步。但由于先天"气血"不足，这一特殊区域经济发展条件不佳，社会发展滞后，金融业发展的质和量也远低于区域乃至全国平均水平，集中呈现为金融资源稀缺、金融结构不合理、金融资源配置效率低下、金融生态环境脆弱等。为促进区域协调发展和不忽略小康路上每一个"死角"，中央有关部门在广泛调研基础上制定了一篮子凸显少数民族特色、具有民族地区产业特质的民族金融业的配套优惠政策及措施。本书认为，这一系列政策应当被归纳和提炼成"特色民族金融"，并作为脱贫攻坚的重要力量。特色民族金融是指在充分尊重民族地区宗教信仰及风土人情的基础上，为少数民族地区个体或小微机构组织如贫困农户、小微企业、农牧民合作社等提供的符合少数民族消费、生活习惯的信贷支持，以及有助于扶持民贸、民特企业发展、促进少数民族乡镇农牧产品开发利用等方面的金融服务、金融产品或金融政策。这一金融政策旨在提高少数民族地区贫困群体、贫困地区的减贫脱贫效益，在实际操作过程中以这一特殊区域金融需求主体的信贷可得性为主要参考指标，发挥金融减贫的溢出效应和社会辐射效应。

第一节　西部少数民族地区特色民族金融发展现状分析

一、特色民族金融发展滞后及其表现

　　西部民族地区作为我国疆域的重要构成区域，其居民生活水平、地区经济发展状况与我国民族政策落实效果、边疆稳定息息相关。党的十八大报告进一步明确了这一区域在我国整体布局中的重要作用，指出要

采取对口支援等多种形式加大扶持力度①。一直以来，理论界及实务界在西部民族地区扶贫及贫困致因探究方面的研究成果较为丰富，分别从教育扶贫、生态扶贫、基础设施建设历史成因等角度一一展开详述。然而，关于西部尤其是新疆、宁夏、甘肃、青海等西北民族地区特色金融发展状况及其减贫效果的相关研究却几乎没有（王曙光，2012）。从客观现实来看，西部民族地区城乡居民收入水平偏低、经济条件落后、增长方式仍较为粗放是不争的事实。概括起来，特色民族金融发展滞后主要表现如下几个方面：

（一）金融服务空白乡镇仍然存在

根据《中国农村金融服务报告2014》的数据显示，截至2014年年底，全国仍存在1 570多个金融机构空白乡镇。其中，西部民族地区的西藏、青海、新疆等地金融服务空白乡镇数量居多。近年来在金融监管机构及西部各级政府的努力之下，尤其是2015年以来全国各地都在因地制宜地探索普惠金融模式，西部民族地区各省（区、市）加快了金融服务空白乡镇填补工作的步伐。

为响应国家发展"普惠金融"的号召，青海在十八届三中全会闭幕之后，将填补全省113个金融服务空白乡镇作为2014年省委省政府十大"民办实事"之一。经过相关部门协作奋进，通过增设取款服务网点、培训网上银行业务、增设POS机等形式提前半年完成了目标。同样，西藏2013年、2014年的金融服务空白填补工作也取得了较大的成绩。截至2014年6月，中国农业银行西藏分行在全藏新增设立了便民取款点600个，基本实现了全藏每个乡镇农牧民就近取款的愿望，满足了该地区农牧民最迫切也最切实的金融需求。宁夏以农行宁夏分行为推手，也加快了金融服务空白填补步伐。在近年宁夏金融反贫的大旗下，农行开展了"普惠工程"如"金穗惠农通"等系列活动，为六盘山等全国连片特困地区农村送去了"及时雨"，对当地扶贫产业进行了有效"输血"。截至2014年6月，除个别偏远、交通极不便利的行政村外，宁夏全区行政村有效金融服务覆盖率高达97%。由于填补工作还在有条不紊地进行，覆盖后的发展工作还需进一步细化实施。

（二）民间金融迅速崛起缺乏有力引导和监管

本课题组2012年7~8月在宁夏银川、吴忠等地调研发现，这里的借贷活动在回族、汉族群众中盛行，一般表现形式为普通的借贷活动与地下钱庄，个别借贷规模还较比较大。如兴庆区通贵乡的一户王姓村民

---

① 胡锦涛. 坚定不移沿着中国特色社会主义道路前进 为全面建成小康社会而奋斗：在中国共产党第十八次全国代表大会上的报告［J］. 理论学习，2012（12）：4-27.

在 2011 年、2012 这两年每年向邻里乡亲借款 3 万元，用于养殖家禽生意的日常运转；而当地农村信用社每年给其贷款的额度一般只有 5 000 元左右，远远低于其实际需求。当地只有很少的群众个体向农信社贷过款，而且贷款数额一般都会小于 2 万元，贷款主要用于农作物种植以及家禽、牲畜的养殖等。调查显示，在宁夏的一些地方，各种形式的民间借贷盛行，地下钱庄有愈演愈烈之势。盐池地区的民间借贷就是佐证，初步估计其金额高达 8 000 万元，大部分用于运输、开餐馆、养殖等生产性经营活动。

（三）正规金融效率低下且盈利能力不容乐观

对四川甘孜，云南西双版纳，宁夏、青海等少数民族地区的调研发现，农业银行、邮储银行等正规金融机构减贫效率十分有限，且现有的信贷产品结构与金融需求主体的实际融资需求脱节现象十分严重，适合本地区民族特色、民族习俗的金融产品与金融服务几乎没有。同时，金融从业者素质普遍不高，业务技能、职业道德均有待提升，一些地区金融生态环境堪忧。从当前情况来看，西部民族地区普遍陷入农村正规金融机构服务能力有限→农村信贷质量普遍不高、金融生态环境不佳→信贷产品无特色可言→不良贷款率攀升→正规金融机构撤离农村奔赴城市→农村金融服务缺乏的恶性循环（见图 7-1）。

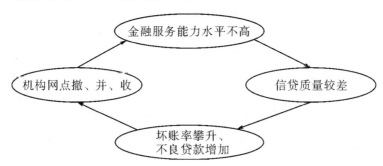

图 7-1 西部民族地区金融发展的恶性循环

（四）农村金融体制改革滞缓

从西部特色民族金融的存量与增量来看，宁夏、青海等地诸多支农主体——农村信用社的产权制度虽然有明显的进步，但仍存在内控机制不健全、业务模式单一等"顽疾"，民族地区农村商业银行、农村合作银行股份制改革具有代表性的成功案例不多，大部分农信社仍处于粗放式经营阶段。同时，民族地区金融机构仍未彻底转变经营观念，未仔细探究金融体系改革背后的人文作用因子如宗教、企业文化等，未深入研究民族地区特色产业生命周期、产业政策、信贷结构、信贷模式，未针

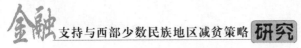

对民族地区实行本地化发展策略，未开发设计出特色鲜明、减贫效应强的特色金融产品，未形成具有区域影响力和市场竞争力的产品组合。

在增量方面，虽然村镇银行、小额贷款公司在我国西部地区扩张速度较快，但设置在民族地区的规模数量仍较为有限，而具有合作意味的农民资金互助合作社在很多地区仍是零覆盖率。在课题组调研宁夏吴忠等地时发现，有相当一定比例的农户对课题组所提及的农民资金互助社闻所未闻，正规金融的缺失亟须农村金融体制的有效改革来弥补。

二、特色民族金融创新情况

尽管从总体情况来看，西部特色民族金融发展水平整体偏低，但也不乏一些可圈可点的金融创新案例，这些案例具有一定民族代表性和区域特色。

（一）宁夏在特色民族金融存量整合方面的经验

宁夏黄河银行的挂牌拉开了西部民族地区商业银行存量整合的大幕。黄河银行在挂牌成立之前做了大量的筹备工作。早在 2007 年 11 月，在宁夏区委、区政府的指导下，黄河银行筹备项目正式启动并成立了领导小组。该小组成立目的在于推动宁夏农村信用社产权多元化与明晰化、完善法人治理结构、健全内部风险防控机制、保证资产质量的健康；针对农信社坏账、呆账率过高的难题，领导小组展开了为期一年的"赖账专业户"清理行动，共清理了 800 余名"赖账专业户"，彻底扭转了机关单位及个人多年拖账赖账的风气。经过不断努力，2008 年年底，黄河银行在监管层批复下正式营业。至此，以产权明晰与主体多元化为核心内容、以内部治理结构完善为重点、以金融生态环境完善为突破口的"黄河银行模式"迅速在西部民族地区乃至全国掀起了一股改革热潮并形成了强烈的示范效应。

（二）新疆在特色民族金融增量改革方面的经验

在新疆一些偏远地区，为解决金融服务"真空"难题，同时也为了扩大偏远山区金融覆盖面，新疆借助外力、着眼于长远，积极引进外省尤其是东部发达省份资本。这一"引进来"模式一方面有效实现了金融资源的跨区域配置，提高了资本的利用率；另一方面又为当地融资困难的地区增添了金融支持的动力，时效性与可复制性较强。改革过程中，为组建新疆历史上第一家村镇银行，筹备小组集思广益，经过多方"打探"和论证，确定派出考察小组赴江浙发达地区进行接洽，最终确定了宁波鄞州农村合作银行为合作方，并成功筹建了 5 家村镇银行。鄞州农村合作银行入驻新疆，以设立村镇银行的方式参与西部民族地区的金融事业发展，为东部一些金融机构做出了表率。在村镇银行的导向作用下，新疆本地的一些正规金融机构如农业银行、农村信用社也开始加大了对符合当地情况的特色金融产品的开发与投放，为新疆农村尤其是较为偏远地区的经济社会发展提供了极大的助力。

（三）青海在内生性农民资金互助组织方面的经验

青海省会西宁近郊由于交通相对便利，水源、光照等自然条件优良，农业产业尤其是果蔬业发展较好。西宁近郊的农户收入水平相对较高，农民合作组织也较为发达。早在 2007 年，青海在国内有一开创之举——国内第一家设立在乡镇上的农民资金互助社乐都区雨润镇兴乐农村资金互助社成立。从成立之初发展到今天，其业务不断扩大，在服务区范围内，为广大社员办理储蓄及取款业务，为破解当地"三农"难题及农民贷款难、融资贵的弊病做出了突出贡献。2014 年 2 月，中国银监会副主席周慕冰在莅临兴乐农村资金互助社调研指导时对该互助社作为新型农村金融机构的扶贫作用予以了充分认可。这种金融业与农业产业有机融合的匹配模式，不仅带来了直接的经济效益，还具有带动当地人脱贫的社会效应。这具体表现在：第一，社员"各取所需"获取贷款服务，小到农业物资，大到大型农业机械设备及农产品存储设备的购买等；第二，社员之间彼此了解，减少了信息不对称问题带来的弊端，而农资统一订购、农产品统一销售也为农户生产经营提供了较多便利；第三，资金互助社可以充分借助其组织优势与当地龙头企业甚至地方政府进行合作谈判，博取最大化利益，从而克服了农民作为单个个体与企业或组织谈判的不利条件，最大程度地保障了社内各社员利益，从而实现互助社作为一个整体组织的长远发展。总之，这种农业与金融产业深度融合发展模式产生了强大的极化效应与减贫效益，二者彼此促进、齐头并进。

（四）宁夏、甘肃地区在新设特色民族金融机构方面的经验

位于银川郊区掌政镇的掌政资金物流调剂中心由于独特的运作模式和理念成为宁夏乃至整个西部民族地区金融扶贫的榜样和佼佼者，其"三位一体"的运作模式为当地新农村的建设、和谐社会的构建及全面小康社会的建成提供了强有力的资金支持与智力信息资助（该模式详细内容见后文）。在"三西"之一的甘肃定西地区，为从根本上解除金融机构"难贷款"的后顾之忧，当地政府用财政资金和社会资本建立了风险补偿基金，为支农金融机构进行担保，如积极促成小额信贷公司业务转型与拓展、将"定西农村可持续发展协会"成功转型为小额服务中心等。而这对于民族地区贫困群体的融资需求可谓雪中送炭，实现了金融供给与金融需求结构上的匹配。

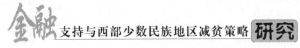

（五）宁夏在特色民族金融系统化方面的机制建设经验

宁夏在发展特色民族金融方面尤其注重民族金融系统的机制化建设。实践证明，制度化运行、充满市场竞争力的特色金融系统有助于降低自身系统性风险，夯实地区金融服务能力（李立平、赵航，2012）。首先，在宁夏金融办的总体布局中，以国有独资的形式组建了省级担保机构——宁夏担保集团，有力地解决了许多做民族特色产业的小微型企业贷款难的问题，也使得宁夏既有的金融存量得到重新整合和优化。其次，初步建立了新型特色民族金融机构与正规金融机构的资金桥接机制。例如，2008年交通银行与宁夏8家特色小额贷款机构实现良好衔接，开启了宁夏正规金融与非正规金融联动耦合发展模式，为宁夏的创客提供了良好的融资条件。最后，在当前脱贫攻坚进程中，在民族地区农业产业化背景下，宁夏不断推广和完善农业政策性保险，截止到2015年年底，包括马铃薯、枸杞、硒砂瓜在内的几乎所有的宁夏特色农业都在农业保险险种的"庇护"之下。

第二节　宁夏地区特色民族金融发展概况

从地理区位看，盐池地处黄土高原过渡地带，沙化问题十分严峻，也是国务院最早确定的一批"老资格"国家贫困县之一。相当长的一段时期内，由于自然条件恶劣，当地粮食亩产不到60千克，靠天吃饭现象极为突出，人均收入常年不及1 000元。当前的区划中，盐池县总人口约16万，其中回族等少数民族人口约4 000人，全县农业人口高达13.1万人，主导产业为滩羊养殖、矿产石油煤炭开发、甘草种植等。盐池农村信用合作联社作为盐池县主要的金融机构之一，在促进盐池主导产业发展、民生改善、民族地区金融反贫困方面做出了突出的贡献。信用联社在盐池全县设立了14个网点，截至2012年8月末，联社资产规模共计23亿元，其中贷款15亿元，存款17.5亿元，存款占全县的40%，贷款占60%，90%的贷款业务涉及"三农"，主要以荞麦、玉米、甘草等种植业，滩羊养殖产业链为主要贷款项目。

为响应宁夏全民创业、金融反贫和生态移民的号召，进一步发展壮大盐池主导产业及扶持民族地区群众脱贫致富，盐池农村信用合作联社因地制宜、因时制宜地开发了极具民族特色的"六通一卡"信贷产品。"六通一卡"指的是"小微通""滩羊通""商户通""园丁通""工薪通""创业通"及"富农卡"。"六通一卡"信贷产品的设计开发是当地特色民族金融产品创新的一次实践，根据当地多元化、多层次的融资诉求，突出了当地金融产品"小、频、急"特点，完美实现了金融资源供给侧与需求侧的匹配。例如，"六通"中的"小微通"专门针对盐池贷款难的中小企业群体，两周内确定所贷对象是否符合信用联社的贷款资质且不设贷款金融上限。这样极大地提高了贷款效率及风险预警水平。"滩羊通"以当地滩羊养殖户为授信对象，由于当地具有"中国滩羊之乡"商标的无形资产，设置的贷款利率适中偏低，上浮基准利率60%~80%。截至2012年年底，"滩羊通"约撬动了4.2亿元规模的滩羊养殖、毛皮加工、羊肉深加工等产业化项目，有力地促进了盐池滩羊品牌的革新并带动了数以万计群众尤其是回族民众致富奔小康。目前，该信贷产品惠及面极其广泛，为盐池当地产业结构调整、主导产业壮大、贫困民众脱贫做出了较大贡献。

截止到2014年10月，联社发放"六通一卡"信贷产品共计12 499笔，授信额度接近10亿元。其中，明星产品"小微通"与"滩羊通"扶贫作用显著，直接为盐池当地养殖户带来了户均10多万元的入账。同时，盐池信用联社作为吴忠地区具有一定影响力的金融扶贫机构不断响应宁夏各级政府金融反贫战略，积极参与千村信贷"工程"，前后为1万多贫困农户提供了信贷支持，而且不良贷款率极低，既实现了金融机构盈利目标，又控制住了金融风险，既实现了自身业务结构的优化，又带动了当地人的致富。正是在诸如盐池农村信用合作联社等金融机构参与的金融减贫活动的感召之下，在2017年1月北京举行的中国首届县域经济发展论坛上，盐池县获得了2016年"中国县域经济投资潜力县"和"精准脱贫先进县"两项殊荣。

第三节　当前宁夏特色民族金融发展的主要问题

民族地区的经济社会文化发展直接关系到"中国梦"的实现与社会的长治久安，党中央、国务院在新的历史时期相继提出了"一带一路"倡议、全面建成小康社会的宏伟蓝图，包括西部民族地区在内的所有西部地区都将面临多重机遇。宁夏回族自治区正是抓住了这样的历史机遇，近年来稳中求进，多项具有代表性的指标增速突出，处于西部领先地位。无疑，根据经济金融的相关原理及金融深化理论，经济发展离不开金融的支持作用，民族地区丰富的民族地区特色文化、植根乡土民俗的特色金融，对民族地区经济的正向促进作用十分明显。2007年宁夏银行的成功组建、2008年黄河银行的成功改制，都标志着宁夏正规金融体系减贫功能的不断完善。不仅如此，在金融减贫过程中，宁夏非正规金融发展也取得了长足进步，探索出了诸如掌政资金物流调剂中心等一大批新型农村金融机构。这些功能互补、市场定位不同的金融机构的不断出现，有力地缓解了宁夏民族地区"贫血""供血"不足的现状，为我国西部的其他民族地区金融扶贫提供了可参照的样本。尽管宁夏特色民族金融发展已经取得了良好的成绩，但是其在发展实践过程中仍面临一些比较严峻的问题或涌现出新的问题，这些问题需要我们正视。

一、金融发展总体水平仍滞后

宁夏作为我国西部地区的自治区之一，积极顺应国家每一次金融改革发展大势，紧抓历次金融变革的契机。自1985年以来，宁夏先后设立了四大国有商业银行分支机构、地方城市商业银行以及农村信用社等，同时金融中介机构发展迅速，证券、保险机构近年来从无到有、提速发展。但不可否认的是，宁夏金融总体服务水平滞后、储蓄投资转化率低下、非正规金融风险凸显、可持续发展能力不足等问题也日益显现。

（一）金融机构资产扩大，但储蓄投资转化率较低

如表7-1所示，截至2015年年末，宁夏共有包括商业性银行、政策性银行、信用社在内的金融机构1 463个。其中，全部银行类资产规模达7 679亿元，同比增加14.3%；金融机构人民币存款余额4 805亿元，比上一年增长14.1%；金融机构各项贷款余额达到了5 118亿元，重点投向了保障性住房、消费等领域，新增贷款规模542亿元。总体来看，宁夏全区小微企业贷款增长迅速，同比增加16.2%，六盘山等集中连片特困地区信贷规模进一步扩大。仅2013年一年，宁夏金融机构就向7个六盘山特困连片地区的7 163户贫困农户发放贷款2亿元，同时为各类专业生产大户、扶贫基地、合作组织贷款274万元，这客观反映了宁夏进一步加大了对民族企业和弱势群体的金融支持减贫力度。

从宁夏金融业运行情况来看，宁夏金融机构存贷款余额呈稳步增长态势，金融业发展规模有了较大进步。但从表中可以直观看出，五大国有商业银行无论是数量上还是资产总额上都占据绝对领先地位，股份制商业银行数量还较为有限，截至2015年年底只有20家。与其他金融发达地区相比，股份制银行总体数目仍偏少，而外资银行入驻依然没有实现突破。这在一定程度上表明宁夏金融体系结构还不完善。

从宁夏银行业存贷比率来看，从1978年到2000年存贷款比值一直小于1，而从2001年开始，存贷比首次突破1，其后便一直在增加。这一趋势表明过量的存款积压在金融系统内部，资金配置能力得不到有效

释放。储蓄—投资转化率低下，不仅制约了银行业的盈利能力，而且阻碍了金融对经济的核心调节作用。关于该现象成因的解释是：首先，城镇居民生活水平的上升拉动了储蓄存款的增加；其次，国家医疗、教育改革的不断完善增加了人们的预防动机而相应地减少了投资；最后，金融体制的改革提高了贷款发放的标准，使存贷款差距不断拉大。此外，宁夏活跃的民间借贷活动也在一定程度上减少了个人与企业对正规金融机构借贷的依赖性。

表 7-1　2015 年宁夏回族自治区的银行业发展状况

机构类别	营业网点			法人机构/个
	机构个数/个	从业人员/人	资产总额/亿元	
一、大型商业银行	504	10 769	2 495	0
二、国家开发银行及政策性银行	16	526	1 429	0
三、股份制商业银行	20	759	393	0
四、城市商业银行	115	3 139	1 589	2
五、小型农村金融机构	386	5 752	1 361	20
六、邮政储蓄	202	1 084	205	0
七、新型农村金融机构	220	2 796	207	12
合计	1 463	24 825	7 679	34

资料来源：《2015 年宁夏回族自治区金融运行报告》。

（二）证券市场发展速度加快，但融资功能不具有放大效应

2015 年，宁夏证券业经营水平有了明显的进步，区内全年有 5 家企业进入上市辅导程序，1 家企业 IPO（首次公开募股）申请已受理，36 家证券营业部累计交易 8 937 亿元。同时，证监会针对贫困地区（一般以县域为单位）企业开设了 IPO 绿色通道，这也为宁夏证券业发展带来了叠加机遇。可以预计，后期 IB（介绍经纪商）、资产管理、投资顾问等业务还将持续增加，市场融资功能还将进一步释放。

与沿海地区相比，宁夏整体证券业水平还比较低下，经营模式仍较为粗放。如表 7-2 所示，截至 2015 年年末，辖区内上市公司仅有 12 家，A 股筹资仅有 6 亿元，H 股筹资仍为 0，国内债券筹资为 97 亿元。虽然像有神华宁夏煤业集团这样个别的大公司发行了中长期企业债券，但是依赖银行业间接融资的融资结构并未发生大的改观。在非金融机构融资结构中，债券市场虽有一定的融资规模，但与银行业融资相比比重

仍偏低。资本市场的落后集中体现为股票与债券市场交易凝滞,并且在 2015 年债券融资同比少增长 18 亿元。2015 年企业债券和股票融资规模也同比下降 0.7 个百分点,而银行贷款同比还上涨了 9.3 个百分点,直接融资在金融结构中的作用进一步萎缩。

表 7-2 2015 年宁夏回族自治区的证券业运行情况

项目	数量
总部设在辖内的证券公司/家	0
总部设在辖内的基金公司/家	0
总部设在辖内的期货公司/家	0
年末国内上市公司/家	12
年内国内股票（A 股）筹资/亿元	6
年内 H 股筹资/亿元	0
当年国内债券筹资/亿元	97
其中：短期融资券筹资额/亿元	48
中期票据筹资额/亿元	24

资料来源:《2015 年宁夏回族自治区金融运行报告》

证券业作为资本市场的风向标,其水平高低直接决定了一个地区的融资结构。如表 7-3 所示,从宁夏 2001—2013 年非金融机构部门融资结构情况来看,各类企业融资体量在小幅度波动下逐步扩张,但过度依赖贷款融资,贷款融资的最高比重达到 100%,最低比重也维持在 86.3%。第一,在 2008 年以前,宁夏不采用证券融资或者股票融资;2008 年以后,开始采用债券、股票等间接融资方式。第二,2011—2013 年,通过贷款融资的比例维持在相对较低的水平,直接融资和间接融资的比例仍然差距悬殊。综上,宁夏各类企业融资方式单一,直接融资与间接融资的比例严重失调,这不仅会影响资源的优化配置,还会在一定程度上影响经济发展、产业机构优化升级的"后劲"。

表 7-3 2001—2013 年宁夏非金融机构部门融资结构情况

年份	融资量/亿元	比重/%		
		贷款	债券	股票
2001	59.6	94	0	6
2002	81.8	100	0	0
2003	162	98	0	2

表7-3(续)

年份	融资量/亿元	比重/%		
		贷款	债券	股票
2004	93.1	100	0	0
2005	138.9	86.3	13.7	0
2006	153.3	100	0	0
2007	218.7	92.7	7.3	0
2008	276.2	95.1	2.2	2.7
2009	535.1	96.3	2.8	0.9
2010	510.1	96	2	2
2011	558	87.4	7.7	4.9
2012	513.5	90.5	4.9	4.6
2013	548.5	89.4	6.4	4.2

资料来源：中国人民银行银川中心支行、宁夏证监局。

（三）保险业虽发展迅猛，但发展底子薄、质量差

近几年，宁夏保险业保险种类与业务均不断得到拓展，保险保障功能进一步增强。如表7-4所示：

表7-4　2015年宁夏保险业发展状况

项目	数量
总部设在辖内的保险公司数/家	0
其中：财产险经营主休/家	0
人身险经营主体/家	0
保险公司分支机构/家	19
其中：财产险公司分支机构/家	8
人身险公司分支机构/家	11
保费收入（中外资）/亿元	103
其中：财产险保费收入（中外资）/亿元	41
人身险保费收入（中外资）/亿元	62
各类赔款给付（中外资）/亿元	34
保险密度/元·人$^{-1}$	—
保险深度/%	4

资料来源：宁夏保监局。

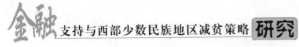

截至 2015 年年末，宁夏保费收入已经突破百亿，达 103 亿元，同比增长 23.1%。其中，财险与寿险增幅较大。2015 年财险保费达到 41 亿元，寿险达 62 亿元，各类赔付达 34 亿元，较好地履行了保险"姓保"的职责。与此同时，宁夏共有保险分支机构 19 家，其中人身险公司分支机构 11 家，财产险 8 家，保险机构数目的增多，将有助于宁夏保险业务多元化发展。从统计数据来看，保险业已成为宁夏金融业务板块中增幅较大的领域。

由数据可知宁夏保险业的发展具备两个显著特征。第一是市场主体的不断增加，初步形成了财险、寿险、健康险等功能互补、多领域、多层次的保险市场格局。第二是农业保险稳步推进。2015 年，宁夏各类涉农保费支出 2 亿元，为全区 11 万农户解除了农业种植、养殖的后顾之忧。同时，绿色蔬菜价格保险等新型保险标的快速发展，已覆盖全区 12 个市、县。

尽管从"量"的角度来看，近年保险业发展较快，但其发展质量、业务深度与发达地区相比，仍有一定差距。地处西部的民族地区的保险业发展先天不足、缺陷突出，普通老百姓保险意识虽有所增强但还是不够，保险整体水平不高，与人民日益多元化的保险需求匹配度还相对较低。集中体现为：

第一，行业整体水平不高，经营方式粗放，保险意识、保险教育水平还较为落后。一方面，由于宁夏教育水平有限，经济基础薄弱，保险教育的发展严重落后于保险行业的发展，从而使得保险业发展活力不足，缺乏有序的保险专业人才培育机制，导致高素质、懂业务、有职业操守的从业者稀缺，保险纠纷不时发生。另一方面，保险业相关从业规范体系不健全、法律法规还不够完善，也导致了防范保险业风险的长效机制迄今尚未完全建立起来。

第二，社会认知度不够，对保险的"偏见"仍随处可闻。由于宗教信仰、地域文化等因素，宁夏少数民族群众普遍不相信保险，一提到保险，就觉得是欺诈，保险意识极度缺乏；加之极少数保险人员及保险公司的不诚信行为造成了不良社会影响，使老百姓的保险消费行为及投保意愿产生了多米诺效应。

第三，行业发展的基础脆弱，市场化程度不高。一方面，宁夏地区由于金融生态环境欠佳，未能给保险业的发展提供良好的发展平台；另一方面，相关法律法规的不健全、政府职能失位导致了保险市场的管理混乱，也阻碍了保险业的市场化进程。

二、正规金融机构金融服务缺位，减贫效能不足

伴随着经济的持续发展，在精准扶贫过程中，民族地区农牧民的金融诉求越来越强。据相关部门估计，人均资金需求缺口已由过去的3 000元激增至20 000元左右，部分养殖专业户、种植专业户的资金需求甚至高达几十万元。而正规金融机构的服务往往缺位，常常无暇顾及农牧民融资诉求。据宁夏政协的一份调查报告显示，宁夏南部山区的金融抑制现象极为突出，在诸多乡镇，连一家金融机构都没有。以同心县为例，同心农信社在全县共设有12个营业网点，其中仅有5个在乡镇上。按照空间分布来看，也即是3个乡镇需"共享"1家信用社的金融服务，而这些乡镇之间地理跨度又比较大，交通极为不便。再加上在一些偏远地区的农村金融体系中，农村信用社的地位不可动摇，它们"养尊处优"，维持着垄断优势。垄断往往意味着缺乏竞争，也意味着金融服务效率的低下。

以下马关镇红城水下苑村的信用社为例。课题组在调研的过程中发现，该村受访的30名村民中高达20名村民认为该村农信社不作为现象严重，且工作人员服务态度多是"老爷"式的，官僚主义作风突出。同时，农信社内部产权不清晰，无健全的风控机制，推诿现象普遍，这也在一定程度上弱化了农信社作为支农主力军对"三农"的金融支持力度，也让金融减贫的放大效应无法充分发挥出来。另外，同心县的农业银行网点设置在乡镇上的只有马关镇和河西镇，其余乡镇均是零覆盖。位于南部山区的西吉县还有6个乡镇截至调研之时仍没有正规金融机构入驻，而盐池、固原等地同样存在大量金融真空地带，造成农户贷款难的问题。课题组在调研中发现，同心全县区域信贷差异较为明显：条件相对较好的灌溉区农户信贷获得率约25%左右，而旱区则不到10%。资金的"嫌贫爱富"决定了大部分有融资需求的农牧民无法从正规渠道获得所需资金。总体来说，以商业性金融、合作性金融为代表的宁夏农村地区正规金融机构数量有限，且金融供给的规模、结构与城乡居民的金融需求不相匹配，相差较远。不仅如此，网点少、服务态度差、资金规模受限等现象也极为普遍，金融抑制现象在全区较为普遍。这使得正规金融机构金融反贫困的深度与广度都较为有限，减贫效能大大地打了折扣。

按照一般逻辑来看，宁夏经济水平不高，金融发展水平一般较低，商业性金融机构信贷活动偏少，更需要农发行等政策性金融介入农村经济社会建设事务。然而事与愿违，农发行宁夏分行业务单一，在自身转

型过程中金融服务面仍较窄，覆盖率较低，对农村地区发展、基础设施改善等具有扶贫意义事项的金融支持仍极为有限。从调研的实际情况来看，也刚好验证了这样的结论。同心县、盐池县等地都未设立农发行的分支机构，而当地农业银行却无形中承担了一些政策性金融业务，如扶贫贴息贷款等。商业银行与政策性银行的角色错位，将不利于资源的科学配置和结构优化，更不利于政策性金融在扶贫、减贫过程中的效能实现。

三、非正规金融发展机制缺失，风险隐患凸显

实践证明，民族地区小额贷款等非正规金融的健康发展可以有序引导民间资本的规范化运作，在遏制高利贷机构、"地下钱庄"等的非法借贷活动的同时，还可以有效缓解民族县域地区的金融"贫血"难题，着力破除农户等群体的融资难、融资贵的难题。

截至 2015 年年底，宁夏全区小额贷款公司合计 160 家，县域一级一般都有 2 家以上，从业人员达 2 101 人。2015 年全年贷款余额 77.58 亿元，其中投向"三农"的占比为 71%，投向小微企业的占比为 24%，为全区创客、农户缓解了资金需求之渴。横向比较来看，宁夏小额信贷的人均覆盖率超过全国平均水平，并且居于领先水平。同时，在当前宏观经济不算景气的大背景下，宁夏小贷公司坏账率水平仍较低，盈利状况良好①，这与 2006 年宁夏开展小额贷款公司试点工作及实行全民创业政策息息相关。作为金融减贫的非正规金融先锋，小额贷款公司对宁夏民族地区的金融扶贫起着不可替代的作用。然而，伴随着当前我国宏观经济步入新常态，一系列制约瓶颈也开始不断涌现，对小额贷款公司等非正规金融机构冲击较大。

一是可持续发展机制缺失。从全世界来看，受限于小额信贷只能贷款而不能吸储的性质，小额贷款公司后续资金不足已成为常态。与一些发达国家规定不同，我国对小额贷款公司实行注册资本金上限限制，即一般不高于 2 亿元，在广东、浙江等发达地区一般为 5 亿元。这一规定初衷在于对小贷公司经营风险的控制防范，维持金融秩序的稳定，但这种做法与市场经济本身发展规律有相违背的地方。小额贷款公司由于其交易费用偏高，需要优化设计业务结构和种类才能弥补劣势，然而制度设计上的先天缺陷加之外源融资受限，使得小额贷款公司可持续经营雪上加霜。

---

① 吴琼. 宁夏小额贷款公司再发展的思考［N］. 新消息报，2014-07-25（03）.

二是系统性风险增大。在全球经济放缓的宏观条件下，中小企业破产兼并时有发生，其偿债能力下滑明显。而众多的中小企业由于抵押物缺失，很多都通过小额贷款公司进行融资。其偿付能力下降、违约率不断攀升，直接导致小额贷款公司的信贷资产质量下降，给规模扩张带来了刚性压力。同时，民族地区小额贷款公司普遍内部治理不完善，风控机制不健全，信贷流程标准化不够，常出现违规参与高利贷、贷款吃回扣、违规放贷等现象，而这些问题在整个宏观经济不景气的情况下也会被无限放大。

第四节 宁夏特色民族金融发展的借鉴与启示

金融支持是西部少数民族地区反贫困过程中不可或缺的重要手段。以宁夏为例，从传导路径来说，金融支持实体经济的发展主要依赖于各类正规金融、非正规金融的减贫作用，具体包括金融机构增量、存量的整合，金融体系的优化，金融监管制度的革新等；从微观视角来看，则是要因地制宜地创新金融产品或服务，为贫困群体提供小额信贷等起步资金。从贫困学原理来看，资本与能力是贫困起因，也是减贫之果。金融减贫作用也主要通过这两个抓手实现，前者是直接作用手段，而后者是目的与更为成熟的手段。

根据孟加拉国小额信贷实践，穷人缺乏资金是其贫困的诱因，而向西部少数民族地区贫穷人口提供发展的起步资金是以小额信贷为主要形式的非正规金融的最重要功能之一，也是小额贷款"涓滴效应"的直接作用机制。除了重视小额信贷的减贫原理以外，西部民族地区更应该挖掘正规金融的金融服务能力，提升金融服务质量。宜针对不同区域，采用差别化的减贫策略，如宏观或中观层面可采用差别准备金率、利率等工具进行有针对性的调节，形成差别化金融政策，消除当前与贫穷固化相关的金融抑制政策，以保证信贷资金能最大限度地惠及民族地区弱势群体、小微企业及一般农户，提高民族地区的信贷可及性，让贫穷群体切实产生更多的金融资源获得感。

穷人之所以贫穷，就是因为社会制度对其一些权利的剥夺。因此要对其充分赋权，而为其提供起步资金便是赋权内容之一。在此视角下，无论是何种性质的金融机构，都应在进行信贷活动时充分履行其社会责任，帮助贫困者进行项目选择，拓展其"朋友圈"，构建安全的生产者网络，实现稳定脱贫。而要实现这样的目标，就需要贫困者积极参与，参与各种扶贫项目或载体，相关职能部门也应给予其相应的职业技能培

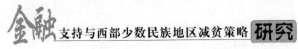

训，提高他们的生产生活质量。而与此相对应，金融机构则需进行参与式扶贫开发，确保扶贫项目能真正地惠及贫困者生活的方方面面，并助其建立奔小康、不落伍的强大自信心。

第八章　西部少数民族地区
民间金融发展的调研报告

　　民间金融作为古老的金融组织形式，其概念如何界定是国内外学者研究的重要领域。国外大多数学者将民间金融归类于非正规金融，认为民间金融是处于现行法律法规监管边缘的金融行为。国内学者结合我国实际，对民间金融的外延进行界定，多数认为民间金融是处于正式体系外，未纳入监管系统的金融活动和组织。本书中民间金融的概念综合参考了国内外学者所做的定义，是指没有完全纳入央行、银监会等相关监管系统，以调剂资金余缺为主要目的金融行为或活动，并且这种借贷活动是具有经济合理性的。

　　近些年来，各区域扶贫攻坚工作取得显著效果，但由于西部民族地区贫困人口基数大、面广、致贫原因较为复杂，再加上生态环境脆弱、经济发展程度不高、正规金融服务供给不足等，实施反贫困难度较大。民间金融发展对于促进民族地区社会经济发展、生态环境保护，满足广大少数民族群众金融服务需求都有着重大意义。这些都是国内众多学者共同关注的主题。为进一步了解少数民族地区金融发展现状、存在的瓶颈及困境，以更好地推进金融反贫困策略研究，课题组成员先后赴宁夏回族自治区、云南省、四川省等地区对少数民族地区民间金融发展进行调研，在此基础上形成此调研报告。

第一节　西部少数民族地区民间金融发展现状分析

　　由于西部少数民族地区面积辽阔，要全面呈现少数民族地区民间金融发展状况难度比较大，因此本书从民间金融需求、正规金融供给等角度来分析西部民族地区金融发展状况。首先，少数民族地区民间金融市场上的需求主体一般为农户、个体商户及中小微企业主。而农户作为最基本的生产单元，数量庞大，同时又是农村金融组织的重要服务对象和农村金融市场的重要参与者。我们在分析西部少数民族地区的民间金融

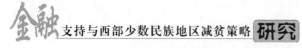

需求时要重点考虑农村家庭的生产、消费行为。其次，中小微企业是促进民族地区农村产业发展和解决当地就业的中坚力量，分析中小微企业的生产性资金需求可更直观反映西部民族地区金融发展情况和企业融资困境，因此我们也要将这部分群体的资金需求纳入分析框架进行综合考虑。

一、西部民族地区农户金融需求分析

西部民族地区农村家庭的金融需求建立在传统、分散、低效的小农经济基础上，这种天然属性深刻地烙印在农村家庭的金融需求上，使其呈现出与东部沿海地区、中西部发达地区截然不同的特征。

首先，农户的资金需求呈现出金额小、借款随意性强、还款周期不固定等特征，这是与中小微企业贷款截然不同的特点。同时，农村家庭的金融需求还是同农业生产经营周期紧密关联的。经济作物、粮食作物、家禽等的生产或养殖周期普遍较长，并且具有相当的不确定性，因此农户在借贷期限上往往具有不确定性。

其次，农户的金融需求更加多元化，表现为既存在生活性的临时资金需求又有周期性、生产性的资金需求。西部民族贫困地区很多属于我国生态限制性开发区域或生态禁止性开发区域，生态环境脆弱，人均占有耕地较少，再加上土地贫瘠和耕作方式粗放，使得当地农户靠天吃饭、收入微薄，当出现大额开销或者应急开销时往往入不敷出。同时，在从事农业生产过程中，特别是在开春之时，农户需要资金购买生产资料，这一时期也是产生资金需求的重要阶段。此外，在宁夏河套平原等地区，当地群众有经商的传统，自身资金不足时同样会向民间金融机构谋求资金支持。

最后，农户的借贷行为手续简单、不规范，缺乏相应的还款抵押和规范的担保手续，借贷行为存在一定风险性。农户的借贷行为多发生于亲友和邻里之间，其数额一般较小，还款方式和利息等事项主要以口头约定为主，几乎不存在提供抵质押担保的情形，有借贷合同的少之又少；也没有出具借据的习惯，履约多靠借贷人自身信誉，当出现争议时，无法通过正规渠道解决。这些在一定程度放大了金融供给方的法律风险。

二、西部民族地区企业金融需求分析

中小微企业在推动民族地区经济发展、促进当地就业等方面发挥着重要作用,其发展迫切需要金融机构的资金支持,但通常这种资金需求难以从正规金融机构得到很好支持。

首先,风险不确定性影响了正规金融机构对中小微企业的支持力度。正规金融机构根据资本安全性和营利性对服务对象进行综合评估,那些收入稳定、利润回报高且经营稳定、实力强的大型企业、国有公司自然成为正规金融机构乐意提供贷款的对象。而中小微企业经营不稳定、财务制度不规范、管理机制有待完善、贷款风险评估难度大且前期调查评估费用较高,影响了正规金融机构对中小微企业整体的金融支持的意愿与积极性。

其次,优质抵质押物的不足限制了中小微企业的信贷融资行为。西部民族地区中小微企业存在着一些与全国所有中小微企业一样的问题。如因规模小、资产权属不清晰,本身就很难从正规金融机构申请获得贷款。同时,由于抵质押物不足,中小微企业在资金周转困难时申请信用贷款的利息大大高于普通贷款。它们为此甚至借高利贷,增加了财务负担。

最后,中小微企业获得贷款手续较复杂,且周期长。中小微企业需要的资金一般每笔规模不大、期限较短。目前,针对中小微企业资金需求特点的金融产品较少,贷款手续烦琐,致使中小微企业难以在短期内获得足够的资金支持。

总之,在西部民族地区,中小微企业面临比在沿海发达地区获得正规金融机构贷款更大的难度,再加上提供担保业务的机构不多,并且通常担保手续费较高,还并行着一系列反担保等前置条件,而大批中小微企业难以满足条件,因此,民间金融往往成为中小微企业获得资金需求的重要路径之一。

三、西部民族地区民间金融的主要形式

(一)农村信用合作社

农村信用社作为西部民族地区金融服务的重要提供者,在服务当地经济社会发展、降低贫困发生率等方面发挥着重要作用。例如,云南、青海、四川等地农村信用社因地制宜推出了农户联保贷款、农户抵押小额贷款、巾帼创业信用贷款、青年创业小额贷款、小企业微型贷款等金融产品,为不同层次农民和小微企业提供金融产品。

(二)民间借贷

本书中的民间借贷主要指狭义的民间借贷,一般分为两种。第一种是口头约定型。西部民族地区民间借贷同整个中国民间借贷在形式上几

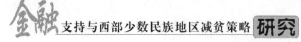

乎没有区别，通常是在熟人之间进行的，借贷双方大多为具有血缘关系的亲戚，或者是具有地缘关系的同乡、邻居等熟人。大家都比较熟，且互相信任。譬如云南基诺山的基诺族、四川大小凉山的彝族寨子、雅江县的藏族村落等，都是一个个流动性较差的小社会，民众之间的借贷很多是无任何手续，全靠口头约定。第二种是简单履约型，出现在借贷双方关系不是太密切或者借贷金额较大等情况下，通常要签立借条或者借助中间人实现借贷行为，借款利率如何定、何时归还主要依照双方的关系而定。

（三）小额信贷

我国西部地区小额信贷项目在结合各地实际基础上，充分借鉴了孟加拉国格莱珉银行等的成功经营管理模式，建立了一套行之有效的经营管理体系，以实现资金的可持续利用和降低贫困率为目标。目前在西部民族地区实施的小额信贷项目主要有以下几类：一是国际援助小额贷款项目。该项目有一定的期限，操作比较规范，在贫困对象瞄准等各个流程上要求使用参与式的工作方法，目的在于提高受援助的贫困农户的积极性、提高资金的使用效率。这一类项目大多是世界银行、亚洲开发银行、福特基金等组织向发展中国家贫困地区提供的援助。二是政府组织实施的小额信贷扶贫项目。该项目多采用财政贴息的方式向贫困群众提供扶贫贷款。三是NGO（非政府组织）专业性小额信贷项目。这类信贷项目很多是从扶贫和环境保护领域开始的。NGO在少数民族地区也是非常活跃的参与扶贫组织。四是由农业银行、地方农商行等正规金融机构向农户和中小微企业提供的小额信贷业务。五是其他模式，是在小额贷款模式基础上的衍生模式。

（四）农民资金互助社

由于正规金融产品供给难以满足不同层次农户需求，再加上农村地区专业合作社、专业协会的发展，资金互助成了农户获得资金需求新的渠道。由于农户在资金需求时点上天然存在差异性，自然调剂资金余缺就有了可能性。在这种背景下农民资金互助合作组织成为一种可靠的选择，同时也成为西部少数民族地区的一种新型融资模式。我们在宁夏银川市调研时发现，掌政农村资金物流调剂中心成立的初衷就是实现成员之间的资金调剂。为了实现资金供给可持续性，该中心引入社会资金的参与，走市场化的道路，也突破其封闭性的原则，向成员以外的个体商户、小微企业提供贷款。这虽然同银监会的规定有一定的偏差，但是有利于当地农业经济发展和农民增收，在提高资金利用率方面产生了不可估量的作用，其发展道路也是其他西部民族地区农村资金互助社甚至全国农村资金互助社的一个借鉴。因此，针对农民资金互助组织在实践中遇到的困境和难题，需要用发展的眼光来看待：一方面要让其正视存在的问题和不足，另一方面又不能采取坐视不管、放任自流的态度，需要多方共同努力合理引导和鼓励其规范发展。

（五）其他形式

西部民族地区地域广、人数众多，各民族在宗教信仰和风土人情方面差异性比较大，民间金融在各地区、民族之间也存在形式上的差异。在四川阿坝、甘孜藏族自治州的康巴地区寺庙扮演着借出资金的角色。如丹增伦珠在近代西藏借贷制度研究中指出，寺庙存在放债现象，标的物可以是粮食、资金等。寺庙借贷随着涉藏工作重点省正规金融发展有所改变，但是四川阿坝、甘孜的牧民在遇到资金困难时，还是存在向寺庙借贷的习惯。另外西部民族地区还存在社区发展基金、典当、合会等形式的民间金融形式。

第二节　当前西部少数民族地区民间金融发展面临的困境与挑战

由于西部民族地区民间金融在产生与发展过程中表现出来的自发性和自主性，再加上经营环境等方面的约束性，在实践过程中还面临诸多问题，主要表现为金融生态环境问题、法律缺位问题、运作的非规范性及可持续性的问题等。

一、金融生态环境问题

金融生态环境这个概念借鉴了生态学上的定义，是指金融参与主体之间相互依存、相互影响、共同发展的动态平衡系统。当前制约金融生态环境的指标有经济发展水平、法制和信用环境以及民间金融的运行情况。2013 年，全国人均 GDP 是 43 852 元，而民族自治地方的人均 GDP 是 33 002.62 元，是全国平均值的 75.26%。西部民族地区经济社会发展的相对落后是制约金融生态环境改善的重要原因。同时，如法律法规、信用水平都是影响金融生态环境的重要因素之一，而地方财政水平、居民收入状况等又是反映法制和信用环境的重要指标（牛怡楠，2008）。法制观念在一个地区是否得到深入贯彻与地方市场经济水平有着重要关系。机构研究表明，我国东西部地区政府与市场的差异关系、市场中介组织的发展程度和法制环境的差距都比较大。同时，西部民族地区民间金融组织在组织、规模、经营管理上同东部沿海发达地区都有

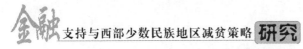

着较大的差距。因此在西部民族地区金融生态环境提升上我们还有很长的路要走，为引导民间金融在扶贫领域发挥重要作用，还需不断努力。

二、法律保障问题

西部民族地区的民间金融机构一般缺乏规范的组织形式，较分散，规模小，经营风险较大金融监管组织监控难度大，自身也存在较大经营风险。同正规金融的发展环境相比，西部民族地区的民间金融同全国其他民间金融一样面临的困境是缺少法律保障。在我国目前法律框架下，西部民族地区很多民间金融组织未取得合法地位，尤其是吸收存款的民间金融组织更是被视为非法的。例如《中华人民共和国商业银行法》《中华人民共和国中国人民银行法》《中华人民共和国银行业监督管理法》等法律法规都有针对民间金融吸收公众存款方面的相关禁止性条款。另外，《农村资金互助社管理暂行规定》对农村资金互助组织的资金来源、资金使用、日常经营管理都有限制性规定。资金来源只有社员存款、社会捐赠资金以及从正规金融机构获得资金三种途径；获得社会捐赠还要接受当地金融监管机构对捐赠者资金和身份的核实；资金使用必须遵守章程规定；有剩余资金时，需存放在银行或者购买国债等低风险产品。由于当前的制度环境限制，目前民间金融大部分是隐形的，发生经济行为及引起的结果未能在官方的统计报表中得到充分披露。对民间金融组织应辩证地看待：如具有互助合作性质的农村储金会等组织，在一定程度上迎合了当地现实需要，加以引导规范就可以发挥积极作用；但扰乱当地金融秩序的地下钱庄、非法集资等，未来也是监管部门、司法机关打击的对象。因此对于民间金融的法律保障问题不能一概而论，而是要具体分析其作用和目的。

三、可持续发展资金来源问题

较之于东部沿海地区、内陆发达地区，西部民族地区金融生态环境相对脆弱，而邮政储蓄银行、农业银行等金融组织在金融服务领域中发挥着主力军的作用。现实中正规金融机构在农村地区却扮演着"吸水机"的角色，通过吸收存款等方式使农村地区资金大部分流向了城市地区，寻求更高的利润。民间金融市场往往根植于农村地区，其资金来源于广大农户，在发展过程中通常会面临资金的可持续问题。最典型的就是农村资金互助社。从成立之日起它就面临资本金先天不足的难题，寻找后续资金更是困难重重。首先社会捐赠在实践中是不可持续的；其次想从银行等正规金融机构融入资金往往是农村资金互助社一厢情愿，在实践中因一些不可控风险，金融机构望而却步；最后，就吸收成员存款来看，各成员本身资金实力就较弱，加入互助社就是为了得到资金支持。同时，在各地的实践中，农村资金互助社因经营管理等问题无法对成员的资金需求给予持续满足。如我国第一家乡镇级农村资金互助社就产生过资金来源不足、存贷比大大超规定指标等问题，被当地金融监管部门为防止产生挤兑风险，基于审慎原则，责令停止贷款。另外，小额贷款在资金可持续性上也存在较多的问题。因此，为更好实现民间金融组织自身可持续发展，首先要解决好民间金融组织资金来源问题。

四、规范性经营问题

民间金融组织在经营过程中缺乏专业人才，其经营管理人才大部分来源于成立之初的社员和相关股东。由于经营管理者金融知识和业务操作经验不足，风险管理理念也不够强，业务操作不够规范，潜在经营风险较高，可持续经营存在困难：一是在确定贷款对象时存在内部管理不严谨、信贷不规范等问题，容易受人情世故的影响；二是存在不公平公正的问题，如互助社由于入股社员多、股权分散，容易出现小部分人损害大部分人的利益的现象；三是存在被当地政府干预的情形，使得自主决策权和管理权不能充分行使；四是互助组织社员自由退出和股权转让的权利在实际运营中未得到有效落实。经营规范性等问题极大地影响了民间金融组织的推广，同时劣币驱逐良币，一些不好的风气也在业界不断被仿效，为其今后的可持续发展带来了不利影响。

第三节　西部少数民族地区
民间金融的精准扶贫实践

2014 年财政部等中央七部门联合印发了《关于全面做好扶贫开发金融服务工作的指导意见》，提出要进一步完善金融服务机制，积极发挥政策性银行、商业银行、合作性银行之间相互补充、相互促进的作用，引导金融机构进入产业扶贫、基础设施建设等领域，确保贫困地区早日脱贫。近年来，正规金融机构在民族地区特别是国家重点连片扶贫开发地区取得了众多实践成效。而作为正规金融的有益补充，NGO 小额信贷、农村互助项目等民间金融在可持续发展和精准扶贫方面积极进行探索，也取得了一些实践成果。

一、宁夏银川掌政农村资金物流调剂中心

宁夏银川市兴庆区为我国古代"九边重镇"之一，回族是当地人口最多的少数民族。为实现调剂资金余缺的目的，2007 年，兴庆区掌政镇附近 200 名农民与 3 名企业家发起设立了掌政农村资金物流调剂中心，其初始注册资本金为 1 000 万元。在组织管理上，由农民股东代表和企业法人股东共同组成理事会，理事长和法人代表均由发起的农民股东担任。其经营涉及股东之间资金融通、物流调剂、信息服务、小额贷款等领域，业务范围涵盖邻近区县等地区。

（一）掌政农村资金物流调剂中心的业务模式

掌政农村资金物流调剂中心的服务宗旨是"亲农帮农、惠民致富、互信互利、稳健经营"。北京大学王曙光教授在宁夏调研时将这一模式概况为"掌政模式"。2012 年公司平均资金运营盘量接近 5 000 万元，累计放款达到 1.8 亿元，有力支持了掌政镇、大新镇、金贵镇、通贵乡 7 000 多户贷款户进行特色种养殖、多种经营。

农村资金互助业务是三大基础业务之一。在实际运行中按照扶贫性和救济性的原则，利用调剂余缺的形式，贷款利息可以大大低于同期银行利率，对生产生活特别困难的社员还可以实行零利息或免除部分贷款本金，满足了参与社员生产生活中的各种应急性资金需求。掌政农村资金物流调剂中心根据实践中反馈回来的不同类型的资金需求，创新了金融产品，先后开发了农户技能培训贷款、春耕生产贷款、种养殖业贷款等各类专项贷款，还为困难社员提供助学、婚丧、建房等临时性周转贷款。这些形式多样的贷款产品适应了当地生产生活的需求，也有效促进了当地农业经济发展和农民增收。

小额贷款业务是掌政农村资金物流调剂中心解决资金有效利用、提高利润率的重要途径之一。农村生产资金的周期性比较明显，春耕备耕和秋后收购青饲料是资金需求的高峰，这两个资金需求高峰过后，中心余额资金较多，资金的使用率非常低，会直接影响资金运行利润空间。为提高资金运行效率，实现更大的利润空间，中心在满足入股参与农户资金需求的条件下，结合资金使用的规律，开发了一系列金融产品。为其他农户、个体工商户和微小企业资金需求者提供土地流转贷款、设施农业经营权抵押贷款等资金周转型贷款，其贷款利率要高于社员贷款利率，使资金的使用效率得到提高，股东参与积极性也大大提高，实现了资金的良性循环。

农村资金物流信息调剂业务是掌政农村资金物流调剂中心服务农村、

服务社员的重要手段之一。中心为信息发布者和需求者建立起渠道，通过自身平台优势，将广大用户遇到的问题和需求通过信息平台收集、汇总直接反馈给农业推广中心、农技站、农机具等生产销售厂家，为广大社员和当地农户开展农业信息咨询、农资采购等服务。另外，当农业推广中心、农技站、农机具等生产销售厂家推出新产品、新技术时也可以及时通过信息平台传递给广大农户，减少农户获得信息的时间。

（二）掌政农村资金物流调剂中心的主要经验

第一，为民族地区农村金融反贫困提供了经验。"掌政模式"在金融反贫困实践中成功的关键在于有效解决了农民贷款难的根本问题。中心在经营管理中坚持以农民资金互助业务为最基础业务，严格遵照市场化规律进行经营管理和内控，并加强农业生产信息服务，有效解决了农村地区尤其是贫困地区农户资金、信息、服务欠缺等系列难题，有力促进了产业发展和农民收入水平的提高。"掌政模式"为实现金融组织、贫困户多方共赢提供了经验，当前推进金融支持精准扶贫工作可以充分借鉴其发展思路。

第二，解决互助资金可持续问题。由于农业生产的季节性问题，参与农村互助资金的社员的资金使用集中在春秋两季，其余时间存在大量资金的余额。这些余额若没有得到有效使用将大大降低互助资金的综合利用率。中心在满足所有社员资金需求的基础上，将剩余资金利用小额信贷的形式以高于社员贷款的利率贷给农村小微企业和种植大户，赚取利润，实现互助资金保值增值。具体做法是针对当地互助社以外的种植大户扩大生产规模和中小微企业所需周转资金发放贷款，其利率要高于社员贷款利率。同时，通过小额贷款业务使公司的民营企业家看到发展希望，激励其增加投资，实现注册资本的增加，进而扩大覆盖范围，惠及更多的农户。金融组织参与精准扶贫是履行社会责任的重要途径之一，如何实现资金可持续利用也是金融参与者需要考虑的问题。"掌政模式"在实现资金可持续利用方面的思路和经验是推进农村普惠金融的重要参考。

第三，为农村信用体系建设和农户信用评价体系建设提供了借鉴。掌政农村资金物流调剂中心在实践中针对广大农户缺乏抵押物、信用评价较难的特点，结合实际工作中的经验，开发了独具特色的信用评估表，对农户生产、生活及个人情况进行综合评价衡量，以其作为发放贷款的依据（具体见表8-1）。对传统道德的考量也是其特色之一，对解决农民抵押物不足、低收入农户信用评价相关信息不对称的问题，以及当前的信用评价体系建设都有着重要意义。

表 8-1 掌政镇掌政农村资金物流调剂中心个人信用评分表

客户姓名：　　　　　　　　　　　　　　　　　　　得分：

一、基本情况（8分）			二、家庭（28分）			三、行业（15分）			
具体情况	标准分	选项	具体情况	标准分	选项	具体情况		标准分	选项
年龄3分	①18~25岁	0	固定资产16分	①50万以上	15~16	1. 职业	①小职员	0~2	
	②25~30岁	1		②20万~50万	12~14		②一般职位	3~5	
	③30~45岁	3		③10万~20万	9~11		③高职类	6~8	
	④45~50岁	2		④5万~10万	6~8	从事主业（四选一）8分	2. 多种经营	①一类	0~2
	⑤50~60岁	1		⑤1万~5万	3~5			②二类	3~5
	⑥60岁以上	0		⑥1万以下	1~2			③三类	6~8
婚否4分	①已婚有子女	4	人均收入5分	①5万以上	5		3. 种植	①一类	0~2
	②已婚无子女	3		②3万~5万	4			②二类	3~5
	③离异	2		③1.5万~3万	3			③三类	6~8
	④未婚	1		④0.6万~1.5万	2		4. 养殖	①一类	0~2
				⑤0.6万以下	1			②二类	3~5
性别1分	①男	1	房屋内设卫生情况3分	①非常好	3			③三类	6~8
				②良好	2	从事行业年限5分	①十年以上	5	
	②女	1		③一般	1		②五年以上	4	
				④较差	0		③三年以上	3	
			保险情况4分	①没有参加医保	0		④一年以上	2	
				②有农村医疗保险	1		⑤刚起步	1	
				③购买其他类保险	2~4	行业发展状况2分	①目前发展稳定并有前景	2	
合计：			合计：				②目前发展不稳定但有前景	1	
							③无法预测	0	
						合计：			

四、乡邻口碑（26分）			五、文化及信用（15分）			六、负债（8分）			
具体情况	标准分	选项	具体情况	标准分	选项	具体情况		标准分	选项
对待老人5分	①非常孝顺	5	文化3分	①初中以上	3	债务情况3分	①按时清息还款	3	
	②比较和气	4		②会写简单的字	2		②特殊情况	2	
	③不好说	2		③不会写字	1		③不按时还款清息	0	
	④较差	0	专业技能2分	①有驾驶技能	2	有债务8分	①70%以上	扣分	
夫妻关系5分	①非常好	5		②种植养殖经验丰富	2		②60%~70%	0	
	②良好	4		③瓦工技能	2		③50%~60%	1	
	③一般	2		④电焊技能	2	负债率5分	④40%~50%	2	
	④危机	扣分		⑤其他技能	2		⑤30%~40%	3	
乐于助人5分	①非常好	5	自我评价2分	①优秀	2		⑥10%~30%	4	
	②良好	4		②良好	1		⑦10%以下	5	
	③一般	2		③一般	0				
	④爱占小便宜	扣分	陈述信息情况5分	①属实	5	无债8分	①家庭情况非常好无负债	8	
积极心态5分	①非常好	5		②基本属实	3				
	②良好	4		③夸大	1		②家庭情况好无负债	6	
	③一般	2		④虚假	扣分		③家庭情况一般不愿意借钱	4	
	④消极	扣分	信用评价10分						
信誉小组6分	①非常好	6	贷款用途情况3分	①专款专用	3		④家庭情况较差无发展意愿	2	
	②良好	5		②倒贷款	2				
	③一般	4		③其他	1		⑤借不上款	0	
	④不了解	2		④用途不真实	扣分				
	⑤较差	扣分	合计：			合计：			
合计：									

二、青海海东"澳援"扶贫项目

海东市位于青海省东部,是西北地区典型的多民族聚居的地级市,其辖区有4个民族自治县,其中藏族、回族、土族、撒拉族是该市人口最多的4个少数民族,合计占总人口的44.15%。青海海东"澳援"小额信贷项目是由澳大利亚国际发展署无偿援助的,实施过程中充分借鉴了孟加拉国格莱珉银行的发展模式,目标在于帮助受援对象增加收入、提高生活质量。项目初期由海东计委(现海东地区发展和改革委员会)"澳援"项目办负责。海东"澳援"小额信贷项目在充分借鉴孟加拉国格莱珉银行经验的基础上,根据海东市地区特色进行本地化创新,特别是在项目推进过程中突出妇女作用,取得了有益效果。

(一)海东"澳援"项目的主要做法

第一,建立完善的内控体系。项目按照现代公司制度来管理,建立和完善内部控制体系,设置完善的组织结构,制定健全的内部控制体系,设置了由澳大利亚援助方、国家商务部、青海省商务厅以及农业银行海东市分行4方组成的董事会,协调解决项目推进过程中援助方和目标对象、当地政府之间的分歧和遇到的问题。董事会下设海东农行小型办,办公室设在海东农行,具体职责是负责援助项目的实际运营和行政管理工作,协调指导项目乡和项目村工作的开展(见图8-1)。

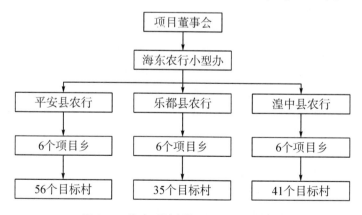

图8-1　海东"澳援"项目组织框架图

第二,明确目标定位,严格援助项目操作程序。"澳援"项目在实际操作上第一步是准确定位援助对象,实行精准扶贫。项目以人均年收入划线,线下的农户作为小额贷款的主要目标群体,并将贫困妇女作为重点,体现了援助项目服务于贫困户或中低收入户等弱势群体的主要目标。例如 2008 年，平安、乐都和湟中 3 县共发展 18 个项目乡、132 个目标村，涉及农户 2 万户，覆盖比例分别为 42.86%、15.26% 和 11.75%。同时，项目在实际运作中有着严格的程序规定：一是以点带面、逐步推广。先在容易开展的村组进行试验，积累经验，然后再逐步展开，扩大试点范围。二是明确员工责任。信贷协调员在整个援助项目中扮演着重要角色，是援助项目和援助对象之间的桥梁和纽带，直接影响着援助项目的实施质量和效果。三是将妇女作为优先考虑的对象。援助方认为农村妇女在扶贫工作中扮演着重要角色，特别注重妇女在项目实施过程中的参与度和话语权。四是组建联保小组，提高还款率。针对农户自身缺乏抵押品和农村地区担保体系不健全的问题，"澳援"项目借鉴孟加拉国格莱珉银行发展经验，组建由 4~7 名村民组成的联保小组，成员共同签订的《小组联保协议》充分借鉴了国外实践经验。发放贷款成员间要进行联保，若出现违约将承担连带责任，且无法再申请下一笔贷款。

第三，完善激励机制，培养协调员工作责任心。为提高资金综合利用水平和农户的信用，项目管理层完善了对信贷协调员的相关激励机制。实际运营过程中若信贷协调员所承办的农户守信用、还款及时，信贷协调员的贷款额度将逐次累进，同时获得工资激励。其工资包含固定工资、还款工资、还息工资。在实行物质激励的同时，还对协调员实行精神激励，进一步提高信贷协调员的责任感，使小额贷款实实在在发放到贫困人员手中。

第四，简化贷款手续，创新还款方式。"澳援"项目根据实际需要开发了三款信贷产品，分别为整放零收、整放整收和混合性的贷款产品，其还款期限通常约定为 4~12 月。在实际操作初期，对农户信贷资金的用途、使用期限和还款方式都进行限制。初期由于广大农户的反应不理想，经小型办重新审视整个贷款流程，根据海东的实际情况，简化了贷款手续、还款方式，大大提高了农户参与的意愿。

（二）海东"澳援"项目的主要经验

第一，建立健全具有本地特色的管理制度是小额贷款项目取得成功的关键。由于目标群众自身缺乏有效、优质的抵押物，海东"澳援"项目充分借鉴国际经验特别是格莱珉银行经验，同时充分考虑海东本地实际，建立了在地缘和血缘关系基础上的以人际关系为纽带的联保小组，为贷款本息的及时偿还提供强有力的保障。海东"澳援"项目根据当地农户的生产生活习惯，创新还款方式，赢得了当地群众的欢迎。这说明了小额贷款项目要立足于当地实际，充分尊重当地群众风俗习惯，并结合当地特色探索建立一整套经营管理制度，才能取得成功。

第二，小额信贷项目实施过程中要注重将普惠金融服务和精准扶贫金融服务相结合。小额信贷服务是我们当期发展农村普惠式金融的重要路径之一，特别是对农村弱势群体具有重要作用。但小额信贷服务要取得成功，有效推进精准扶贫，其前提是要创新方式方法，能有效识别农村贫困群体，并致力于有效帮助农村弱势群体摆脱贫困。这也为当前各地区实施精准扶贫、高效识别贫困对象提供了方法。海东"澳援"项目在这些方面给我们提供了宝贵经验。

第三，小额信贷项目要创新服务方式。小额信贷项目成立之初的主要目标在于改善当地居民收入，带有扶贫的性质，但随着援助对象自身生活的改善，他们对资金的需求发生变化，之前的联保等制度已不能满足这种新需求，在实际操作中也面临信贷资金无法收回等困难。因此小额贷款项目要取得创新发展，要以动态的视角，创新服务方式，将小额贷款金融服务扩展到普通群体，实现两翼联动，同步发展。

第四节　民间金融参与精准扶贫的相关途径

全面贯彻落实中央扶贫开发工作会议精神及习近平精准扶贫重要思想，不仅仅需要扶贫思想的转变，更需要扶贫方式的转变。金融在现代经济中扮演着重要角色，在精准扶贫工作中也是如此。特别是民间金融与贫困地区农户的现实需求之间有着天然联系，在精准识别贫困对象、精准使用资金、精准安排项目方面更是有着丰富实践经验。为更好引导民间金融在全面精准扶贫工作中发挥功能和作用，实现各方多赢的局面，应切实做好以下三方面工作：

一、规范民间金融的发展路径

一直以来，很多西部民族地区的民间金融还未取得合法地位，更不用说得到人民银行和政府的扶持。要使民间金融有效促进当地产业发展，实现经济水平提升，实施的关键举措之一是创造有利于民间金融健康发展的制度环境。首先是完善有关政策法规，使民间金融不再游离于合法与违法之间，其业务不再打现行政策的擦边球，使其能够在阳光下运行。同时，要积极引导正当的民间金融减少灰色经营活动，这样也有利于对其监督管理。其次可以适当维持中间形态的民间金融的非正式特点。因为它们在西部民族地区有一定业务基础，能有效发挥调剂余缺的作用。最后对于经营形态、业务范围接近正规金融的民间金融，在充分

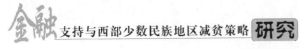

考虑民间金融组织对当地经济影响的情况下，可鼓励其向民营小银行等形态转换。

二、强化并完善民间金融的内部治理结构

规范发展是降低民间金融经营风险的重要途径之一，是避免广大人民群众利益遭到损害的重要措施之一。要做到规范发展，最主要是要建立完善的内部组织治理机制。首先要组建股东大会或者成员大会，制定组织自身章程，同时按章程规定设立监事会和理事会等组织机构。其次在规范自身行为的同时要考虑自身不同于正规金融机构的属性。特别是农村资金互助社、社区基金等机构在成立之初就要明确宗旨和目标，并在规范内部组织治理机制时不忘初心。同时，资金管理上要明确由民间金融组织自主管理，减少各种组织外的干扰因素，政府部门的职责主要是不越位，积极提供好公共服务以及制定相关扶持政策。最后要完善退出机制。当民间金融经营偏离成立时的服务宗旨或被少数人所控制时，可以允许参与者按规定退出，以最大限度降低参与者的经济损失。

三、差别化扶持民间金融发展

目前在西部民族地区，正规金融机构无法完全满足当地群众的金融服务需求，这为民间金融发展留出了空间。银监会、当地政府等应支持鼓励各类金融机构结合当地的实际进行金融创新和金融产品创新；特别是有利于当地推进精准扶贫工作的，只要风险可控，能为农村贫困群体提供优质金融服务的，都应从资金、政策、税收等各方面进行扶持。面对当前农村金融发展过程中的担保问题，即农民动产、不动产等优质抵质押物不足，评估费等中介费用过高等问题，以及单笔贷款金额小、金融服务成本高的特点，农行、农商行等正规金融机构从事微型金融积极性不足而有意愿根植于农村的民间金融又缺乏资金等问题，本书提出了如图8-2所示政策框架。

涉及农村业务的正规金融机构，如农商行、村镇银行、人民银行及政策性银行等机构，在实际经营业务中存在直接针对农户的小笔贷款成本高等问题。而如农村资金互助社、社区基金会、小额贷款公司、非政府组织或官方实施的小额信贷组织等民间金融在经营过程中具有成本、人力资源优势。涉农正规金融机构可以通过批量贷款业务，间接支持种植大户、农业合作组织、贫困农户，支持产业发展和农民增收。同时，地方政府要出台政策，利用财政资金或国有投融资平台组建担保公司，

为农村产业化项目和民间金融组织等提供担保，解决抵押物缺乏等问题，从而更好为西部民族地区扶贫攻坚提供金融服务。

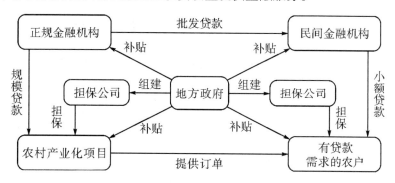

图 8-2　农村民间金融政策框架图

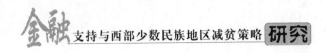
第九章 金融支持人口较少民族减贫发展的调研报告
——以云南基诺族为例

人口较少民族作为多民族共同体的有机构成要素，是缔造多民族形态国家必不可少的部分。我国人口在 30 万以下的人口较少民族有 28 个，占 55 个少数民族总数的约一半。受地理位置、历史演进、文化传承等多种禀赋条件的影响，人口较少民族地区的经济发展仍滞后于其他地区，贫困现象依然非常明显。

改革开放后，随着我国扶贫减贫工作的不断推进，对金融支持与减贫发展的研究日益得到重视，但通常都是对大范围或人口数比较多的群体进行研究，较少将金融支持与减贫发展问题置于小众群体进行关注。但是，作为小众群体，人口较少民族具有自身的独特性和差异性，如地理位置特殊、人口数量较少、经济社会发展程度低等，较难复制主流群体的成功经验，因此探究金融支持与减贫发展的内在机理及长效互动机制于人口较少民族地区意义非凡。课题组通过对云南西双版纳州景洪市基诺乡基诺族的经济发展现状、金融支持状况的实地走访调研，透过基诺族个案全面剖析人口较少民族区域金融支持与减贫发展之间的关系及存在的问题，力图提出人口较少民族地区金融支持减贫发展的切实可操作的建议。

第一节 金融支持与人口较少民族减贫发展的内在机理

一、对人口较少民族的界定

"人口较少民族"是极富中国特征的一种提法。中国的民族构成十分丰富，其中有一些族裔群体在人口数量、社会形态、发展方式、民族文化等方面具有相对的异质性。这些人口数量较少且颇具特色的族裔群体所形成的民族共同体就是人口较少民族，其实质内涵就是弗朗西斯科·卡波托尔蒂（F. Capotorti）提出的"少数人"。他在1977年给联合国防止歧视及保护小组委员会提交了一份报告，对"少数人"做了详细界定，认为"少数人"群体在一个国家中数量明显少于其余人口的群体数量，处于非主导地位，同时这种群体在民族、宗教、传统和语言上有不同于其他群体的自身特点，并形成了一种团结的情感来保护这些自身特点[1]。在我国最早关注人口较少民族的是著名学者费孝通先生。"他在2000年年初提议国家民委关注人口较少民族，重点解决人口较少民族的脱贫致富问题。2000年年底，中华人民共和国国家民族事务委员会牵头组织成立了'中国人口较少民族经济和社会发展研究课题组'，费孝通先生任该课题组的学术指导。课题组走访了22个人口较少民族地区，在实地调研基础上完成了近40万字的《中国人口较少民族经济和社会发展调查报告》（民族出版社）和24份各民族调查报告。"[2]"人口较少民族"术语被正式提了出来。

最初划定的22个人口10万人以下的少数民族包括高山、门巴、珞巴、京、毛南、基诺、阿昌、布朗、怒、独龙、普米、德昂、赫哲、塔塔尔、塔吉克、俄罗斯、乌孜别克、鄂伦春、鄂温克、保安、裕固、撒拉等民族。2011年，国家民委经过多方科学论证后，认为人口基数在30万以下的少数民族即为人口较少民族，在制定扶持人口较少民族发展的"十二五"规划时，按照新的标准，增加了景颇、达斡尔、柯尔克孜、锡伯、仫佬和土6个人口在10万至30万之间的民族。目前，有28个少数民族人口在30万以下，这28个民族人口总数为169.5万[3]，主要分布在西南地区的西藏、云南，华南地区的广西，西北地区的新疆、内蒙古、甘肃、青海，东北地区的黑龙江，以及东部沿海的福建等地。据《扶持人口较少民族发展规划（2011—2015年）》，人口较少民族90.6%的人口分布在人口较少民族聚居区，占这些地区少数民族人口总数的21.9%[4]。

---

① 杜鹃汀. 和谐社会中少数人权利的保护及其实现研究 [D]. 西安：西北工业大学，2007.

② 中国人口较少民族发展研究丛书编委会. 中国人口较少民族经济和社会发展调查报告 [M]. 北京：民族出版社，2007.

③ 朱玉福. 中国扶持人口较少民族政策实践程度评价及思考 [M]. 广西民族研究，2011（4）：18-27.

④ 中华人民共和国中央人民政府. 扶持人口较少民族发展规划（2011—2015年）[EB/OL]. http://www. gov. cn/gzdt/2011-07/01/content_ 1897797. htm.

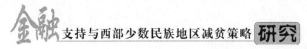

表9-1　国家扶持人口较少民族规划覆盖表

规划时间	划分标准	民族个数	民族名称	人口数	包括范围	所涉省区
扶持人口较少民族发展规划（2005—2010年）	人口10万以下	22个	高山族、门巴族、珞巴族、京族、毛南族、基诺族、阿昌族、布朗族、怒族、独龙族、普米族、德昂族、赫哲族、塔塔尔族、塔吉克族、俄罗斯族、乌孜别克族、鄂伦春族、鄂温克族、保安族、裕固族、撒拉族	22.9万	86个县、238个乡镇、640个行政村	内蒙古、黑龙江、福建、广西、贵州、云南、西藏、甘肃、青海、新疆
扶持人口较少民族发展规划（2011—2015年）	人口30万以下	28个	高山族、门巴族、珞巴族、京族、毛南族、基诺族、阿昌族、布朗族、怒族、独龙族、普米族、德昂族、赫哲族、塔塔尔族、塔吉克族、俄罗斯族、乌孜别克族、鄂伦春族、鄂温克族、保安族、裕固族、撒拉族、景颇族、达斡尔族、柯尔克孜族、锡伯族、仫佬族、土族	169.5万	2个自治州、16个自治县、71个民族乡、219个行政村	内蒙古、辽宁、吉林、黑龙江、福建、江西、广西、贵州、云南、西藏、甘肃、青海、新疆

资料来源：《扶持人口较少民族发展规划（2005—2010年）》《扶持人口较少民族发展规划（2011—2015年）》。

二、内在机理：契合与冲突

（一）契合：金融支持能有效缓解人口较少民族发展困境

国家民委在对人口较少民族地区实地调研后提出"金融支持对人口较少民族地区贫困缓解有着举足轻重的意义"[①]。金融能在民族地区发展过程中有效推动社会资源配置和产业结构调整，金融支持已成为减贫发展顺利推进的必要条件。首先，宏观上，金融支持是一种重要的政策

---

① 普永生. 当代中国人口较少民族经济发展研究［D］. 北京：中央民族大学, 2004.

引导手段，会主导全社会的资本动向，决定着人口较少民族地区的资本流动水平和产业发展方向；其次，中观上，金融业自成产业，具有较强聚集效应和外溢效应，是人口少数民族地区增强地区发展优势的重要渠道；最后，微观上，金融业能带来大量的就业岗位，区域金融发展水平也成为人口较少民族地区民众生产生活、企业发展、政府社会事业实现的重要影响因子[1]。因此，金融支持与减贫发展二者在宏观方面、中观方面和微观方面都是存在契合点的。

1. 宏观层面：金融资源引导

金融作为资金融通的重要手段，会主导全社会的资本动向，从宏观方面决定着人口较少民族地区的资本流动水平和产业发展方向，影响着一个国家或地区的经济社会发展进度。一方面金融作为资金融通的重要媒介，能调剂资金在充足者和短缺者之间的流动以促成供需平衡，把闲散、小额资金集中起来满足大额资金需求，从而有效降低需求者和供给者之间的交易成本。在人口较少民族地区，部分个人、企业以及政府在分享发展红利时聚集的大量闲散资金需要合理的储蓄和投资渠道，而减贫过程中的基础设施建设、产业经济发展正好需要大量资金支持，完善的金融系统将契合资金供需双方，引导社会资本流入民族地区减贫过程中亟待资金支持的部门。另一方面，金融可使资源配置达到最优状态，逐利天性会把资金配置到资本边际效率最高的地方。推动民族地区发展、完善基础设施建设、发展特色产业链等为资金提供了巨大的市场，本身就是最具发展潜力的一个磁场，但是，这个磁场会因为发展程度、资源禀赋的不均而存在吸附力差别，这又会反过来激励处于资金吸附弱势地位的企业积极增强自身实力以增加吸附力。其逻辑演绎如图9-1所示。

2. 中观层面：金融产业支撑

金融内生于经济发展又自成产业，具有较强聚集效应和外溢效应，是人口少数民族地区增强地区发展优势的重要渠道。从产业构成来看，金融业作为实体经济的一部分，是以服务业这个第三产业的身份出现的。产业结构理论认为第三产业的发达程度能衡量一个国家或地区的发达程度。随着金融业的繁荣，产业结构会得到进一步优化。社会产出明显高于一、二产业的行业，促进经济发展效果明显。据相关统计，"金融服务业对部分省市的经济发展贡献巨大，已取代其他产业成为当地发展的支柱产业。人们通常用金融业增加值占GDP比重来衡量一国或地

---

[1]　王爱苹，孙超英. 金融支持四川民族地区城镇化进程的研究 [J]. 中国商贸，2014 (2)：106-107.

区金融业作为独立的产业对经济增长贡献的大小。金融业增加值比重不仅反映了金融业在国民经济中的地位，而且也体现了金融业本身的发育程度。国家统计局数据显示，北京 2019 年金融业增加值为 6 344.8 亿元，占地区生产总值的 18.5%，已成为北京的第一支柱产业；上海 2019 年金融业增加值为 6 600.6 亿元，占地区生产总值比重为 17.3%，也是全市名副其实的支柱产业；2019 年全国金融业增加值占 GDP 的比重为 7.8%，约 7.71 万亿元。而在 21 世纪前十年金融业增加值占 GDP 比重的平均水平为 4.42%。因而，我们不难发现金融业对国家或地区经济的发展具有不可替代的作用。

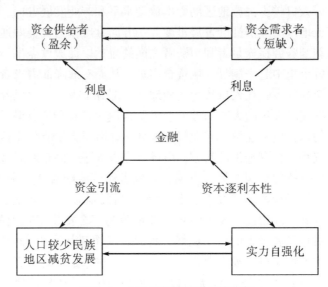

图 9-1　金融资源引导的逻辑演绎

3. 微观层面：金融生产服务

金融发展可以促进人口较少民族地区达到减贫发展的目的，它能发挥作用的微观领域包括家庭个体、企业部门以及政府部门。对家庭个体来说，金融机构为其提供了重要的平滑消费、管理财富的渠道。家庭在资金有盈余的时候，可以通过在金融机构存款或购买理财产品来保证资金安全并获得收益；家庭在资金紧张时可以从金融部门获取信贷资金，满足生产生活所需消费。企业部门不仅能从金融机构或金融资源中获得扩大生产、企业成长所必需的资金支持，还可以获得金融资源在风险管理、价格发现等方面的特殊功能所带来的好处，能有效提高生产率、提高竞争力水平。政府部门在市场中作为微观主体非常重要。不仅庞大的政府机构是一个消费大户，而且政府作为公共管理部门还需开展交通道路、社会教育、公共卫生等各项公共基础设施建设，除了财政预算支持外，还需从金融市场获得融资。因此，金融为微观经济体提供的金融服务是支撑整个社会运转的重要保障。

（二）冲突：金融支持人口较少民族减贫发展存在客观困境

把金融支持与减贫发展相结合，是国家在新形势下推动人口较少民族地区扶贫开发的重要手段。目前，针对人口较少民族地区开展金融支持减贫发展的措施总结起来主要包括：第一，对人口较少民族地区的农信社在政策上有所倾斜；第二，建立完善的基层金融体系，在贫困地区鼓励设立农村合作银行、村镇银行和农村商业银行等农村中小金融机构；第三，完善担保和抵押机制，重点解决中小企业等弱势群体的贷款难题；第四，建立人口较少民族地区资金回流的激励机制，遏制大量资金倒流扩大化趋势；第五，填补金融服务空白，在金融服务网点缺失的地区增设金融服务机构。需要引起重视的是随着新形势的发展，相关措施的政策效用有逐渐弱化的趋势。深入研究不难发现，金融支持是具有商业性质的经济体追求利润最大化的行为，人口较少民族地区减贫发展是具有公共服务性质的社会管理者追求社会效用最大化的行为，二者之间是存在潜在冲突的。如何有效弱化二者间的冲突对人口较少民族地区发展意义非凡，也是本书的研究重点。

1. 目标群体识别冲突：无法到达目标群体

金融机构是典型的"经济人"，是在盈利性、流动性和风险性"三性"原则指导下提供金融服务的，其目标是在风险可控范围内追求最大化利润。这就决定了金融机构在识别目标群体时会从经济收入能力、担保抵押物状况等多方面进行筛选，从而挑选出能很好地达到金融机构标准的"优质"目标群体。这恰恰背离了有效减贫的初衷，因为优质的目标群体并不是事实上需要扶持的对象，把款贷给它们会造成扶贫、减贫资源无法到达那些发展能力较弱、经济收入有限、抵押物缺乏从而需要更多支持以改变目前弱势状态的真正的目标群体，这在某种程度上说是对政策、资源的一种浪费。另外，国家财政扶持资金等由于优惠力度较大，对相当一部分"指标"外群体具有很大诱惑力，而这部分人群经济实力相对雄厚、社会资源丰富，相比亟待扶持的人群更易先获得相关信息，且有足够的成本支持其进行"寻租"并获得相应金融支持资源，从而挤占了目标群体的扶持资源。另外，金融机构在扶贫贷款过程中为了保证贷款质量、有效降低不良贷款率，通常都会把不良贷款率与基层放信贷员绩效挂钩，这难免会迫使信贷员优先选择有偿还能力的放贷个体，把亟需资金支持的困难群体排除在外。

2. 收益成本冲突：收不抵支弱化金融支持积极性

货币是一种资产，微观经济体需要充分衡量货币资产的机会成本和交易成本。金融机构在扶持人口较少民族地区发展过程中提供资金支持所产生的成本准确地说应该由三部分组成：机会成本；资金成本；交易成本。机会成本是金融机构在提供资金支持时可能丧失掉的用作其他商业贷款用途的利息收入；资金成本是金融机构获得扶贫贷款资金的成本，通常都是靠制度性的商业化运作获得，多是从上一级机构借贷的资金，其资金成本高。根据徐忠等对中国 30 余个贫困农村的金融发展情况所做的调研：2006 年中国农业银行系统内调剂资金利率就高达 4.32%[①]；银行的交易成本包括了基层服务机构的设置、人力成本投入费用以及各项税费等，单笔金额扶贫贷款往往较小且利率较低，和大额商业贷款相比金融机构付出的人力成本是一样的，甚至还有可能因为民族地区文化水平普遍较低，对金融机构及其办事程序的理解较差需要更多协助而增加额外的成本；另外，人口较少民族地区人口居住较分散，在管理贷款上往往会增加许多清收管理费用，从而增加经营管理费用。根据农业银行所做的相关测算，发放和管理扶贫贷款过程中产生的平均成本大概为 7%。由于扶贫贷款有财政贴息，通常可贴息至当年的贷款基准利率，如果把机会成本忽略掉，以 2006 年为标准，农业银行用于减贫发展的金融贷款所产生的成本可达 11.32%，而贴息至 2006 年 6% 的贷款基准利率就是农业银行的收益。由此可以看出成本和收益之间的差额缺口在 5.32%（6%～11.32%）。收不抵支势必造成金融机构积极性的下降。

3. 动机冲突：道德风险和逆向选择难以避免

在经济学中，信息不对称会产生道德风险和逆向选择问题。不同的群体各自的利益诉求不同，在动机上就存在根本上的差别，这会导致利益相关体进行多方博弈以获得自身利益最大化。国家为改善人口较少民族地区发展滞后的状况，从多方面发动金融机构支持人口较少民族地区发展。金融支持的基本动机是在保证包括金融机构在内的扶持机构利益不受损的前提下，提供金融援助以扶持民族地区最大化地发展。但是在这个过程中，金融扶持数量多、金额小、涉及面广的特点使金融机构通常都无暇顾及对每个客户的详细审查，金融支持的提供方在对客户信息资源的详细把握上是不占优的。而另一个利益攸关方——金融支持的接收方即民族地区的部分民众甚至地方干部受限于自身文化素质，通过长久对国家扶持政策的观察揣摩，都认为扶贫贷款及其他扶持等同于国家财政补助，可能在申请之初就未有过还款意愿。于是就产生了事前隐藏

---

① 徐忠，张雪春，沈明高，等. 中国贫困地区农村金融发展研究［M］. 北京：中国金融出版社，2009.

信息的逆向选择，即无论金融机构设置的门槛有多严格，受贷方都会尽可能隐藏信息、克服障碍以求获得支持；而在获得金融支持之后就会产生道德风险，即未按承诺将贷款用于相关方面以及按期偿还，最后导致金融机构形成了不良资产。

第二节　云南基诺族的基本情况

基诺族是中国第 56 个民族，于 1979 年被国家确认为最后一个民族，属于典型的"直过"世居民族，主要分布在云南省西双版纳傣族自治州景洪县基诺乡。关于基诺族的概况，笔者虽有实地走访，但在走访过程中更多关注的是其经济社会发展、金融发展现状等，因为其历史沿革、风俗习惯等仅靠走访无法获得详细资料。关于云南基诺族的社会沿革我们引用由全国人民代表大会常务委员会民族委员会和国家民族事务委员会在组织全国性的民族识别调查基础上编写的《民族问题五种丛书》之"中国少数民族"卷对其的详细记录。

1. 基诺乡社会发展沿革

基诺族自称基诺，过去汉文音译为"攸乐"，意为"跟在舅舅后边"，是一个"尊崇舅舅的民族"。"没有文字，靠刻木、刻竹以记事、记数，在新中国成立前基本上还处于由原始社会末期向阶级社会过渡的阶段，社会形态发展滞后，经济文化生活水平较低，尊奉诸葛孔明，以农业为主，新中国成立前主要以'刀耕火种'的山地农业为生。1954年 6 月，政府组派专门的民族工作队深入基诺族，进行疏通民族关系、发展生产的艰巨工作，争取和团结了基诺族中有威望的村社长老、头人。1956 年年底，基诺族在政府帮助下普遍成立了换工互助组，生产与生活获得了较大改善。这么多年来，处在原始社会末期的基诺族社会发生了很大的变化。过去基诺族只种旱稻，现已开垦水田，完全靠'火烧地'的局面大为改观，粮食产量成倍增长。一年缺半年粮、经常外出卖工的现象已经成了历史。基诺族充分利用山区特点安排生产和进行建设，种植茶叶、砂仁、橡胶等多种经济林木。水牛、黄牛不再用来祭鬼神，而成了生产工具。缺工具、少衣食、盐贵如金的时代已一去不复返，现在乡镇有中心店，村有代销点。"[①]

2. 基诺乡自然地理特征

基诺乡是全国唯一的基诺族的聚居地，位于云南横断山系无量山末

[①]　中国少数民族修订编辑委员会. 中国少数民族 [M]. 北京：民族出版社，2009.

梢丘陵地带的基诺山区。基诺乡地处北纬 21°59′、东经 100°25′，位于景洪市东北部，距市区 27 千米，面积约 622.9 平方千米，海拔 550~1 691米。整个区域光照充足、雨量充沛、干湿季分明，属于典型的热带、亚热带山区气候。全乡下辖 7 个村公所，46 个自然村。据第 6 次人口普查，全乡总人口 14 048 人，其中农业人口 11 024 人，占 78.48%，基诺占全乡人口的 82.9%。基诺族乡森林面积约 90 万亩（1 亩≈667 平方米），其中有自然保护区面积 86 215 亩热带沟谷雨林；州属国有林面积 447 758 亩，占全乡面积的 57.8%；轮歇地 21 万亩，水田 0.6 万亩，其他用地 15.86 万亩；90% 的土地坡度在 25°以上，属于典型的山区民族乡①。

3. 基诺乡经济发展特征

目前，基诺族主要粮食作物包括谷子、玉米和部分豆类，主要经济作物包括橡胶、茶叶、砂仁等（见表 9-2）。特别是橡胶，目前已成为当地每家每户的经济支柱。近几年，由于当地土地和砂仁退化，砂仁产量有所下降，大多数家庭都转向了橡胶栽培。基诺族种茶历史悠久，基诺山目前是普洱茶的重要产地之一，茶叶仍是基诺族居民重要的经济作物。少数家庭可以从当地特色民俗旅游项目——基诺山寨民俗旅游风情区获得部分经济收入。

表 9-2　各村寨农作物种植基本情况

| 村名 | 经济作物 | | | | | | | | | 耕地面积/亩 |
| | 橡胶 | | | 茶叶 | | | 砂仁 | | | |
	总面积/亩	开割面积/亩	产量/千克	总面积/亩	采摘面积/亩	产量/千克	总面积/亩	收获面积/亩	产量/千克	
洛特村委会普希老寨	2 545	301	18 000	563	563	22 000	510	510	1 300	330
新司土村委会巴飘村小组	3 955	1 129.6	61 380	424	424	16 737	487	487	560	192.8
巴亚新寨	6 758	2 912	233 100	148	148	4 500				550
巴来村委会巴来中寨	3 969.4	2 647.4	385 700							282.1
新司土村委会巴朵村民小组	3 334	903	67 000	777.9	725.4	43 600	198	77	9 200	270.5
巴来村委会巴来小寨	5 937.2	2 215.1	378 300	44.5		3 000				230.8
巴来村委会巴来下寨	61 295.5	2 987	343 040	196.3	196.3	7 852				422.4
洛特村委会普米村民小组	2 132	26	2 100	5 461	548	16 400	509	509	1 200	274

4. 调研走访概况

为了深入了解基诺族的金融支持现状和社会经济发展状况，笔者所

---

① 数据资料来源于基诺族乡政府。

在的调研小组深入基诺族乡进行了入户问卷调查并对当地少数民族干部进行了访谈和问卷调查，以期通过对基诺族金融发展、社会经济发展的各项数据的收集，为人口较少民族的发展瓶颈的突破提供实证资料。为了保证收集数据的科学性、代表性及完整性，调查小组通过分层抽样选取了基诺乡洛特村委会普希老寨、新司土村委会巴飘村小组、巴亚新寨、巴来村委会巴来中寨、新司土村委会巴朵村民小组、巴来村委会巴来小寨、巴来村委会巴来下寨、洛特村委会普米村民小组 8 个自然村进行入户调查，共发放入户调查问卷 500 份，回收问卷 433 份，有效问卷 394 份（见表 9-3）。

表 9-3　入户调查问卷概况

调查村寨	总户数	被访户数	样本比例 /%	有效百分比
洛特村委会普希老寨	46	42	91.30	10.70
新司土村委会巴飘村小组	64	10	15.63	2.50
巴亚新寨	121	60	49.59	15.20
巴来村委会巴来中寨	88	80	90.91	20.30
新司土村委会巴朵村民小组	74	45	60.81	11.40
巴来村委会巴来小寨	84	80	95.24	20.30
巴来村委会巴来下寨	74	48	64.86	12.20
洛特村委会普米村民小组	33	29	87.88	7.40
合计	584	394		100

第三节　基诺族金融发展与贫困问题的现状分析

一、金融发展及金融需求的现状

（一）资金需求强烈，金融缺口客观存在

基诺族传统农业以粮豆产品为主，多为解决温饱、自给自足，不需要过多的投入。在国营农场的带领和当地政府的引导下，基诺族居民立足山区资源优势探索山区综合开发，形成了以橡胶、茶叶、砂仁为主的经济作物种植体系。经济作物种植需要投入的肥料、人工、管理成本都较高，并且有的经济作物资金投入大、种植周期较长、经济效益回收缓慢，导致回收期也较长。例如橡胶种植，从幼苗到可以割胶需要 6~8 年的时间，在这期间无任何收入，而每年需要投入的化肥、农药成本是固定的，收入少支出多，资金缺口巨大，大部分家庭都存在资金短缺的状况。在调研组走访的 8 个寨子中（见图 9-2），橡胶种植还处于胶树培育阶段，大部分还未到开割期，开割比率最高的才 67%，大部分都在 50% 以下，这说明目前的橡胶种植仍处于前期投入阶段。调研组回收的 394 份有效问卷中（见表 9-4），除去系统缺失 15 份，在 379 份中有 372 户出现过资金短缺状况，只有 7 户没有出现过资金短缺状况，存在资金短缺状况的家庭占 98.2%。

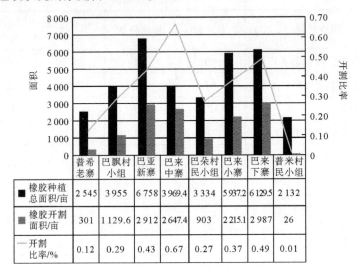

图 9-2　各村寨橡胶种植和开割面积图

表 9-4　是否有过资金短缺状况

资金短缺		频率	百分比	有效百分比	累积百分比
有效	没有	7	1.8	1.8	1.8
	有	372	94.2	98.2	100.0
	合计	379	95.9	100.0	
缺失	系统	15	4.1		
合计		394	100.0		

（二）资金缺口高于常态，小额信贷和扶贫贴息贷款难以满足

近年来基诺乡橡胶种植规模越来越大，橡胶作为投入多、见效慢、生长周期长的项目需要更多的前期成本支撑。在走访过程中我们了解

到，橡胶价格的高涨也推动了橡胶种植成本的高涨：如果种植橡胶胶苗，其价格大概在 3 元/株；如果购买成年胶树，价格则要高得多，7年树（一般 8 年开割）大概是 300 元/株，8~9 年树 400~500 元/株，10 年以上的树（10 年树才进入胶水高产期）价格在 500~700 元/株；每株橡胶树每年的肥料、农药、除草、管理等成本在 6 元左右；割胶通常都在晚上进行，若家庭种植胶树较多，到了割胶期人手不够还需要请人帮忙，由此产生的人工费大概是 60 元/株/年，平均每亩地可种植橡胶树 33 株。从种植胶苗开始到可以割胶每亩地每年的成本并不高，每年胶林的养护成本大概在 200 元，但是橡胶开割以前的 8 年时间里，种植户没有任何收入，而每年的管护却是必不可少的，只能先借钱或以其他方式来维持家庭开支，还要承担橡胶价格波动的风险。胶农若是选择种植可以开割的 8 年树，则每亩地种植一次性投入成本需要 13 000 多元，另外每年的管护、人工费用大概在 2 500 元。

关于种植橡胶的收益，调研组走访时橡胶的价格为 30~40 元/千克。不同树龄的产量不一，以平均每株树每年产胶 8 千克、30 元/千克来计算，每亩地每年的收入大概在 8 000 元。扣去胶树的一次性投入和每年管护以及人工费用，种植户要大概 3 年的时间才能做到收支相抵，第 4 年才会有所盈利，前三年家庭的正常支出仍然需要从其他地方来融资，所以普遍存在较大额资金需求。从实地调查收集到的数据来看（见表 9-5），对于期望获得的贷款额度，47.3% 的基诺居民希望是 1 万~5万元，即有将近一半的基诺族居民对资金的需求为 1 万~5 万元，另有近四分之一（24.1%）的居民希望获得的最低贷款额为 5 万~10 万元，远超过了小额贷款的额度；而对期望获得的最高贷款额有 39.5% 的人选择的是 10 万~20 万元，四分之一以上（25.7%）的人选择的是 5 万~10 万元。由此可以看出，基诺族居民在高成本、长周期的橡胶种植上所需要的流动资金数额较大，目前的小额贷款难以满足其需要。

表 9-5　期望获得贷款额度情况

期望贷款额度	5 000 元以下（含 5 000 元）	5 000~1 万元（含 1 万元）	1 万~5 万元（含 5 万元）	5 万~10 万元（含 10 万元）	10 万~20 万元（含 20 万元）	20 万元以上
期望获得最低贷款人数占比/%	7.20	14.50	47.30	24.10	6.30	0.30
期望获得最高贷款人数占比/%	1.20	4	17.50	25.70	39.50	11.60

（三）对融资成本过于敏感，资金价格弹性偏大

对居民们可接受利率的调查显示：47.7% 的人可接受的利率（年利率）在 5% 及 5% 以下，对 6% 的年利率有 20.8% 的人可接受，也就是说

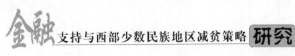

超过三分之二的人（69.1%）能接受的利率在6%及以下，其中绝大部分人能承受的利率在5%及以下（见图9-3）。但是对目前基诺居民借款频率最高的农村信用社来说，其小额贷款利率大概在9%，远高于大部分人能承受的5%及以下。当被问及居民所面对过的最高利息时，有70.7%的人表示曾经支付的利息在5%~9%，36.8%的人面对过的最高利息为9%，只有2%的人曾经支出过不超过5%的利息（见图9-4）。这说明以家庭为单位经营种植业的基诺族居民普遍认为目前的贷款融资成本较高，农业经济的弱势性使他们在融资方面所能承受的成本比较有限，与金融机构及其他融资方式所能提供的利率差距较大。

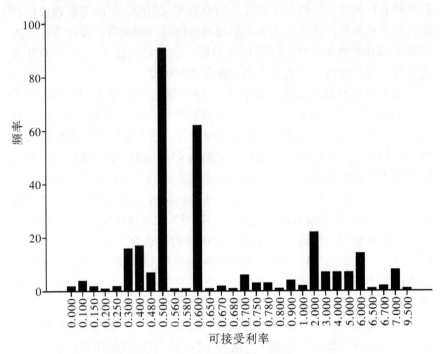

图9-3　可接受利率的分布图

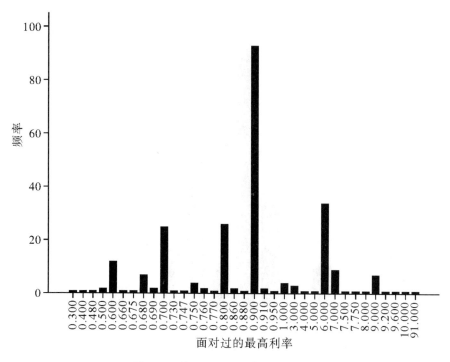

图 9-4　曾面对过的最高利率分布图

（四）融资周转期过短，贷款可延期或循环愿望强烈

根据我国相关监管部门的规定，需根据生产经营活动的实际周期来确定农户小额信用贷款期限，原则上不超过 1 年。如遇特殊情况，可延长部分生产经营周期较长或灾害修复期较长的贷款，其期限最长不超过 3 年，如用于温室种养、林果种植、茶园改造等特殊项目的贷款[①]。基诺乡橡胶、茶叶种植周期较长的固有特点客观上导致资金周转期限延长。调查显示（见图 9-5），基诺族居民期望的平均借款期限是 4.1 年，大概有 93.5% 的人希望借款期限在 1 年以上，79.3% 的人希望贷款期限在 3~10 年，其中，有 34.3% 的人希望是 3 年。这是农业小额贷款期限的上限，也与前文分析橡胶种植回收周期是 3 年不谋而合。另外有 22.8% 的人希望贷款期限是 5 年，超过了农业小额贷款的最长期限。由于橡胶种植业周期长的特殊性，基诺居民对资金周转周期的延长愿望十分强烈。

---

① 中国农业信息网. 我国规定的小额贷款期限多长［EB/OL］. http：//www. agri. gov. cn/V20/gw/xdnycyjs/ncshyjy/ncjrzs/201207/t20120719＿ 2796472. htm.

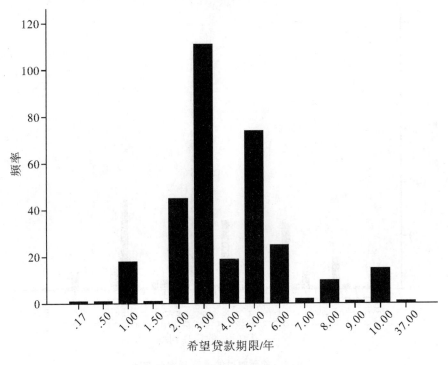

图9-5　期望的贷款期限分布图

（五）金融机构单一，资金来源渠道狭窄

调查显示，在有过借款经历的272户家庭中，有262户是从农村信用社贷的款；有1户在建设银行贷过款，有2户在农业银行借过钱；从私人和朋友处借钱的大概有5户。由此可以看出在基诺乡与当地居民打交道最多的金融机构是农村信用社，占到了当地居民借款来源的96%（见表9-6）。这与农村信用社近年来开展无抵押小额贷款密不可分，同时也说明了基诺乡金融机构的极度缺乏，仅有农村信用合作社1家金融机构为当地服务，而其他的金融机构由于在当地未设点，当地居民几乎不了解。基诺族居民的融资渠道十分狭窄，这种情况在我国其他欠发达地方也比较普遍。国有商业银行在进行股份制改革后，改变了其经营策略和经营目标，县及县以下分支机构和经营网点被大范围地撤销、合并，县域分支机构贷款权被大范围上收至上级行，使民族地区及其他欠发达地区的居民很难有机会接触这些商业银行。

表9-6　提供贷款的机构或个人

机构		户数/户	百分比	有效百分比	累积百分比
有效	缺失值	123	31.1	31.1	31.1
	扶贫办	1	0.3	0.3	31.4
	建设银行	1	0.3	0.3	31.6
	农信社	262	66.3	66.3	98.0
	农业银行	2	0.5	0.5	98.5
	朋友	2	0.5	0.5	99.0
	私人	3	0.8	0.8	99.7
	政府	1	0.3	0.3	100.0
	合计	395	100.0	100.0	

（六）金融生态不完善，居民对金融认知有限

在对当地居民就知道并了解的金融机构进行调查时，农村信用社的知名度最高，53.5%的居民知道农村信用社；排在第二位的是中国农业银行，有24.2%的人知道；对邮政储蓄银行有了解的人占11.7%；对保险公司有了解的人有9.1%；对证券机构有了解的人1.4%；而对其他金融机构有了解的仅有0.1%（见表9-7）。金融机构的单一性客观上也造成了当地金融工具和金融服务多样性的缺乏。调查显示，当地居民对金融服务的需求主要集中在存贷款业务上，58.1%的人对金融服务的需求是存款服务，29.3%的人对金融服务的需求是贷款服务，也就是说有87.4%的人认为他们所需要的金融服务是存贷款业务，而需要银行提供理财服务的人仅有1.9%（见表9-8）。由此可知，基诺族居民对金融的认知仅停留在提供给他们小额贷款的金融机构身上，同时他们也很关心与日常生产生活密切相关的资金周转方式，而对具有多样性、现代化的金融产品的认知是极度缺乏的。对股票、国债等这些常规的金融商品当地居民几乎不了解，对期货、期权交易等各种衍生金融产品的交易更是从未听闻过。这也极大地限制了当地经济发展所需的资本筹集渠道和居民的投资理财方式。

表9-7 知道并了解的金融机构频率

所了解的金融机构类别	次数		个案百分比
	数量/家	百分比	
农村信用社	372	53.5	98.4
农业银行	168	24.2	44.4
邮政储蓄所	81	11.7	21.4
保险公司	63	9.1	16.7
证券机构	10	1.4	2.6
其他金融机构	1	0.1	0.3
总计	695	100.0	183.9

表9-8 金融服务需求频率

金融服务需求	次数		个案百分比
	数量/家	百分比	
存款服务	432	58.1	114.3
贷款服务	218	29.3	57.7
资金汇兑	27	3.6	7.1
农业保险	49	6.6	13.0
理财服务	14	1.9	3.7
存放贵重物品	3	0.4	0.8
总计	743	100.0	196.6

二、贫困与反贫困的现状

人口较少民族聚居地大多位于中国东北、西北、西南边境地带，往往是高原、高山、盆地、沙漠等自然环境恶劣、交通通信闭塞的地区，贫困状况更加明显和严重。生活在西南边境的基诺族也不例外，处于山区，以种养殖业为生，在自然条件和社会发育程度的双重制约下，发展十分受限。但近些年在国家及省市政府的大力帮扶下，整个基诺族经济社会发展状况有了明显好转。当地从基础设施、特色产业、民生保障、民族文化、人力资源、组织保障等方面着手开展了全方位的综合扶贫，民众生活条件获得了极大改善，基本实现了《云南省扶持人口较少民族发展规划（2011—2015 年）》关于人口较少民族聚居地区基础设施和基本公共服务达到"五通十有"的目标[①]。通过对当地官员的访谈我们了解到，基诺族人均纯收入已与西双版纳人均纯收入整体水平基本持平，族群内绝对贫困人口在本民族总人口中的比例降到了 10%以内，贫困发生范围仅以个别村寨或个别家庭为主。

为进一步精准科学了解目前基诺族的贫困发展现状，我们在调查所取得的原始数据和科学考量当地发展实际情况的基础上，结合联合国千年发展目标所确定的贫困维度，采用多维贫困测量方法研究该地区贫困。多维贫困（multidimensional poverty）理论是由经济学家阿马蒂亚·森提出的，其核心思想是用客观指标来衡量贫困及人们对福利的主观评价，不再局限于以收入的货币标准来识别贫困。在多维贫困理论基础上，牛津贫困与人类发展中心（OPHI）主任 Alkire 和 Foster（2008）提出了多维贫困的测量方法。具体来说就是基于客观量化思想把贫困分解为各个可以识别的维度，对每个维度进行适当的赋值剥夺，根据每个维度的剥夺情况对地区的贫困状况进行总体评估。为了简洁明了地显示基诺族贫困状况，本书将从 10 个维度分别计算单维度贫困发生率。具体操作如下。

（一）维度的选取

贫困维度可以从家庭收入、教育状况、住房条件、社会保障等多方面选取。本书在数据可获得的基础上选取了家庭人口质量、家庭生产方式、社会保障状况三大类 10 个指标作为评定贫困的维度。

家庭人口质量包含了户主文化程度、子女就学情况、劳动力比重三个维度：户主文化程度能对一个家庭的价值观念、生产生活方式选择构成重要影响。子女就学情况会对家庭支出构成影响。由于义务教育政策的支持，民族地区民众子女在九年义务教育阶段付出的成本相对较小，对家庭支出影响不大；到了高中阶段以后，家庭需要支付的成本相对较高，会承受较大的负担。劳动力是家庭收入的源头，劳动力比重过低就会影响家庭收入来源。

家庭生产方式选择农业生产方式、非农经济活动、外出务工状况三个维度：农业生产方式不仅能衡量家庭收入状况，因为只有家庭相对富裕的家庭才有足够的资金购买农用机械，同时也反映一个家庭对现代化

---

① 数据资料来源于基诺族乡政府。"五通十有"即通油路、通电、通广播电视、通信息（电话、宽带）、通沼气（清洁能源），有安全饮水、有安居房、有卫生厕所、有高产稳产基本农田（经济林地）、有学前教育、有卫生室、有文化室和农家书屋、有体育健身和民族文化活动场地、有办公场所、有农家超市（便利店）和农资放心店。

生产方式的认知；非农经济活动对以从事农业生产活动为主的民族地区民众来说是一个很大的突破，是一种家庭"开源"的方式，能有效扩展家庭收入来源结构；外出务工相对于农业生产是一种新的谋生方式，这意味着既能改变家庭单一的收入来源，又能获得新思想、新观念，外出务工者更易于接受对传统生产生活方式的改变。

社会保障状况包含了扶贫项目参与状况、养老保险参与情况、医疗保险参与情况和道路建设状况。扶贫项目是国家针对贫困人群而展开的扶持，只有符合贫困标准的人群才能获得支持。养老保险和医疗保险是衡量社会保障水平的重要标志。虽然国家对农村的养老保险和医疗保险给予了特殊政策，但没有经济实力的民众仍然无力购买。而把道路建设状况归到社会保障类是因为基诺族居住在山区，而且是散居，道路建设成本较高，靠近公路的家庭能获得更多额外的便利条件，减少了"肩挑背扛"的成本，这也是一种社会福利。

（二）剥夺临界值的确定

剥夺临界值的确定，即贫困识别。需要先给每一个维度定义一个贫困标准；然后，在确定的贫困标准指导下识别每一个个体在各维度上的贫困状况。通常的做法是采取 0—1 模型，即如果个体在某维度上是贫困的，就会被视为剥夺并赋值为 1，如不被剥夺就赋值为 0。我们对选取的 10 个指标进行了维度剥夺临界值的选择（见表 9-9）。"户主文化程度"越高表示户主越易于理解并接受新事物，也能更好掌握新技术。户主文化程度剥夺将户主文化程度在小学以下的视为被剥夺。"劳动力比重"低于 0.5 表示有效劳动力不足，家庭劳动力结构的不合理也会导致贫困程度的加深。"子女就学情况"是从家庭所承担的子女教育成本来衡量的，子女所受教育水平越高表明家庭支付的成本越高，也是基诺族家庭致贫的重要因素。若子女受教育水平在高中或大专及以上，就将此维度剥夺。"农业生产方式"将没有现代农用设备的视为被剥夺。其他赋值类推。

表 9-9　贫困剥夺临界值表

符号	维度	剥夺临界值
X_1	户主文化程度	小学（包括小学）以下 = 1
X_2	劳动力比重	小于或等于 0.5 = 1
X_3	子女就学情况	子女在高中或大专及以上就学 = 1
X_4	农业生产方式	未拥有拖拉机、农用车或其他柴油设备 = 1

表9-9(续)

符号	维度	剥夺临界值
X_5	非农经济活动情况	没有非农经济活动（经商、建筑、运输、承包工程）= 1
X_6	外出务工比重	没有外出务工收入 = 1
X_7	扶贫项目参与状况	家庭参加过扶贫项目 = 1
X_8	养老保险参与情况	没有参加养老保险 = 1
X_9	合作医疗参与情况	没有参加合作医疗 = 1
X_{10}	道路建设情况	房屋周围未通水泥路 = 1

（三）单维贫困估计结果

在确定临界值剥夺的基础上，通过对样本户单维贫困发生率的计算发现（见表9-10），基诺族单维度贫困比较突出的几个维度是：扶贫项目参与情况。基诺族居民每个家庭都曾参与过至少一个扶贫项目，这表明当地居民都符合国家扶贫标准，仍是需要扶持的对象。非农经济活动情况。89%的家庭是没有从事非农经济活动的，主要从事种养殖业，在当地橡胶种植比较火热的推动下，很多人都跟风选择了橡胶种植。事实上橡胶种植是极具风险的，调研组在当地调研期间，橡胶的价格都出现过一定幅度的波动。外出务工比重。83%的家庭没有人外出务工，这与调研组实地走访时看到的情形基本一致。在寨子里大部分家庭一般都看得见晚上割胶白天在家休息的人。劳动力比重。45%的人家庭劳动力不足，主要是因为当地超过60%的家庭都有两个及以上的小孩，家庭总人口数比较高，而有效劳动力不足。户主文化程度。44%的户主文化程度在初中以下，文化程度的不高客观上决定了家庭会选择低水平的种养殖业作为家庭支柱产业。文化程度的限制带来思想观念的狭隘，也影响其他发展谋生手段和能力的获取。需要特别说明的是，随着新型农村合作医疗和新型农村养老保险的大力推广，全国各地农村在医疗保险和养老保险这两块基本保障政策上取得了长足的进步，特别是新型农村合作医疗的普及遏制住了大多数弱势群体因病致贫、因病返贫的现象。在基诺族当地，只有17%和12%的家庭没有参加养老保险和医疗保险。

表 9-10　单维度贫困发生率

维度	贫困发生率/%	维度	贫困发生率/%
X_1	44	X_6	83

表9-10(续)

维度	贫困发生率/%	维度	贫困发生率/%
X_2	45	X_7	100
X_3	20	X_8	17
X_4	25	X_9	12
X_5	89	X_{10}	28

总结起来,基诺族目前的发展困境主要体现在几个方面:

其一,经济结构简单,家庭收入来源单一。基诺族居民收入来源以橡胶、茶叶种植为主,这种以自然条件决定生产效率的产业,人的主宰性很小,需要承受由天气、地理环境所带来的风险。其二,地区经济薄弱,产业多样性缺失。地区内工业没发展起来,也没有乡镇企业,橡胶、茶叶、砂仁等优质原材料在没有技术和设备的条件下,无法进行深加工获得高附加值,同时也造成当地民众就业渠道狭窄,无法参与非农经济活动。其三,思想观念保守,劳动者素质不高。大部分民众文化水平不高,市场意识淡薄,对新技术、新生产方式的接受度不高,重农轻商思想严重,安于现状,缺少发展意识,对现代商品经济事务和金融思想认知较低。其四,环境脆弱性突出。天然橡胶产业是基诺乡经济发展的支柱产业,橡胶种植为基诺族的减贫发展做出了很大贡献,但大面积橡胶种植也给当地带来了生态困惑。基诺山水土流失严重,村寨缺水现象突出。在调研组走访期间,常可以碰到村民骑着摩托车或开着农用车去十几二十千米外的水源地拉水,当地村民也认同村寨缺水和大面积种植橡胶有很大关系,民间有种说法:"一棵橡胶树就如同一台小型抽水机,中科院勐仑植物园关于橡胶林与水土保持之间关系的研究显示,天然林的年蓄水量是25立方米/亩,能够有效保土4吨,而产前期橡胶林造成的年土壤流失量1.5吨/亩,开割橡胶林每年吸取地下水量为9.1立方米/亩。"[1]

第四节　基诺族金融支持减贫效应弱化的成因分析

人口较少民族的贫困状态是由多因素综合影响形成的,分析单独某

---

[1] 西双版纳旅游信息网. 橡胶暴利致使版纳毁林种胶 生态环境受严重影响〔EB/OL〕. http://www.bnlyw.com/bencandy.php?fid-117-id-1908-page-1.htm.

一方面因素的限制、制度的缺失对整个状况的认识是有失偏颇的，只有从外生因素和内生因素两方面综合分析，才能更加全面地剖析其发展滞后的真正根源。

一、外生因素

（一）区位地缘劣势阻碍了经济社会发展

经济学家托达罗（M. P. Todaro，1969）就曾指出："几乎所有第三世界国家都位于热带或亚热带地区，而历史事实是，现代经济增长一切成功的范例几乎都发生在温带国家。这种现象并不是出于巧合，而是与自然环境所带来的特殊困难有直接或间接关系。"[①] 这主要是因为自然区位条件中的地理位置、气候环境和自然资源会对一个地区的发展产生决定性的影响。基诺族生活的基诺山地带多山少平地，农业生产条件较差，传统农业赖以存在的耕地资源匮乏。本调研组走访的 8 个寨子或村民小组中，人均耕地面积仅 1.3 亩，远低于西双版纳全州农业人均耕地 2.48 亩的水平。另外，基诺族散居于山上，远离经济辐射中心和区域增长极，所能接收到的区域增长极的辐射极为有限；基诺乡离云南经济政治中心昆明市有 700 多千米，较少受到省会城市特有的资源、政策优势溢出效应的影响。虽然基诺乡与西双版纳州首府景洪市的直线距离仅有 27 千米，但各村寨因为山上道路崎岖、交通不便，封闭了资源、信息的流通，市场参与程度较低，维持着自给自足的小农经济形态。在交通不便和交易成本较高的情况下，即使有剩余产品也难以通过市场交换提高收入。这不仅阻碍了基诺族居民从外界获得信息资源、先进技术、生活便利等，而且进一步影响了金融资源的流入。金融资源在进入一个相对封闭的经济社会里需要更多的成本来了解市场、建立关系、经营运作、降低损耗风险等。如果获取的收益低于这些成本，那么金融资源是没有动力进入这个区域的。

（二）单一产业结构导致金融支持缺乏着力点

据宋旺（2006 年）、贺晓波（2009 年）的实证研究，金融支持对第二产业的效果是最明显的。因为第二产业对资本需求量较大，同时第二产业资本需求的价格弹性比较强。第一产业通常管理方式粗放、效益低下，所需资本要素较少，同时第一产业中的种养殖业抵御自然灾害和市场风险的能力都较差，加之抵押物缺失，这些导致了金融资源很难向

---

① 托达罗. 第三世界的经济发展 ［M］. 于同中，等译. 北京：中国人民大学出版社，1988.

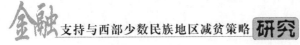

第一产业倾斜。基诺乡居民作为世居民族，产业结构相对单一，主要从事的都是传统农业，仍然停留在靠山吃山、靠水吃水的层面上，农业产出还完全依赖于劳动力投入、气候环境等，天然的脆弱性导致其经济总量十分弱小。基诺族既没有立足于当地资源的支柱产业，也没有农林牧加工企业，更没有村寨集体经济，经济基础相当薄弱。当地居民虽然近年来大规模发展橡胶种植，但大都是以家庭为单位进行最原始、粗放的经营；仅仅提供橡胶加工业所需的原材料，属于产业链的最底端，附加值较低。当地未形成对橡胶纵深开发的产业体系，无法获得橡胶品生产或贸易中的高额利润。缺失支柱产业，没有稳固的特色产业做支撑，金融的支持作用就难以找到着力点。

（三）金融机构缺乏支持人口较少民族发展的内在激励

以追逐利润最大化为目标的金融机构，出于成本和收益的双重考虑，涉足人口较少民族地区的业务意愿并不强烈。一方面，这些地区金融服务成本较高。主要原因在于这些地区经济实力单薄、受自然地理环境制约，而且贷款大多具有金额小、笔数多的特点，金融机构在这些地区吸收存款、发放贷款和回收贷款的成本难以控制。另外，在民族地区开展有关资金政策性业务时，金融机构几乎无利可图。在调研过程中，我们了解到农村信用社在为当地粮食直补、退耕还林等补贴资金提供服务时，仅能获得极低的手续费，大大超过了提供服务时所耗费的人工成本。另一方面，人口较少民族地区资金质量较差，由于经济实力的限制和人口较少民族地区民众思想观念的局限，很多信贷资金都被当地居民认为是一种财政补助，遭到了恶意拖欠。金融机构在不良贷款率的考核下出现"惜贷"现象在所难免，甚至会有金融机构假借扶贫贷款的名义发放商业贷款，利用利率优势抢占市场，造成了地区金融市场的混乱。收不抵支的困境和资产不良率居高不下的窘境，使金融机构在支持人口较少民族地区减贫发展和金融机构自身生存发展的两难抉择中选择了后者。

二、内生因素

（一）跨越式发展难以跟上现代经济社会发展节奏

新中国成立后，基诺族是在外力推进下从原始社会形态直接来到现代社会的，就如一个"早产儿"，其生产方式、价值观念、商品市场关系等还没发育完善，耕作方式原始粗放、平均主义思想严重、商品和竞争意识缺乏等特征依然突出。这与主体社会变迁、改革、发展格格不入，导致该地区出现经济社会发展"适应障碍综合征"。社会发育不成熟会影响到该地区社会分工的参与、市场经济的进入以及资本要素的形成，具体体现在：难以支撑现代社会的市场体系，在有限的市场空间里，商品稀少、流通缓慢、有效需求供给不足，金融、技术、信息等要素很难发挥作用。在不完善的市场体系中，价格不能真实反映供求水平的变化，也不能对稀缺资源进行合理配置以实现效用最大化，最后迫使经济在低效率层面运行，经济金融资源难以在贫瘠的经济基础上扎根生长。

（二）思想观念和受教育程度阻碍对现代经济信息的认知

谋生技能和谋生动力（进取心、自信心等）是人力资本质量的重要衡量标志。现代社会中人力资本质量越高，掌握的谋生技能越多，生产率就会越高。个体谋生动力越强，创造的缓解发展困境的机会就越多。人力资本质量是由价值观念和受教育程度决定的，人口较少民族地处偏远，远离经济政治文化中心，同时受到民族信仰、传统习俗的影响，依然坚守着传统的思想，其粗放的经营方式和仅满足温饱的心态导致人们思想观念较为落后。在现代信息社会中，受教育程度对人力资本质量的影响是基础性的。文化程度越高，对精细化和专业化分工所需要的技能掌握越好，就越能获得更多的稳定收入，其贫困发生率就会越低。特别是户主的文化程度对家庭人力资本水平的高低起着决定性的作用。

据相关统计：户主是文盲或半文盲的农户，家庭贫困发生率大概为7.9%；小学文化程度的户主所在的家庭贫困发生率为4.7%；初中文化程度的为 2.5%；高中文化程度的为 1.8%；中专及以上程度的仅为0.6%[1]。调查显示，我们的受访样本中，小学文化程度的户主占42.5%，初中文化程度的户主占47.2%，高中文化程度的户主占6.2%，大专和本科以上的仅有0.5%，文盲程度的户主比例相对来说并不高，仅占2.1%（见图9-6），这与国家一直以来推行的教育为本政策密不可分。但是当地部分人仍存在一种心理，就是上学只要能识字、会算数就行，不会追求较高的文化水平。也许正是这种心理阻碍了其与外界的交流，导致其丧失了获取信息的机会，我们在当地调研时，仍有一部分人还未掌握普通话，只能用基诺族语进行沟通交流，老年人大多不会讲普通话。

（三）社会资本转型重构难以适应市场意识和商品意识

长久以来，基诺族居民在自己的"民族圈子"内形成了基于血缘、地缘、亲缘关系的社会关系网络，这种社会关系网络基本能满足基诺族

---

① 孙珊珊. 我国农村金融发展对贫困减少的影响研究［D］. 长沙：湖南大学，2011.

居民生产生活和社会化需求。由于群体成员间的信任、共同的生活方式和同等社会地位形成了约定俗成的社会规则和共同社会心理，每个成员会自觉去遵守或维护以保证群体的规范和平衡，对制度性或组织性的社会关系黏合剂需求并不十分强烈。一旦制度性的社会规范和正式的社会组织介入，群体已有的社会关系网络将受到外来社会关系的冲击，群体成员在活动方式、情感体验等方面会出现难以适应的现象。随着商品经济时代的到来和现代生活方式的逐渐普及，正式的社会组织和社会制度取代了过去非正式社会组织和非正式制度，市场经济方式将带给群体成员充满危机感和竞争的快节奏生活，广泛的社会交往以及开放的、多元的和多价值取向的生活态度等。这对基诺族自给自足的生产生活形态构成极大冲击，他们被迫在市场化的现代社会中领悟自身角色，在情感认同、生产方式、生活习惯等方面进行角色转换和心理适应。基诺族居民对市场意识和商品意识的适应需经历一个艰难而漫长的过程①。

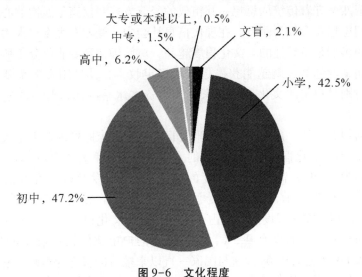

图9-6　文化程度

第五节　金融支持人口较少民族减贫发展的可行方向

当前形势下，人口较少民族由于经济根底单薄，经济社会发展处于起步阶段，金融支持弱化特征明显，制约着地区发展的总体进度。人口

---

① 王爱苹，孙超英.四川城镇化进程中农业转移人口市民化的困境与应对：以成都、广元两市调查为基础［J］.中共四川省委省级机关党校学报，2014（2）：103-108.

较少民族地区要突破当前发展困境，需在考虑多种影响因素、调剂各种资源的基础上，加大金融支持减贫发展力度。

一、增强地区实力，培养金融支持减贫发展的内生动力

金融支持内生动力不足的根本原因在于人口较少民族地区思想观念落后、经济发展滞后、产业支撑体系不健全等。长期的贫困减少来自地区实力的增强。增强地区发展实力既要打好人口较少民族地区的"经济基础"，又要从"上层建筑"上进行民族思想观念的革新，以及推广现代市场经济的思想。金融机构的"嫌贫爱富"是对区域经济实力的一个很好的反向激励，人口较少民族只有在地区发展实力较强的前提下才能为金融支持搭好平台。首先，需要转变过去传统、低效的发展方式，即从粗放式初级产品生产转向集约型产成品加工，延长产业链，在地区资源优势基础上，进一步提高产品附加值。这样既有助于调整地区经济结构，又能增加民众非农收入，改变高风险的单一收入来源。其次，力促"资源搭台，经济唱戏"，在人口较少民族地区创造良好的投资环境，因地制宜发挥地区优势。在公共财政投资基础上，以特色资源吸引私人投资，培育第二、三产业，搭建地区产业体系，为地区创造更多的就业机会，为民众提供更多的收入途径。最后，需要从教育和培训等方面提高人口较少民族地区人力资本的质量。制约相对落后的欠发达地区发展的因素除了自然条件、资金等外，还有一个关键因素就是劳动力素质和人力资源质量。要从根本上改变落后，必须将教育放在优先发展的位置，引导民众树立重视教育的理念，提升劳动者个体素质，改变传统守旧的思想观念，接纳并融入市场经济浪潮，运用市场意识和商品经济指导生产生活；同时加大对农业技术的培训力度，使人口较少民族地区人口的整体素质得到有效改善。

二、重构政府与市场边界，明确政府在金融减贫中的角色定位

从本质上说，商业性金融机构的生存发展与减贫发展本身是没有内在联系的。在我国，商业性金融机构即使被赋予了金融扶贫的任务，也不会投入过多的精力而以此为其主业，每个金融机构都有以利润来源为驱动的主营业务。减贫本身是国家政府为追求全社会平等获得发展机会和共享发展成果的社会福利事业，若过分追求金融机构所奉行的理性经济和制度主义结果，就会使资金偏离减贫发展轨道；若过分追求福利主义，就会导致最具活力的资金被挤出这一行业。协调两者之间关系的关

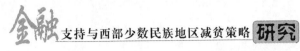

键在于重构政府与市场的边界，这也是金融支持地区减贫发展成败的关键。

首先，充分发挥政府在地区减贫发展中的资金导向作用。针对营利性不强、商业金融不愿介入、具有典型公共产品特征的减贫发展进程中的基础设施建设，政府可以通过提供政策性贷款、政策性担保以及政策性保险引导资金进入。政府还可发挥"投资指南针"的作用：一是国家及地方政府可通过政策性银行对当地成长性产业、基础设施等进行先行投资，让商业性金融机构理解国家政策，积极主动参与其中；二是为降低商业资金融资成本，可通过贴息或低息保证各类金融机构和社会资金应有利润，为投资资金的注入创造条件；三是国家或地方政府可"筑巢引凤"，在基础产业、基础设施等方面进行投入，创造良好的条件吸引各类商业资金的投入。政策性金融是政府克服民族地区金融资源天生不足的一种有效方式。

其次，充分调动金融资源融入人口较少民族地区的积极性。由前文分析可知，在地区减贫发展过程中，与商业信贷业务相比，扶贫相关业务的成本相对更高，出现了收不抵支的状况，使金融机构支持减贫发展的积极性不足。为保证金融对人口较少民族地区的持续支持，可适当给予金融机构根据需要灵活确定利率的权利，根据贷款品种不同实行差别利率。在存贷款利率上，给予民族地区适当的定价自主权，允许民族地区在基准利率上有更大的浮动空间，便于民族地区的金融机构既能吸收到资金，又能追逐到合理利润，增强其进入民族地区的意愿。民族地区金融资源的贫乏长期客观存在，亟须金融资源的投入，而大量的民间资本以及外资银行常常又缺乏投资目标。如能使两者有效契合，在加强规范管理的基础上适度引进国内外金融机构进入民族地区，在市场准入上提供便利，将会起到雪中送炭作用。

总之，在金融支持人口较少民族地区减贫发展过程中，政府需发挥"守夜人"作用，避免在参与市场的过程中越位，政府应当给予微观经济体更多指引，必要的时候提供适当的支持，给市场留下能发挥作用的空间。

三、加强金融体系建设,切实支持人口较少民族地区减贫发展

人口较少民族地区金融业本身发展的"错位"和"偏轨"是造成地区金融支持弱化的重要原因之一。商业性金融机构在民族地区往往成为资金外流的重要渠道，起了"抽水机"的作用，导致大量民族地区的资金倒流至发达地区，从而进一步造成民族地区信贷资金的不足。一

是国有四大行提高了欠发达地区的贷款门槛，大范围压缩基层分支机构和营业网点；二是股份制商业银行等金融机构将从民族地区吸收到的大量资金投向收益较高的"优质"客户，使民族地区"劣质"客户的资金需求难以获得支持；三是民族地区农村信用社、农商行等区域性银行体系并不完善，很多机构还处于股份制改革过程中，产品陈旧、运行效率低下，难以为当地发展提供进一步支持。另外，金融机构的过度单一，也难以满足人口较少民族地区发展的多种需要，导致民族地区融资渠道不足。

为此，人口较少民族地区目前遇到的紧迫任务便是构建一个多层次的金融市场体系，这个金融市场体系需要功能完善、分工合理、竞争有序等。可以重点从以下几方面着手：一是对民间借贷行为给予适当容忍，在可监管范围内、规范发展前提下可以给予其一定的生存空间。人口较少民族地区经济往来通常都是基于人情关系的社会网络，资金周转具有浓厚的感情色彩，应对民族地区带有互助性质的借贷方式在合理范围内予以规范和支持。二是鼓励农村合作银行、村镇银行等中小金融机构立足县域、服务"三农"和民族地区实体经济。人口较少民族地区大多存在小规模的个体工商户和微型企业，针对它们期限短、数额小的资金需求，可以适当发展农村商业银行、村镇银行等以解决其短期小额资金难题。三是进一步深化民族地区商业性金融机构改革，引入市场化运行模式。可以通过引入竞争性的金融机构来满足地区相对多样化的金融需求，让民营资本充分进入人口较少民族地区金融市场。可适当降低人口较少民族地区的机构准入门槛，如从牌照发放等方面加大对新金融机构的进入支持。在传统金融机构不愿涉足或已经撤出的地区鼓励其他形式的金融机构进入，这一方面能提供充足的资金支持，另一方面又能发挥"鲶鱼效应"，激发金融机构的活力。

四、推进金融创新，探索人口较少民族地区金融减贫新途径

目前，人口较少民族地区金融机构所拥有的金融业务基本相似，而且都是最基础的，与银行传统业务没有多少差异，也很少有地域民族特色金融产品，难以满足人口较少民族地区多样化的金融需求。然而民族地区经济社会发展与非民族地区经济发展存在较大差异性，金融机构应该在充分考量民族地区社会经济特殊性的基础上，提供差别化金融服务方案，包括民族特色金融新产品、地区特色化服务等。为此，民族地区金融发展需要创新业务种类，定制地方特色金融产品，丰富金融工具。

首先是实现表外业务创新①。在相对比较落后的人口较少民族地区，金融机构的表外业务几乎空白。人口较少民族地区多以种养殖业为主，与种养殖业相关的期货期权交易还处于未起步阶段，对其加以引导，吸引投资资金进入，扩展融资渠道具有较大潜力。如橡胶种植，在当地橡胶特色农产品优势区建设基础上，可以引进橡胶期货期权交易，实现产品预售，保证胶农收益。其次是中间业务的创新。作为金融业未来新的利润增长点，大力推动其创新已不可逆转。但是不能忽视的是，人口较少民族地区有着自身特色，在金融业务需求上与较发达地区有差异。为此，在已有经验上应加强对相关业务的改良，比如针对人口较少民族地区理财意识还不深入人心的情况，注重个人理财产品风险的控制、理财门槛的设置；在质押抵押贷款方面积极开办小额存单质押、相关有价证券质押贷款业务。总之，要根据人口较少民族地区发展实情和金融发展状况，引入多种抵押质押融资方式，包括订单融资，应收账款融资以及农机具、农民住房抵押等，丰富中间业务领域，完善民族地区的金融服务。

五、金融支持人口较少民族减贫发展需突出参与式开发

项目参与式开发更易取得成功在国际上已取得共识的。项目受益者的参与，加上地方官员或 NGO 组织的协调配合，普遍比缺乏参与的项目更易获得成功。目前，金融支持人口较少民族地区减贫发展过程中民众的参与度并不高，地区减贫项目的确定，资金的筹集、分配以及具体支持模式都由政府部门和相关金融机构来决定，而作为利益攸关方的民众既无发言权也无决策权；这不仅会影响项目决策的科学性，也会在一定程度上忽略掉人口较少民族民众自我发展积极性和真正诉求的表达。联合国开发计划署曾指出中国在让人们参与决策涉及自身利益的事务上发展较缓慢②。为此，要充分调动各参与者的积极性并发挥其主体性、能动性和创造性，制订出满足各利益攸关者相关诉求的方案，就得吸收人口较少民族的民众主体平等参与，共同协调、对话、互动。要实现可持续减贫发展，减贫对象的亲身参与、其权利的赋予以及他们自身实力

---

① 黄达. 金融学 [M]. 北京：中国人民大学出版社，2009. 表外业务（OBS）通常是指银行类金融机构不列入资产负债表内的业务。这类业务不会影响其资产负债总额，仅仅影响当期损益，通过资产出表可以改变银行资产报酬率，主要是指各类金融衍生品业务和结算、咨询等无风险类业务。

② 联合国开发计划署驻华代表处. 中国人类发展报告：人类发展与扶贫，1997 年（总论）[J]. 科技导报，1998（9）：59-61.

的改善都具有举足轻重的作用①。

参与的主要方式就是人口较少民族民众参与金融经济社会事务，获得表达利益诉求的机会，并在项目的立项备案、实施执行、监管考核过程中保持常态有效互动。具体实施过程中，由于人口较少民族地区金融经济宏观环境的缺乏以及民众认知能力的限制，"参与式"金融的首要任务是开发能与民族传统共鸣的金融服务方式，引导地区民众注意和理解金融，力求使金融"嵌入"当地文化。一方面，金融机构以及政府部门需要加大金融知识的宣传，普及金融常识，提高金融意识，可以通过多种形式增加民众对基本金融产品的认知。如通过金融机构与政府合作，在国家惠民补贴上提供相应的低手续费和无手续费的服务，增加民众对金融机构的接触机会，提升其对金融机构的好感度，为地区民众提供便利的同时也强化他们的金融消费习惯。另一方面，开发金融产品和服务要立足人口较少民族地区经济发展阶段现状，要致力于打造当地民众能接受且能很好调动其积极性的金融产品，鼓励和培养少数民族民众加入金融业。由于语言和文化背景的相似性，增加少数民族的工作人员既能增加金融机构和地区民族的情感沟通和认同，又能更好地推进当地的金融服务。

---

① 国务院扶贫办外资项目管理中心，亚洲开发银行 . 中国农村扶贫方式研究［M］. 北京：中国农业出版社，2002.

篇四 政策建议
——减贫策略的选择与实施

通过前文的理论、实证分析，本书认为，在西部民族地区存在通过金融支持发展来减缓贫困的可能。而结合民族地区的发展特性，本书认为减贫策略应当从参与式金融开发和差别化发展两个方面制定。这些减贫策略，至少应当包括但不限于：大力发展微型金融，对民间金融进行鼓励、支持、引导以满足民族地区低收入群体和微型企业小额度的金融服务需求；强化民族地区非官方参与者的主体意识，适当地推进参与式金融开发；充分尊重民族和民族地区的传统习俗，鼓励弘扬民族金融文化，推行差别化金融发展战略；推动金融支持地区实现从"输血式"发展向"造血式"发展转变，借助金融支持外力，启动民族地区发展内力、完善民族地区减贫措施等。

第十章 参与式金融开发

　　长期以来，我国的扶贫工作主要有两个维度：一是广义扶贫，针对贫困以及泛贫困群体；二是狭义扶贫，仅针对社会特定领域的贫困阶层，如城市下岗低收入群体等。在相当长的一段时期，我国扶贫工作都是广义扶贫，而且几乎所实施的扶贫规划都是自上而下的，基本忽视了贫困者自身的诉求及参与扶贫者的主动性和创造性。21世纪以来，国家相关扶贫部门很快意识到这一历史顽疾，迅速调整了扶贫思路与扶贫步骤。最显著的变化就是将之前的扶贫目标县级瞄准细化为村级精确瞄准，实施扶贫"到村到户"工程，并以整村扶贫推进的形式展开。参与式村级扶贫规划则是整个工程的"施工图纸"。

　　无疑，参与式扶贫提升了扶贫的效率，赋予了贫困者自我发展、自我造血的主人翁地位及相应的决策、监督权力，改变了传统模式下由扶贫主体确定项目运作流程和程序的现状，使得金融、财政等的扶贫资源配置更趋合理，同时也使得扶贫载体或致富项目更加符合当地实际，从而真正做到惠及贫困民众并增强其自我发展能力。随着参与式扶贫项目的推进，客观上也要求政府机构实行"善治"，在贫困者充分参与的条件下构建社区管理、村庄管理长效机制，并营造风清气正的良好社会环境。参与式扶贫开发的过程也是扶贫观念转变的过程。参与式扶贫开发模式，更加强调贫困治理的多元化、动态化、平等化，尤其注重对贫困人群的赋权，充分体现主人翁自力更生、自食其力的风采。

第一节 参与式金融开发的界定

　　"参与式扶贫"这一概念的雏形产生于20世纪90代，当时是世界银行等国际组织扶贫项目推动的"舶来品"，迅速在广大农村地区实践推广，引起了贫困群体的共鸣，其影响力延伸至了我国扶贫政策的顶层设计。《中国农村扶贫开发纲要（2001—2010年）》颁布后，国务院扶贫办就明确指出，参与式扶贫与整村推进是我国新时期扶贫的重要抓手。这标志着参与式开发扶贫作为开发扶贫模式的升级版，已经被官方正式确定了。经过实践检验，2011 年《中国农村扶贫开发纲要（2011—2020 年）》进一步丰富了参与式扶贫理念的内涵，指出要强化指导，解放思想，在尊重扶贫对象主人翁地位的基础上，提升其参与扶贫活动的积极性与创造性。2013 年 11 月，习近平总书记在湖南湘西考察时，首次提出了"精准扶贫"的战略构想。该构想明确提出各地要因地制宜，瞄准不同贫困致因的贫困群体精准扶贫，多方发力聚集，充分尊重和调动贫困者脱贫的主动性与积极性。多年的实践证明：金融开发、金融扶贫作为贫困地区尤其是西部民族地区扶贫的有效手段，采用参与式理念或参与式方法可以明显提高绩效，达到事半功倍的效果。同时，将参与式扶贫理念与方法贯穿于金融减贫整个过程所带来的经济社会效益将超过预期目标。

一、参与式理念的溯源

（一）参与式理念的由来

"参与式"理念被赋予学术价值是在 20 世纪 40 年代，由康奈尔大学教授 Norman U. Phoff 率先提出。他认为经济社会发展或进步不是纯粹的执行行为，而是应该履行受益方的角色参与、监督和评价发展或进步的全过程。到了 20 世纪七八十年代，由国际援助组织、非主流派经济学家、社会学家和发展工作者为主要构成单位的推动者对扶贫项目所产生的经济社会效益产生了质疑：为什么嵌入式的外部援助模式减贫、反贫困效果不甚理想？尤其是在历经 20 世纪 50 年代至 60 年代联合国倡导的发展中国家"第一个发展十年计划"（1960—1970）和广大发展中国家经济发展、民生改善等发展理念在实践运行中效果欠佳的情况下，全球广大"南南国家"经济发展停滞或有增长但社会进步不显著、经济"量"增长但"质"未提高的现象极为普遍。在该阶段，一些学界及实务界人士针对"经济增长即是发展"的主流观点产生了怀疑，并继而在反复思索及论证的基础上提出可持续、人本为先的发展观。从实践层面具体来看，第二次世界大战后启动的南北合作发展项目的初衷，是通过发展干预、改变发展中国家贫困人口恶劣的生存环境，并通过经济发展改善贫困的现状。

在新思潮的引领作用下，相关国家或地区在 20 世纪 60 年代实施了一套以援助项目为载体的"技术转移"模式。其成型的做法是将欧美发达国家的先进农业生产的产物如机械、化肥、新品种等以及配套的制度体系借助具体援助项目等方式传输或复制给扶贫群体。然而这套模式成效并不显著，反而出现了贫富差距进一步拉大、社会结构两极分化和绝对贫困人口激增等现象。从最终的实践效果来看，扶贫项目惠及群体出现了严重的"错位"现象，实际获益者不是国际贫困线以下的农户，而是自身资本实力雄厚的土地所有者。最具代表性的例子莫过于在巴西、墨西哥等拉美国家实施的"绿色革命"。"绿色革命"不仅没有给当地的自耕农带来可观的收益，反而加剧了当地贫富分化。与此同时，相关转移模式还给受援国或受援地区带来了诸如产业结构、农村经济体制及社会分配结构等领域的强烈冲击。诸多实践促使一批研究学者、决策机构反思和批判原有外援者话语权占据主导的技术和制度"输入式"援助模式或践行手段。

从上述分析来看，传统援助模式在制度及方法两个维度上均遭受了极大的挑战和压力。同时，传统发展援助理念过分强调了对经济增长的重视，而忽略了对财富公平分配的考虑以及社会不同阶层对社会资源及财富决策分配的参与度。不仅如此，传统发展方法的瓶颈日渐突出并在实践中面临困惑。这些困惑主要有：第一，片面关注经济增长，忽视财富的合理分配，尤其是忽视社会弱势群体被边缘化现象。第二，第二次世界大战后外部援助制度实践效果不理想，其深层次原因在于本土文化、本土价值观、本土经济社会发展模式与外来制度、外来文化"不兼容"。第三，技术转移模式的结果表明贫困农户并未在技术转移过程中获益或使生活有质的改善。第四，方法遭遇尴尬，传统模式命令式的操作方法在实践中往往事倍功半。第五，经济发展带来了诸多影响老百姓日常生活的社会问题，如环境污染问题、资源浪费破坏问题与社会结构分化等问题。第六，经济社会发展主体与客体的错位。在传统发展模式下，被援助的对象或减贫的对象往往都被视为客体，天然地被置于被动接受的地位，其自主性和创造性没有被充分正视。第七，干预式发展模式效率低下，缺乏目标群体的群策群力，常常使政策实施效果打较大折扣并与既定目标发生较大偏离。

基于此，在学界及相关决策层反复思考及修正的基础上，一种全新的、有助于充分调动受援群体积极性和主动性的"参与"理念及方法开始受人关注。20 世纪 80 年代，在传统参与式理念基础上，基于发展视角下的参与式理念得到修正并形成了一套学以致用的理论体系。这一体系源于罗伯特·钱伯斯（Robert Chambers）持之以恒的追求和完善。到了 90 年代，"参与式"理念伴随着学术研究及实践进程得到进一步丰富和完善。其覆盖的领域涉及利益牵绊相关群体、集体决策机制和信息资源互动共享机制等多个方面。"参与"与"参与式"虽一字之差，但表达的含义大相径庭。参与式寓理念于实践的理论体系从一开始就焕

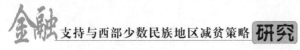

发出了强大活力，基于参与式理念的各种方法及研究范式在广大发展中国家的研究机构中也得到了较好的贯彻，受援项目采用参与式的工作方法也得到了更深层次的贯彻与执行，并成为发展项目的风向标。

（二）参与式理念的理论溯源

参与式扶贫开发活动以参与式理论作为依据，而由于现代科技的运用及时代变迁，参与式理论也处于动态调整过程之中。动态变化的参与式理论不断吸收最新的国内外扶贫发展经验成果，也不断指导着众多的社会发展活动，为一些落后地区实现成功脱贫提供了理论及实践样本借鉴。纵观国内外研究成果，总体来看，参与式理念来自如下理论。

1. 赋权理论

赋权理论隶属于政治学范畴，是参与式理论的前提条件和核心要义。在参与式理念框架内，用最简洁的话来表达，赋权是把受援群体（如农民）本来拥有的权利还给他们，而这恰是当前全面建成小康社会和实现精准脱贫的原则与前提。

归纳起来，赋权理论的内容主要有：第一，在国家或公共事务的政策决策和实施过程中，不同社会或民间组织的需求和意愿表达、财富分配决策的能力存在差异。一些群体可以充分借助其资源优势在法律框架内充分行使其合法权益，在社会财富分配中得到更多的实惠，政府的决策也明显带有倾向性；而另一些群体如农民工等，由于其自身能力不足，加上国家法律或制度存在漏洞或市场相关体系不健全，其愿望、诉求不能充分表达，合法权利不能充分行使。第二，即使是在法律体系较为完善的国家或地区，实际的权利分配、机会把握仍是不对等、不均衡的。以社会阶层为例：贫困农户、老弱病残等弱势群体被排斥在核心利益圈之外；在社区层面，妇女、留守儿童、穷人的基本权益往往得不到有效保障。为此，对弱势群体的赋权毋庸置疑是参与式理念方法决策及援助项目设计的践行方向。第三，赋权的过程实质上也是能力重建、唤起贫困群体"主人翁"意识的过程。贫困群体只有充分意识到自己所处的社会定位，意识到自身应该具备的权利及未来预期，才能彻底摆脱贫困的宿命。在实践方面，西藏地区就灵活运用了这一理论。西藏自治区扶贫办在实施"十二五"扶贫发展规划时，提出了"赋权基层"的基本扶贫思路，即以全区农牧民作为脱贫减贫的主体，保证广大贫困主体在贫困目标瞄准、扶贫项目内容考评、项目实施过程跟进等方面的全面参与，并将基层组织建设和贫困人口的人力资本开发作为赋权的有益补充。

2. 发展干预理论

发展按照社会学属性可以分为"自然发展"与"理性发展"两类不同模式。参与式理念实际上就是提倡通过对地区、社区或特定目标群体发展过程中的合理干预实现理性发展，其发展干预的手段一般有技术创新、制度创新。在目标群体积极参与之下，干预主体需打破原有的自然发展平衡状态，诊断出发展瓶颈，确定终极方案，谋划实施行动，最终建立起更为高效合理的理性发展模式。在发展干预的过程中需遵循以下几个原则：一是目标群体的参与原则。这也是参与式理念的核心思想。任何发展干预都必须在特定目标群体参与下实现，因此，也可以认为参与式方法的应用是发展干预的前提。二是发展干预的主旨在于增强贫困弱势群体的自我发展能力与抵御风险冲击的能力。三是发展干预应保证地区经济、社会、生态协调发展，协同发展，其实施的操控手段应遵循多学科原则。四是在发展干预中应充分认识和尊重少数民族地区的文化、宗教信仰、民俗习惯。在践行发展干预目标时，要特别注意保护少数民族的语言、文字、历史文化遗产。

3. 分权及治理理论

脆弱性群体参与贫困治理活动，首先需要制度作为保障。公共决策中的分权与公共管理领域的治理思想为脆弱性弱势群体的参与提供了制度基础。20 世纪 90 年代末期，伴随着参与式理念内涵的不断拓展，参与式的理论研究框架融入了政治学中的分权理论、治理理论及善治思想。地区扶贫规划、目标方案选择的"分权化"，为发展过程中资源配置的利益共享、资源使用权让渡中的利益补偿赋权提供了制度保障，而这也是发展中"赋权"的基本前提。

对特定利益相关体诉求的回应和反响，倾听贫困群体的呼声是治理理论和善治思想的重要内容与考量指标。而且，善治思想中的"回应需求"和参与式扶贫发展规划中采纳的"贫困人口瞄准""脱贫需求的识别"，在行动层面是完全一致的，社区治理和善治为弱势群体赋权提供了次序稳定的政治环境。多元化、扁平化的现代治理架构，为村民参与村务事业、监督社区或村务公共财产分配奠定了坚实的组织保障基础。

4. 弱势群体中心导向理论

发展的终极目的是人类社会的进步，而扶贫项目、扶贫措施的根本目的同样是帮助贫困弱势群体摆脱贫困，让贫困进入博物馆。因此，在发展目标设定时，应充分尊重和倾听贫困户、妇女、女童、孤寡老人等弱势群体的诉求和意愿，保证项目实施的社会福利能充分惠及这些群体。无疑，弱势群体中心导向是社会发展援助项目的指导性纲领，充分体现了"人本主义"的发展理念。新千年以后，我国扶贫办实施的

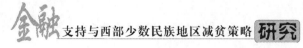

"贫困瞄准"则是弱势群体中心导向的集中体现。

实现弱势群体中心导向的根本途径，是采用参与式方法来识别和"瞄准"政策规定的扶贫群体，并把这些人口确定为优先扶持的目标群体。这是当前我国精准扶贫战略的具体实现形式，也是实现各民族团结，圆富强、民主、文明的美好"中国梦"的重要内容。

作为一种凸显实践价值的研究方法，参与式理念衍生下的参与式方法仍然处在不断发展和完善的阶段。参与式方法与常规方法在参与主体、操作途径、沟通模式、对贫困人口的态度和基本评价、目标导向等方面均有较大的差异。在参与主体方面，参与式方法的主体多为农户、社区内的权益人、基层的技术人员与管理人员。在操作途径方面，参与式方法遵循的是一种自下而上的原则，从农户、社区的发展需求出发制定相关政策。在沟通模式方面，参与式方法多以双向磋商、平等谈判的互动方式进行，外来的专家与发展工作者协助贫困人口进行决策。在对贫困人口的态度及基本评价方面，参与式方法强调农民是理性人，具有决策能力，但需要参与和赋权。在与农民的关系方面，参与式方法提倡一种平等伙伴关系。在目标导向方面，参与式方法以农牧民和贫困社区的发展需求为目标导向。

（三）参与式理念在中国的发展

改革开放以后，我国相关的受援项目及扶贫政策在实践中同样遇到了上述的各种瓶颈，从而也诱发了国内有关机构及专家学者在制度和方法两个维度上展开更有深度和广度的探索与创新。在此背景下，20 世纪 80 年代，现代意义上的"参与"首次被引入中国。又由于当时主要以国内贫困地区的扶贫项目作为载体，因而贫困地区的扶贫活动本身带有"参与"的意味。譬如在广西、贵州等地的一些国际非政府组织的援助中，国外较为成熟的参与式评估手段、运作方式被成功植入具体的扶贫项目，并取得良好的经济社会效益。以此为契机，国内一批专家学者在大量理论研究及具体实践中探索出了众多因地制宜、学以致用的融少数民族地区经济、社会、文化与生态于一体的参与式发展模式和方法。同时，参与式理论和参与式规划方法逐步被有关政府部门（如国务院扶贫办、环保部门）认可和采纳。一些国家机构或组织在对我国的援助活动中也在不断尝试运用参与式理念及方法。如 1993—1996 年，联合国开发计划署在对我国的扶贫项目中就尝试了参与式的援助方法并取得了不错效果。考虑到国际国内众多的参与式发展实践，进入 21 世纪后，随着我国贫困种类、贫困特征发生了重大变化，我国扶贫政策也跟着进行了调整。新的扶贫规划提及将"广泛参与"作为扶贫的基本准则，并细化了参与式的扶贫范围，即以自然村为单位整体推进。2003

年 7 月，具有国际影响力的世界银行信贷项目"中国农村贫困社区发展项目"以项目为载体循序渐进地向我国推介了参与式方法，展现了该方法在扶贫领域中的重大作用。2011 年，《中国农村扶贫开发纲要（2011—2020 年）》再次强调"尊重扶贫对象的主体地位……广泛动员社会各界参与扶贫开发……"。至此，参与式扶贫方法被我国官方正式确定为扶贫的重要技术手段，并展示出了强大的生命力。

不可否认，参与式理念在我国孕育初期，在技术操作层面没有改变，几乎属于全移植。究其原因，主要是国际援助项目推动主体多为国际机构或组织，其推动与倡导作用较为有限。随着国家相关决策机构及地方政府的推动，参与式方法才如火如荼地展开运用。但是，由于参与式理念与扶贫开发关联度极大，因此在我国许多落后地区尤其是西部民族地区，参与式理念自然而然地与扶贫政策有机结合，对地区的扶贫效益产生了良好的激励作用。与此同时，国内一些学者如李小云等从赋权、主体地位等角度对参与式理念的定义不断丰富并进行了详尽的阐释，将其概念界定为扶贫项目中受援对象主动融入的一种发展模式。这种界定较为清晰地描述了参与式理念的解释框架，但也存在对参与式理念特点概括模糊的局限性。不断完善的参与式理念及方法，在我国现阶段的全面小康建设、新一轮的西部大开发、新丝绸之路经济带建设、新型城镇化战略中都具有极为重要的战略及实践价值。参与式理念与方法与新时期我国提出的新的群众路线观是一脉相承的，同时，也是深度贯彻习近平总书记关于"把群众的安危冷暖时刻放在心上，把党和政府的温暖送到千家万户"扶贫观点的生动反映。

二、金融开发的理论基石

金融开发的理论汇集金融学、区域经济学、发展经济学、管理学、博弈论等学科内容，是一门综合性较强的理论。就我国而言，金融开发理论是改革开放以来的金融发展、开发性金融实践与经济学基本原理有机融合的产物，是中国特色社会主义经济建设理论的重要构成部分，其目的在于探索如何运用金融资源更好地支持经济发展，同时积极防控风险。借鉴已有关于金融开发的定义，本书将金融开发这一概念界定为：为实现政府扶贫开发、发展经济社会的目标，弥补市场失灵，同时又有助于发展本地经济和维护经济金融秩序稳定的一种金融支持或金融发展形式。一般而言，金融开发带有政府意志的属性，经营方式上多为赋权经营，实践中往往把国家信用或地方政府信用同市场机制作用机理有机结合起来。

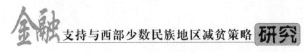

（一）金融开发的特征、发展阶段及理论溯源

金融开发理论及实践在国外已有百余年历史，已发展形成成熟的理论体系。而我国金融开发理论是以国家开发银行为代表的政策性金融机构在多年的实践探索中不断改进，并借鉴国内外先进金融发展理论，在国内具体金融减贫、金融支持的案例中修正并完善的。当前，多元主体金融开发已成为各贫困地区扶贫的重要推手。金融开发实践离不开正确的理论指导，尽管学术界对金融开发做了一些理论素描，并形成了一些具有指导意义的结论，但总体来看，现代金融理论体系下的金融开发研究还比较薄弱，其研究范式、研究逻辑、研究基础均有待完善。尽管不同国家或地区对金融开发的定义相差较大，但大多均赞同金融开发具有如下几个特征：一是通过融资推动项目建设，通过市场机制作用实现政府的既定发展目标，如改善民生、推动区域经济发展、扶贫等；二是往往以政府信用为前提，以市场化的运作手段，促进区域投融资体系的完善；三是政府组织协调功能与融资担保功能叠加，促进了市场机制的健全及区域经济的发展。值得注意的是，在实践层面尽管决策层多次提及政策性金融的市场定位，但是金融开发本身作为一种金融深化机制，不论是在理论层面还是在实践领域都需紧扣转型时期这一宏观背景，进行充分的探索与论证。

通过对现代金融理论体系的梳理可以发现，金融开发理论隶属于不完全市场金融理论体系。为此，要从一定理论逻辑推演金融开发，就必须把握它的不完全市场金融理论角色定位。从宏观层面来看，金融开发理论大致经历了金融管制→金融开放→金融管制的过程，后期更注重金融机构效率与制度作用。从微观视角来看，市场信息的不对称性导致了金融市场的失灵，而市场失灵问题的解决，则需要通过建立激励相容机制，尽可能减少道德风险来实现。在微观实施层面，金融开发通过引入政府担保机制，推动企业治理结构的完善，这将助力解决金融市场先天不足的缺陷。

尽管金融开发理论是不完全市场金融理论的重要构成部分，但该理论与一般不完全金融市场理论又有较大的区别，主要表现为政府参与色彩浓厚。从国际发展情况来看，金融开发一般会经历三个不同阶段：政策性主导阶段、以制度体系建立健全为主的发展阶段、完全化的市场阶段。由此可以看出金融开发发展于以政策性为主导的金融发展或金融深化，因此它先天带有明显的政府参与痕迹。尽管以政策性为主导的金融开发初级阶段具有弥补市场缺陷的优点，但其发展过程中也会产生许多新问题，如金融体系发展滞缓、经营效率低下、透明度低等。多元化市场主体的缺失是产生该类问题的根源。在英美等市场体系相对完善的国家，这一问题并不突出，而在金融市场体系相对落后、金融体制不健全的国家如日本这些问题则较为普遍。随着这些问题的产生，金融开发逐渐向制度化、市场化趋势过渡，这一时期的金融开发兼具了纯商业性开发与政策性开发的优点，较好地修正了市场失灵与政府失灵的不足，并发展出了金融开发的成熟模式。

以上从国内外金融开发实践角度总结了金融开发主要历经的阶段。具体来看，第一阶段为政策主导性阶段。这一阶段金融开发可以视为政策财政意图的延伸或补充，操作层面来看主要体现在以财政性支出为主要实施手段。第二阶段为制度、机制形成并完善的阶段。该阶段金融开发主要以国家或地方政府信用为担保参与项目融资活动，强调市场绩效，并力求以市场化的方式实现政府的政策意图或既定目标，在市场化经营过程中推动市场及各项制度体系的完善。第三阶段为市场化阶段，也即战略性金融开发阶段。在这一阶段，随着各项体制机制的逐步完善，政府信用与金融资源市场化配置逐步脱离，待金融资源配置、开发活动完全纳入市场化轨道之后，金融开发就完成了基础设施建设、民生领域改善等任务。综合分析，金融开发可以总结为一种通过特定的金融中介（如各类型银行、小微金融机构等）为扶贫项目融资，以制度体系建立健全的方式，实现经济社会持久发展，实现政府政策意图的金融形式。金融开发可以视为政策性金融的深化与升级，但其发展效能与力度远超政策性金融。也可以认为，金融开发相比政策性金融，其作用更为直接，效果更为强劲。

（二）金融开发理论的研究框架

正确认识金融开发理论，首要的步骤是需对金融开发理论进行准确的定位，认识其在现代金融发展理论框架下的个性及共性特征，从而有助于建立起金融开发的研究框架。通常，该框架包蕴着三个价值维度，分别是研究视角、研究基点及研究范式。研究框架的确立也有助于更好地全面理解金融开发的丰富内涵。

金融开发理论的第一个维度是研究视角。研究视角是指从何种层面或某个角度看待金融开发问题，并由此衍生出诸多的内容。这些内容包括了金融开发的参与主体、运行机制、运行模式、运行效率，以及金融开发的特征、理论支撑及实践情况。其中：参与主体、运行机制、运行模式主要聚焦金融开发进程中金融资源配置的问题。运行效率是金融开发核心内容的核心，它研究的重点是金融开发的资源配置和市场建设、维护，金融市场体系健全、完善等效率问题。实践类别则偏重于对微观领域的实现机制的研究，如风险控制、参与主客体的契约设计、各参与方的激励问题等。

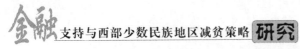

　　研究范式与研究基点紧密相关并相通，其核心思想均是指采取何种研究工具、演进逻辑，以何种经济金融指标作为参考坐标。在此，综合国内外较为成熟的理论体系，本书拟提出三种研究范式。第一种是新古典经济学研究范式，该范式的典型特征是以市场一般均衡为起点，采用供给—需求的研究工具进行分析。尽管金融开发置身于不完全金融市场体系，但作为研究的参考指南，一般均衡理论仍对金融开发的运行效率分析具有一定的借鉴意义。第二种是新古典政治经济学的研究范式。该范式的特色在于借鉴了新制度经济学流派的分析框架，在具体问题分析上注重运用博弈论、信息经济学等理论工具，尤其强调制度在经济发展中的内生性。在该范式的理念中，制度往往成为课题研究的一个重要解释变量。另外，由于金融开发往往都离不开政府的参与，金融开发过程很有可能会产生经济的外部性作用，这在客观上也要求引入制度经济学的最新分析方法。第三种是信息技术经济学的研究范式，此思路充分利用委托—代理框架探究金融开发的诸多问题，而这也将是金融开发理论体系中相对前沿、应用性较强的研究范式。

三、参与式金融开发的内涵

　　综上，所谓参与式金融开发，是指在政府引导、正规金融机构参与的前提下，以扶贫产业为载体并将其最大限度地覆盖贫困区域，同时依托面向贫困地区的减贫金融资源如政策性金融、开发性金融、合作性金融等提供的金融服务，尤其是以小额贷款等非正规金融工具或手段帮扶贫困群体或低收入群体从事生产经营活动，积极地引导被扶贫对象参与脱贫致富项目或扶贫产业，并在产业扶贫进程中对其充分赋权（这些权利包括知情权、决策权与监督权），以帮助其逐步脱离贫困，实现收入倍增、生活改善等计划的一种金融扶贫或金融减贫方式。

　　参与式金融开发的本质或内涵就是要实现金融资源与扶贫开发工作的良性耦合发展，将传统意义上的"输血"模式彻底升级为"造血"模式，把金融部门与被扶贫对象双方的积极性与主动性均调动起来，最终形成"政银企农"共谋脱贫致富的扶贫开发新局面。引导金融资源向贫困地区"输血"仅仅是治标，让贫困地区有经济效益持续稳定的脱贫产业或致富项目、增强农民增收与风险抵御能力才是治本。也就是说，参与式金融开发的终极目的是实现农民、龙头企业或专业合作社、金融机构多方共赢；既实现金融机构盈利的初衷，又实现政府推动地区脱贫、促进民生改善的发展目标。为此，在当前精准扶贫战略实施进程中，参与式金融开发的内涵应进一步丰富与完善，当务之急除了对贫困主体进行充分赋权，强调其参与扶贫项目的积极性与主动性之外，还应发挥大型商业性银行支农的作用，增强其参与民族地区金融扶贫的社会责任感，规范小额信贷的支农业务，深入研究商业性金融与小额信贷等机构的连接机制，继而建立起西部民族地区具有生命力的参与式金融开发长效机制。总体来看，参与式金融开发包蕴的内涵主要有如下几个方面：

（一）鼓励商业性金融的参与

多年来，在国家扶贫战略指导下，西部民族地区金融服务的"涓滴效应"逐步显现，但由于金融支持所依赖的经济结构尚未产生根本改变，经济二元结构特征仍非常显著，因此伴随而来的二元金融机构使得少数民族地区农村或偏僻地区"缺血"严重，金融供给与需求严重脱节。当前，尽管西部民族地区经济金融基础条件仍较为薄弱，但随着精准扶贫战略迈入新阶段，农村金融开发中对金融资源的需求量还会源源不断地增加。从长远来看，广袤的西部民族地区伴随着"一带一路"倡议不断推进发展，农村金融市场有望升级发展，商业性金融完全可以凭借其自身数量多、规模大的优势，充分把握民族地区农村金融市场的特殊性，因地制宜地创新具有民族特色的金融产品或服务，将参与式理念与方法运用其中，充分发挥金融减贫的效能。商业性金融可以通过间接参与、直接参与两种途径参与金融扶贫开发活动。

第一，间接参与。大中型商业银行如农业银行、邮储银行等可以通过增加对民族偏远地区基础设施改善、现代农业批量贷款来进行金融减贫活动，这种方式对民族地区持续"供血""输血"意义深远，客观上也为扶贫项目提供了充裕的资金并保障项目顺利进行，有助于项目受惠群体稳定脱贫。对于那些在民族地区小城镇设有网点的商业银行来说，如果让其直接参与西部民族地区基层的金融服务，一方面会加大其运营成本，另一方面势必也会因为金融生态环境问题导致其坏账、呆账风险增加。相比大中型商业金融，一些发展潜力较大、接地气的新型农村金融机构和小额信贷机构在贴近农村、服务农户方面更具有比较优势，但是这些金融供给主体往往都面临后续资金不足的难题。基于此，大中型商业金融机构可以通过委托授权或项目合作的方式向其提供目标性批发贷款，帮助小微金融机构发展壮大民族地区的贷款业务，以便最终实现双赢的局面。

第二，直接参与。随着国家"西进战略"趋势日益显著、供给侧结构性改革深入推进，西部民族地区金融发展这一短板有望实现突破。从长期来看，资本实力雄厚的国有大中型商业银行或地区城市商业银行完全可以有所作为，可通过由其控股的村镇银行或自身的分支机构、投资公司等中介积极拓展民族地区金融市场，参与贫困地区金融开发活动。首先，以供给侧改革为指导，开发出适销对路的特色金融产品或服务，针对不同客户和不同贷款用途，科学设置贷款额度以及期限，创新如林权、渔权、畜牧养殖权等多种抵押担保方式，推广点对点借款（"P2P"）或"企业+社区+农户"等多种新型担保方法。不断推出小额贷款保险及小额贷款风险基金，以防范贷款参与主体无力偿还的风险。其次，重视贷款服务流程各环节的成本控制。可充分利用网上银行、手机银行等新型平台，提升金融机构的管理绩效，挖掘人力资源管理红利。最后，应统筹协调各方利益关系。参与式金融开发涉及的参与主体较多，商业性金融机构应与各利益相关方积极合作建立伙伴关系，与地方政府深化金融扶贫开发合作，不断拓展自身业务；与被扶贫对象及时交流，积极参与扶贫项目的推进，提升贫困地区的金融开发效率。

（二）重视市场边界让政府"有所为"

政府作为参与式金融开发活动的提倡者和发起者，应该在西部民族地区金融开发中发挥其应有的作用。首先，中央财政可以进一步通过扶贫贴息、差别化利率、财政转移支付等方式，给予西部民族地区更多的政策倾斜与财政扶持。其次，地方政府同样应采取"有所为"的态度。西部民族地区各级政府在参与式金融扶贫开发中应发挥好组织协调沟通的作用，进行顶层设计，制定地区脱贫规划，确立具体的扶贫产业项目，明确受益群体，通过参与式方法积极引导贫困农户参与其中，早日实现精准脱贫。同时，在金融生态环境建设方面，地方政府还可以通过创建信用示范村、典型信用户等方式，提升和改善整个西部民族地区信用氛围。

在制定奖励配套措施、引导各类金融机构参与金融扶贫开发方面，地方政府更应该大力作为。例如，可以制订一些奖励方案鼓励政策性银行加大扶贫开发的力度，进一步降低民族地区金融机构的准入门槛，鼓励因地制宜的草根金融机构增量的产生，科学引导商业银行在乡镇或村庄设立网点机构或办事处。另外，还可进行城乡统筹，将城乡视为一盘棋进行通盘谋划，实现区域经济社会生态协调发展。对于各金融扶贫开发的参与者，既要有激励奖励措施，又要有惩治约束机制。在新形势下，地方政府应该建立并完善奖惩并举的金融扶贫机制，推行普惠金融，以最大限度地挖掘金融在帮助弱势群体方面的扶持作用。

在供给侧改革的引领作用下，地方政府应积极完善民族地区金融供给服务的配套措施，如对商业性、合作性、政策性金融进行科学布局和引导，保证这三类金融既实现合理分工，又实现功能互补，并最终实现多元化健康发展。在金融开发中，政策性金融的作用不言而喻。从实践情况来看，应进一步挖掘农发行的职能作用，使其成为民族地区金融扶贫的一面旗帜。同时，还应进一步发挥国开行在民族地区基础设施建设方面的突出作用。此外，发展各类种养殖农业保险、发展农产品期货市场也势在必行，设立普惠金融服务基金也是地方政府应该考虑的配套措施。

（三）强化新型机构扶贫的"涓滴效应"

西部民族地区参与式金融扶贫开发要实现可持续发展，需要满足参与主体身份合法、村庄或社区向心力强、政策支持到位等基本条件。实践证明，以小额信贷、资金互助社为代表的新型金融项目或机构对民族地区的扶贫具有十分重要的正向促进作用，尤其是对帮助民族地区农民增收并获得自我发展能力意义重大。同时，小额信贷等新型金融组织提供给贫困群体零星分散、额度较小的金融服务具有一定的"涓滴效应"。该效应有助于西部民族地区早日跳出"贫困恶性循环"，实现民族地区的自我发展能力增强和内生性增长模式的开启。

一般而言，我国的小额信贷主要有三种模式：第一种是福利性小额信贷，这种小额信贷对弱势贫困群体帮助较大，但存在的风险是后续资金的匮乏，一旦资金链断裂便难以为继。同时，如果相关机构监管不到位，极易造成寻租等腐败行为的滋生。第二种是公益性小额信贷。这类新型金融服务的对象为特定的中低收入群体与贫困群体，其发展历程一般为初期通过政府扶植，度过初创期后实现自给自足。对于公益性小额信贷来说，其公益目的值得赞许，但也不能一味热心公益而忽略运作成本。可行的方法是借助市场化手段实现经济组织的自负盈亏，提高经营的积极性。最后一种是商业性小额信贷。这类金融服务一般不直接针对弱势贫困个体，而是针对小微企业，但是对小微企业的信贷也间接地为贫困群体提供了就业机会和参与扶贫项目的机会，因此客观上也达到了扶贫的社会目的。

总体来看，在西部民族地区金融扶贫实践进程中，如何使三种模式实现优势互补及均衡发展是参与式扶贫开发主体应该着重思考的问题。趋于共识的观点是：积极鼓励新型的农村金融机构参与金融扶贫开发，如借助各类专业合作社的"东风"大力发展村级资金互助社，培育具有一定市场竞争力与开发潜力的产业项目，实现金融资本与产业载体耦合发展的良性格局。

（四）突出农协或农合社金融开发的主体作用

在参考国外农协运作经验的基础上，应重视农协或农民专业合作社在西部民族地区金融扶贫开发中的主体参与作用。不可否认，当前我国蓬勃发展的各类专业合作社是内生于我国农村经济体系的一种事物，它的优势十分显著，如灵活性强、规模小，风险低、信息不对称度低、资金可获得性强等。在现有的金融体系框架下，专业合作社作为主体参与金融扶贫开发可以通过两种模式实现：一是在农户、小微企业融资过程中参与；二是金融机构以高效的方式向需求主体提供供需匹配的金融产品或服务。农协和农合社金融开发的主体作用如下：

第一，参与民族地区新型农村金融机构的组建。结合国外的模式和经验，一方面具有实力的专业合作社可以以入股的方式尝试加入村镇银行，拓展金融扶贫的空间；另一方面，假如成功入股村镇银行，不仅增加了农村金融供给服务的获得性，同时还有助于与民族地区农村零售网点较多的邮储银行、农信社等金融机构竞争，从而有助于提升当地整体金融服务效率。此外，合作社社员也有了更多享受金融服务的可能性，使其脱贫致富具有了可行性。除了可以参与村镇银行筹集以外，合作社还可以入股小额贷款公司。入股小额贷款公司，理论上也为金融脱贫业务的开展提供了新的市场机遇。除此之外，合作社同样可以组织社员间的资金互助，建立和完善农村资金互助社，以服务社团社员为目标，积极参与扶贫项目或致富项目的开发，从而促进自身的规范化发展。

第二，促进民族地区农村金融生态环境的改善。民族地区各类专业合作社在地理区位上一般多依赖于村庄或社区，社员一般多为宗室家族成员，有着相近的性格特征和宗教信仰，一般来说对社员各方面信息掌握较为充分。因此，在对贫困农户开展小额信贷业务的过程中，合作社可以充分发挥其信息优势：协助农信社评定农户信用等，确定授信额度，协助农信社管理贷款，协助其督促逾期贷款催收，协助当地人行进行个人征信体系建设，促进其做出正确信贷决策。

第三，突破贫困农户、小微企业融资难的困局。从合作的性质来看，合作社在某种程度上充当着担保机构的角色。对于一些农业产业化条件较为成熟的西部民族地区而言，如果当地专业合作社与其他龙头企业、基地之间是"公司+农户+基地+合作社"模式，或"合作社+农户+基地"模式，那么在供应链上，农户所生产的农产品将是原料，此时单个农户如果想获得当地正规金融机构的贷款，难度将会非常大。而合作社作为一个组织，克服了单个个体缺失抵押物等缺陷，可以以自己的名义融资，融资后可以以生产资料等形式间接地交接给农户，从而帮助农户解决融资难、融资贵的难题。

第四，鼓励供销合作社模式创新。作为农村传统的市场销售机构，供销合作社在信息获取方面有其独特的优势，而这一优势恰好是金融开发所需。当前，一些民族地区的供销合作社开展了许多有益的尝试。供销合作社参与民族地区金融开发一般有四种模式：一是直接出资，作为担保公司的控股方；二是入股当地的村镇银行；三是筹集成立或入股小额贷款公司；四是参股或作为发起人成立资金互助社。综上，供销合作社可以以民族地区实际情况为依据参与脱贫，合作社内部亦可根据需要成立资金互助社。无疑，有"后盾"的该类资金互助社，其后劲将非常充足。资金互助的本意在于解决资金短缺的瓶颈，但是当农产品成熟丰收以后，市场流通、市场销售同样面临较大的风险，而供销合作社在市场方面却有自己的独特优势，恰好可以利用其优势规避市场风险：农产品可通过供销合作社的渠道顺利进入市场进行流通销售。从这个角度来看，有供销合作社作为坚实"后盾"的资金互助形式，在应对市场风险、增强市场竞争力方面更具活力。

第二节　西部少数民族地区的参与式金融开发经验

一直以来，西部民族地区创造出了多种有益的扶贫模式。从发展趋势来看，实现了从外部嵌入式的"输血"模式到以增强自我内生发展能力的"造血"模式的重要转变。以云南为例，由于世界银行的参与，在云南实施的扶贫贷款项目中萌发了一种全新的技术手段——参与式扶贫。参与式扶贫根植于偏僻的穷困的深山峡谷，其理念使得民族落后地区自主"造血"功能进一步增强。它不仅通过充分调动贫困者的主动性与积极性参与各种扶贫项目实现脱贫，而且还彻底将地区外部嵌入式的"输血"模式升级为自我造血、自我发展的可持续发展模式。

尽管多年的民族地区扶贫工作取得了不错的成绩，但在扶贫资金的统筹分配过程出现了许多问题，如扶贫资金的道德风险与逆向选择问题、扶贫资金被截留和挪用问题、对脆弱性贫困群体的忽视问题等。由于世界银行等国际金融组织扶贫贷款项目的参与，国际扶贫新理念得以引入和实践，西部少数民族地区在这一问题上有了较大的改善。世界银行、亚洲开发银行、福特基金会等国际金融机构所提倡的金融扶贫中的参与式理念，是留给我国西部少数民族地区的一笔珍贵财富，其影响力不断拓展，辐射至西部民族地区经济社会发展的实践活动之中，其经验还不断地被环保、公共管理等众多领域借鉴和吸纳。

一、世界银行扶贫项目

1992 年，世界银行开始了对我国"西南扶贫项目"的第一期扶贫贷款项目。该项目由国务院批准实施，选择的试点样本为云南、贵州、广西三省区的极度贫困地区。该项目也成为 1980 年我国政府与世界银行重新合作之后的最具影响力的项目。西南项目在试点进程中摒弃了传统的单纯依靠国内资金进行扶贫的办法，而是在扶贫项目实施过程中进行统一规划、重点治理及精确瞄准，其经验做法不断被推广运用。2005年，在前期扶贫经验基础之上，世界银行与英国国际发展部在云、贵、川等地实施了联合信贷项目"中国贫困农村社区发展项目"（PRCDP）。该项目作为我国重大的国际组织扶贫信贷项目，从一开始就引发了社会广泛关注。中国贫困农村社区发展项目包括了农村卫生事业，农村交通、道路、通信等基础设施，义务教育，社区能力，山地丘陵生态农业，扶贫项目动态跟踪，扶贫帮扶等 7 个分项，惠及了普洱、保山、临沧等少数民族地区人口约 40 万人。40 万人中约一半为怒族、傣族、白族等少数民族人口，其中约三分之二为贫困人口，约 17 万人为极度贫困人口和脆弱性群体。

世界银行在云南进行的参与式扶贫活动把平等互助的理念深入地渗透每一个项目的运作全程，成为少数民族地区扶贫开发中的一道靓丽风景线。不难看出，参与式扶贫的核心要义就是参与，鼓励扶贫对象积极踊跃地加入扶贫项目，发挥其所长，激发出他们改变贫困命运、与穷困做斗争的主观能动性，一改传统意义上的扶贫对象被动接受、带有施舍意味的扶贫方式与扶贫办法。云南省世界银行参与式金融扶贫的内容集中体现在以下几个方面：

（一）参与式规划：自己的事自己筹谋

在参与式扶贫过程中，"参与"之前的统筹规划是扶贫活动的前提，弥补了过去传统扶贫方式中扶贫对象与扶贫规划项目绝缘的缺陷，较好地解决了扶贫项目与贫困群体的实际需求背道而驰、结构不匹配或农户缺乏脱贫信心的先天缺陷。

以云南为例，临沧市永德县永康镇忙况村的村民小组是云南省创新运用参与式方法的拓荒者。村民与世界银行工作人员共同确定项目，结合村情提出了购买大货车、养殖鸡鸭等家禽等十余种项目。经过参与式规划，最终确定了核桃种植、家禽养殖、农业科技培训、道路与通信基础设施建设等项目。这些项目无一例外地受到村民一致的支持及赞誉，极大地提高了村民的参与度。待项目确立后，又通过民主决策的方式投票选举了首批贷款村民。这些不同于以往的新做法使得资金配置更趋合理，且有助于遏制扶贫资金错位配置、扶贫绩效低下的不良现象。截至 2008 年年底，PRCDP 项目所覆盖的所有自然村均完成了参与式村级扶贫规划工作，较好地将参与式规划方法运用到扶贫项目，提高了扶贫项目的整体收益。

在全程运用参与式理念的金融扶贫过程中，以强调性别平等为主要内容的"女儿当自强"性别主流试点工作取得了良好的成效，并形成局部性的示范效应。该项目的主要做法是邀请保山市昌宁县的一些妇女代表参与PRCDP项目小组，并作为小组成员参与项目的筛选、评定。妇女具有先天的"以柔克刚"的沟通交流优势，越来越多的贫困妇女群众主动融入扶贫项目，有效地消除了其"搭便车"的自利倾向。不仅如此，该项目还实施了具有弹性空间的递补规则，一旦某个村民在某个时段欲退出，可保障立即有合适的贫困村民加入和参与扶贫项目。

云南的PRCDP项目将参与式理念演绎得淋漓尽致，表现在扶贫项目的论证、规划、实践运用、监督、后续验收及跟踪等各个环节上。各个环节的认真履行保障了结果的圆满，也使得村民切实感受到自身项目"主人翁"的地位和职责。

（二）参与式采购：扶贫资金配置有道

在PRCDP项目中，整个流程中非常重要的采购环节同样运用了参与式理念方法。依据国际标准，采购一般分为国内外竞争招标、询价采购等。由于云南省的PRCDP项目种类较多、分布较广，几乎没有大宗物资采购，该项目一般不会采用招投标方法进行。同时由于该项目服务对象主要是社区，在采购活动中所选择的地理单元就是社区。

沧源县东米村复混肥采购是参与式采购代表作。2005年年底，东米村召开了村民大会，大会的主要议题是讨论采购品种、数量及采购方式。据讨论的结果，确定了需采购复混肥约90 000千克，其中氮、磷、钾配比为10∶10∶5。随后，协调员、参与农户与采购小组一起参与此次采购，并与县农业局有关技术人员进行沟通，进行业务上的指导。经过各方协商与评议，最终确定了沧源县农资公司作为此次采购活动的供应商。

在参与式采购中，由沧源县畜牧局组织的草山建设与肉牛养殖项目也取得了佳绩。2007年，沧源县的4个乡镇的农户代表、协调员与县畜牧局技术人员一起协商，在对本县的3家化肥经销门市部充分调研论证的基础上，最终确定了由县供销社化肥销售点进行物资采购，确定的成交价格为1 200元/吨。除化肥外，在种牛、家禽种苗等采购上同样运用了参与式采购办法，由供货商与畜牧局工作人员签订长期供货协议，较好地完成了预期的采购目标。沧源县实施的参与式采购活动的一些基本思路值得借鉴。例如：采购过程中参与主体多元化，参与主体一般由农户、技术人员与协调员构成；采购物资以农户需求为导向，避免盲目采购，而且采购物资需通过技术人员的严格把关；物资的采购合同及票据领取等工作需全程公开化和透明化。

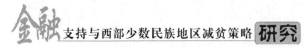

在参与式采购中，对需求大、需求强烈的农户可酌情考虑其采购意愿。在具体采购方式上，可采取独家采购，也可以委托他人或社区集中采购。参与式采购的重要意义在于一方面要求农户全程参与，消除了老百姓对政府部门相关人员在采购过程中做手脚的疑虑；另一方面，技术人员、协调者对物资进行质量技术的监督和把关，让项目农户耳濡目染，了解并掌握相关的农业技术、市场理念，提高了农户的农业生产能力，农户自我满足感、主体意识不断增强。

可以预见，随着参与式理念在金融扶贫工程中不断被运用，其影响力还将进一步扩大。在西部民族地区金融扶贫征程中，以一种与时俱进的态度、博采众长的观念去理性地看待贫困与治理贫困，是参与式扶贫的手段与目的。贫困致因尽管复杂，但贫困治理都应该以平等、尊重的社会视阈作为扶贫逻辑起点，而非单向的"施舍""供给"。在扶贫过程中更应该走进贫困群体的生活，了解他们的真实需求与意愿，唤醒他们脱贫的动力和信心，增强其谋求发展、抑制贫困脆弱性的自我意识。参与式理念的运用是现代扶贫模式与传统扶贫方式的本质区别，这也正是世界银行赠予我国西部少数民族地区脱贫的珍贵思想锦囊。

二、福特资金会扶贫项目

福特基金会成立于 1936 年，由美国著名实业界人士埃兹尔·福特（Edsel Ford）发起并捐资成立。成立伊始，福特基金会就确立了明确的服务宗旨，即接受与管理的资金运用于科学、教育、环保、健康等领域，主要以公益为目的。成立伊始，基金会规模还较为有限，但后期发展较快。基金会每年通过投资、证券投资组合大约可获得利润五六亿美元。所获利润除维护基金会日常运转以外，大部分利润都投向各种扶贫项目的开展。在 1978 年以后，随着我国改革开放大幕的拉开，福特基金会与我国进行了较为广泛的接触并达成了合作意向。中美历史性建交不久，中国社科院就与福特基金会就合作一事达成了协议，确定了双方人才项目的往来与交流合作。这一时期合作的领域还较为有限，主要集中于法律、国际关系与经济管理三个方面。20 世纪 90 年代以来，福特基金会在我国逐步转移了工作重心，将扶持地域重点放在了西部偏远贫困地区，尤其是增加了对环境保护与居民健康领域的投入。为更为有效地推动整体扶贫，实现贫困地区人口脱贫，基金会以项目援助的方式尝试与多个民间机构合作，助推西部民族地区民生条件的大幅改善。

2001 年，福特基金会开始在教育与文化艺术方面增加了对我国的投入，并实施了国际奖学金项目。经过 30 多年的发展，截至 2012 年年底，福特基金会在我国累计投入已经超过 2.5 亿美元。

总体来看，福特基金会在我国 NGO 扶持工作的开展主要集中于经济发展、环境保护、教育文化、法制健康等领域。其中，经济领域的项目主要包括提供农村小额贷款资助、推动农村金融体制改革、创造有利于小额信贷机构发展的外围环境。教育资助主要包括三个子领域：一是发展针对适龄儿童的基础性教育，尤其是针对偏远民族地区适龄儿童；二是推动高等教育多元化发展模式；第三是保护文化的多样性，主要是协助当地民众尤其是民族地区民众坚决捍卫本土人文尊严，协调解决外来文化与本土文化的冲突。环保领域的项目主要集中在西部民族地区，如广西石漠化地区、贵州黔东南等地、四川的"三州"地区、云南的怒江流域等地区，主要涉及森林保护与林区可持续发展等问题。健康领域主要集中于计划生育工作，具体包括艾滋病的防治、保护妇女生育健康、资助民间机构改善医疗卫生基础设施等。福特基金会在西部民族地区的实践可归纳为如下几个方面：

（一）经济领域

福特基金会的扶贫理念认为帮助欠发达地区脱贫最行之有效的路径在于因时制宜、因势利导地提高地方经济发展水平，运用参与式理念及其方法充分调动当地老百姓投身于本地经济社会发展的积极性。就我国国情而言，落后地区主要集中于西部民族地区，而西部民族地区农村又是极度贫困的典型。但民族地区农村关乎民族地区经济社会进步与民族地区稳定繁荣乃至民族间团结，因此西部民族地区农村的脱贫大计是西部民族地区扶贫的重中之重，也是难点所在。基金会认为要发展西部民族地区经济，亟须调动当地群众的首创精神和主观能动性，通过发展科技与构建社会网络两个维度开展扶贫工作，从而有效抑制贫困蔓延。在扶贫项目中保障农户全程参与，确保了农户积极性与主动性维持在一个较高水准。福特基金会在西部民族地区如广西、云南、贵州等地的扶贫实践中就履行了参与式这一核心理念。通过开展培训，提高农户业务素质，实现该地区的基本脱贫。同时，基金会充分重视科技富农的作用，通过科技培训、指导等方式，为云南、贵州等民族落后地区培养了一批懂业务、社会责任感较强的科技扶贫人才，为他们提供了诸多可以发挥自己专长的工作舞台。无论是开展何种性质的扶贫项目，基金会都强调参与式方法贯彻始终。这一理念及方法不但让贫困农户解放了思想，而且让其脱贫受益的效果非常显著。此外，在经济领域的金融资助项目上，基金会同样灵活运用了参与式理念，扶持小微企业或贫困群体创新金融服务，协助一些专家开展专业的金融服务工作，极大提升了当地的金融效率。总之，福特基金会长时间关注我国西部民族地区经济社会领

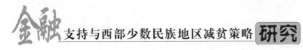

域，为我国民族地区脱贫、实现经济社会生态可持续发展做出了重大贡献，其扶贫、扶智、扶志三位一体的参与式扶贫理念更是深入民族地区人心，为民族地区脱贫、贫困治理奠定了坚实的思想基础并凝聚了强大的精神力量。

（二）教育领域

在福特基金会少数民族诸多扶贫领域中，以"扶智"与"扶志"为核心思想的教育领域项目是其特色和亮点，最具代表性的项目是拓展高校贫困生能力项目和国际奖学金项目。

2002年伊始，基金会选取了云南、广西、宁夏等民族地区贫困学生为资助对象，开展了一系列高校贫困学生综合素质拓展项目如就业社会实践等。项目全程采用了参与式理念，充分鼓励学生自主参与，锻炼自身的德智体美劳综合素质。该项目转变了传统简单资金资助的"输血"模式，而是以"授人以鱼不如授人以渔"的思维对贫困学生进行"造血"式资助，把对贫困生直接的慷慨解囊转变升级为对其自食其力能力的培养。这是一种更高层次的扶贫、扶智，以增强其参与市场竞争的能力。拓展高校贫困生能力项目全程分为三期：一期以提升大学生综合素养为目标。二期主要从制度层面出发，进行跨区域的资源整合及创新，从根源上改变学生的生活窘困，并着力将该项目打造成为国家有关部门解决贫困大学生问题的示范。三期致力于从宏观层面进行创新实践，不断完善贫困学生资助政策，确保学生零辍学率，为学生生活学习提高良好的外围条件，从而推动高校人力资本效应的形成。

通过前后三期的实践活动，项目进一步提高了学生生存生活能力，在一定程度上弥补了高校资助贫困学生制度体系的缺陷。项目所强调的参与式理念不断提高了学生的生存技能，还彻底改变了传统低效率的民族地区学生资助工作的思路。这样的项目提升了学生自身综合素养，增强了其社会责任感与民族自豪感。同时，在项目执行过程中，福特基金会也及时地进行信息反馈，有效地避免了先前贫困学生资助体系的漏洞。

教育领域的另一个具有代表性的项目是国际奖学金项目。该项目针对的特定群体为有志向改变贫困现状的生活在基层的优秀人士，如"人穷志不穷"的青年人、富有创业精神的普通民众及少数民族老百姓。同时，项目屏蔽了居住或工作在北京、上海、广州等发达地区的申请者，历年符合申请条件的基本来自西部民族地区，由此可看出国际奖学金项目实质受益的群体多为西部民族地区人士。2002年，福特基金会挑选了来自西藏、新疆、贵州、云南、甘肃等西部民族地区的19名受资助对象，对这些资助对象进行封闭式培训。截至2012年年底，我国共有来自全国不同省份的 300 余名申请者入围。这些入围者中，除部分仍在攻读硕士、博士学位的学员，已有 120 余名被资助者学成回国工作，在工作中取得了突出的业绩。

2001—2010 年的 10 年间，超过 300 名优秀学员获得过国际奖学金项目。从生源地来看，入围者主要集中在云南、新疆、贵州、四川等西部民族地区。严格来说，国际奖学金项目并不仅仅是针对少数民族人士展开的，但从实际效果来看，民族地区的人士确实占了大部分。该项目最具代表性的地方在于没有停滞在某个具体的项目层面上，而是在项目推进过程中潜移默化地唤起了受助群体对教育行业"十年树木、百年树人"的深刻认知。通过这些项目，一些来自西部民族地区的贫困人士获得了出国深造的机会，学成后能充分发挥其聪明才智为社区、为家乡服务，有助于缓解当地贫困程度，改变当地民族地区一穷二白的窘境。

（三）环保领域

该类项目主要集中在西部民族地区尤其是西南、西北片区。项目宗旨在于维护当地良好的生态环境和人居环境，利用辖区内所拥有的自然资源禀赋，发展绿色经济、循环经济，实现人地和谐发展。从实践情况来看，西南片区如云贵川的山区与少数民族地区是项目的主战场，环保项目也主要以森林、山地动植物保护为主。近几年，基金会把环境领域的项目扩展到西北草原地区。这一区域生态较为脆弱，贫困程度较深，项目实施的目的在于帮助这一区域实现可持续发展，运用参与式理念及参与式方法，积极鼓励村民以身示范，加入保护草原的大军。

就西部民族地区而言，如果仅靠农业技术的进步作为推动农业生产的手段，是无益于解决民族地区贫困脆弱性问题的。而环保领域的项目旨在为世人提供一个新的贫困治理视角，该视角紧扣贫困致因，重点凸显不适宜进行集约化生产的自然资源管理。如基金会曾资助过有关土地保护制度方面的项目，这些项目重视妇女在环保领域的重要角色以及从农民的利益视角出发实施对土地及自然资源管理的创新。从实践来看，基金会对我国自然资源管理项目可归结为两大类：一类是土地、森林、水资源的统筹与管理。这一类项目主要涉及云南、四川和贵州，主要运用了参与式理念进行试验和培训。另一类是基金会与四川、云南地方政府升级合作，研究运用参与式方法实施对长江中下游"黄金水道"的水土保持工程。这个项目也即长江防护林带工程。

（四）健康领域

福特基金会一直关注西部民族地区的健康问题并设立了专门的生殖健康项目。该项目主要针对妇幼保健及计划生育，如农村计生问题、妇幼保健评估体系等。生殖健康项目源起于妇女、儿童等相对弱势群体的

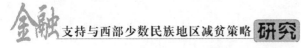

健康需求，该项目常运用参与式的方法，有力地促进我国西部民族落后地区生殖健康服务体系的完善。

早在 20 世纪 90 年代初，福特基金会在云南资助了一批生殖健康项目，如联合有关研究机构、社区妇女组织，在云南澄江县、陆良县等地区进行了农村妇女生殖健康的筛查、普查活动。这些活动遵循两个基本原则：一个是参与式规划原则，即让参与个体、机构同等地参与健康规划工作；另一个是尊重妇女需求的原则，按照妇女本人意愿，对其进行健康检察等活动。同时，项目赋权基层计生人员不断引导妇女关注生殖健康信息，最大限度地普及妇女生殖健康常识。在项目逐步见效之后，基金会加大了宣传力度，以手册或宣传册的形式进行更大程度的宣传推广，借助当地计生协会的号召力，先后开展了妇女生殖健康倡导活动和艾滋病防控等项目。该类项目广受当地群众赞誉，同样也提高了他们参与这些项目的积极性。在后续工作中，基金会还通过举办论坛、学术研讨等活动促进了实践与理论的完美结合，保证了云南艾滋病防控领域相关专家及工作者的顺畅沟通，深入探讨了社会性别歧视的深层致因，并对症下药提出了相应的政策建议。在基金会全力支持下，国家计生委不时地推广一些重大的国际合作项目，与相关的国家或地区机构开展了更为广泛的合作，在少数民族地区开展了卓有成效的艾滋病防控、生殖健康等项目，并推广项目成功经验及发展模式。

三、亚洲开发银行扶贫项目

亚洲开发银行（the asian dveelopment bank）是 1966 年成立于马尼拉的一个主要开展基础设施、工业、金融与能源等多个领域业务的银行机构。亚洲开发银行成立伊始，其宗旨和目标之一就是解决亚太地区贫困问题，其实现手段主要有贷款、技术援助等方式。中国自 1986 年成为亚行会员以来，亚行对我国扶持的领域主要集中在农业发展、基础设施建设、环境保护等方面，而且从地域范围来看几乎都集中在内陆省区，尤其是欠发达的西部地区，如四川南部、云南西部、宁夏、广西、甘肃等地区。长期以来，我国一直是亚行最为"青睐"的国家，贷款额度都最多。但近些年贷款在逐年减少，尤其是在我国发起成立亚投行以来，该组织对亚行成员间的利益格局进行了调整。当前我国向亚行寻求的帮助主要在环保技术与绿色措施等领域。除此之外，亚行还对我国西部民族地区如西部的新疆等省区进行了医疗、教育、环保等方面的援助。

（一）对陕西、广西等地早期教育及医疗培训领域的资助

考虑到民族地区因病致贫、因病返贫是一个非常突出的现象，为改变这一现状，2006 年开始，亚行就与我国卫计委（当时还是卫生部）合作，协助中科院在陕西洛川县进行新型农村合作医疗试点工作。从试点成效来看，该项目主要通过参与式方法，减轻了农村贫困人口看病支付的沉重负担，引起了越来越多人的热切关注。这种参与式发展模式具体来说，即是除了强化社区医疗卫生基本服务外，还通过对农民医疗活动的全程跟进，重视医疗培训，邀请农民加入医疗合作社，突出医疗培训的重要性及农民的参与度，让组织成员拥有决策权及选择权，从而提高了西部地区卫生体系的透明度。

另外，亚洲开发银行借助日益成熟的职业培训体系，秉承"授人以鱼不如授人以渔"的扶贫理念，自 2014 年伊始提供资金资助帮助广西南宁提高学前教育及老年医疗服务培训项目质量。南宁尽管是广西的省会城市，但也是我国西部最欠发达的民族地区之一，全市 700 万人口中超过一半为少数民族人口。目前，南宁合格的幼儿园教师、具有标准资质的幼儿学校、德才兼备的医疗人员资源极度匮乏。基于此，亚行东亚局高级社会发展专家温迪沃克女士曾表示：中国正处于人口老龄化加速时期，社会也刚处于向知识经济过渡时期，这一特定时期合格的幼儿教师、老年护理人员存在较大的缺口。亚行对南宁早期教育及医疗培训项目的资助扶持的目标是构建一个运转有序、分工明确的职业培训模式，并向社会就如何培训训练有素的员工胜任急需的医疗、教育等服务工作进行最大程度的展示。从具体实践内容来看，亚行为该项目提供了 5 000 万美元的贷款，帮助南宁市卫生学校、南宁第四职业技术学校改造卫生设施设备，开发提高能力的应用性教程，提高教学水平。为此，亚行在这两所试点学校建 18 栋教学楼，专门为护理专业开设老年护理课程，并成立幼儿园教学与农村医疗卫生试点培训基地。

（二）对贵州纳雍进行的基础设施改造等参与式扶贫活动

纳雍县位于黔西北乌蒙山区，毕节市中南部，属多民族聚居区，全县共有苗、彝、白、布依、回、侗、壮等 22 个少数民族。长期以来，辖区内基础设施较为落后，经济社会条件较为薄弱，2000 年开始，亚行开始对纳雍县进行援助并设立了亚行贵州纳雍社区扶贫示范项目。自亚行实施项目援助以来，先后在人畜饮水、村级公路、灌溉水渠、通信线路等项目上取得了重大突破，一个个扶贫规划项目都已成功完成。扶贫项目的实施，改变了当地落后的自然社会生活条件，也改变了当地人故步自封的思维方式。亚行提供的参与式扶贫实践为纳雍经济发展与社会进步做出了极为重要的贡献。在亚行进行的参与式扶贫活动中，其合

作伙伴主要有国务院扶贫办及贵州省扶贫办外资项目管理中心、县乡政府及相关业务部门、村民委员会。其中，国务院及贵州省扶贫办是总牵头机构和全局谋划者，县乡政府、业务部门是具体执行机构及沟通者、技术协助者。村委会主要对项目实施起承上启下的作用，同时，以大专院校教师为主体的专家组会对农民进行各类种植、养殖技术的培训，被扶贫的农民群体会全程参与项目的设计、调整、管理监测、评估等过程，项目实施的每一环节均由村民自主实施。不仅如此，农民参与项目建设、社区建设的频次相当高，确保了项目各项内容的透明度。此外，在项目的监测及纠错调整方面，参与式方法的运用效果极佳。项目在实施及评估的同时，还聘请了纳雍县农村调查支队对项目的 2 个试点村和 1 个参照物村进行独立评估，使得各项目可以对比找差距，弥补短板，从而保证项目的最终效果能正常呈现出来。

（三）推动参与式理念上升到国家扶贫政策实施层面

亚行除了以贷款项目的方式进行扶贫以外，还通过其影响力参与我国国家政策、战略制定等。尽管很难量化亚行通过减贫对我国扶贫政策制定的影响，但是毋庸置疑的是，亚行的扶贫活动确实带来了我国扶贫领域的深刻变化。一个最生动的事例是：《中国农村扶贫开发纲要（2001—2010 年）》确定了 14.8 万个贫困村的参与式乡村扶贫开发规划。在规划之初，全部贫困村包括了 2 000 万极度贫困人口和 5 000 万低收入群体，亚行在与国务院扶贫办长期的合作过程中促成了参与式理念及方法最终以制度的形式确定下来；并且在实施层面，通过与其他 NGO 组织共同努力，使得扶贫地区的经济社会效益最大化。可以看出，参与式村级扶贫规划有望惠及贫困村中的至少 5 亿农民，这种参与式扶贫理念及方法不仅具有较强的时效性与科学性，而且可操作性很强。

第三节　西部少数民族地区减贫
过程中的参与式金融开发

金融开发作为政策性金融的深化和发展，能够有效实现政府的开发目标、弥补欠发达地区的体制弊端、市场失灵，有助于巩固国家整体的经济金融安全。将其作为减贫策略，更是一种有效的金融促进经济发展的手段。金融开发通常为政府倡导、赋权经营，具有国家信用的基础，体现了政府发展意志，把政府管理与市场自发有机结合起来。这就要求市场主体积极参与，形成参与式金融开发。参与式金融开发实际上是一种理念，在这种理念的指导下，需要形成一种快速收集地区信息资料、资源状况与优势、贫困人口愿望和发展途径的新模式。它综合了社会组织结构、农业生态系统、行为学等方面的研究成果，具有能够真正实现政策预期效果的许多优越性。

一、参与式金融开发过程中的一般方法与手段

（一）健全政策性金融体系是主体

无论发达国家还是发展中国家，都把完善的政策性金融体系作为经济发展的有力保障。特别是在经济发展的初期阶段，商业金融往往匮乏。当然，就我国西部民族地区而言，商业性金融更多的角色是一台"抽水机"，就更加需要政策性金融发挥发展的主导作用。一方面，政策性金融一样具有金融的资源集聚效应，能够进一步整合社会资源投向发展；另一方面，政策性金融本身就是有力的金融支持手段，具备重要的方向引导作用。借鉴国际经验，政策性金融的多样化与差异化，给日本和德国带来了直接的经济发展效果。特别是第二次世界大战后的重建过程，包含差异化政策的政策性金融体系在两国的实践获得了较大成效。我国政策性金融机构虽然成立时间较短，但从我国计划经济发展历程来看，政策性金融的实际发展过程已历史悠久。但是，我国在市场环境下的政策性金融发展上经验依然不足，特别是差异化政策制定不充分、全国政策性金融导向趋同等问题，都制约其进一步发展。

（二）推动合作金融的参与是动力

现代意义上的合作金融出现于 19 世纪中叶的德国，之后迅速在欧美各国发展起来，并逐步扩展到世界各地。合作金融最早由小型信用社演变而来，逐渐发展成现在的合作银行体系，成为银行业中的一个重要组成部分。在城乡经济发展的过程中，合作银行有力地保护和支持了弱势群体的发展，更有力地免除了这些地区的高利贷盘剥。我国的农村信用社也具有同样的功能，在特定的历史时期为推动广大农村地区的发展起到了非常重要的作用。但随着我国经济发展的不断推进，农村信用社自身的弊端以及广大贫困地区的信用缺失等问题日益突出，农村信用社已经无法满足当前农村、贫困地区的金融需求。当下，各级农村信用社纷纷改制为农村商业银行，但这并不能宣告合作金融的消失。与此同时，依托于运输、销售等实体经济运行环节的金融合作社正如雨后春笋般出现在广大农村地区。而这种以合作社为基础的非正规金融正在成为金融开发过程中的主力军，能够基于合作信用提升各方主体参与的积极性。

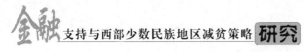

（三）重视保险市场的发展是补充

从国际经验来看，众多的欠发达地区都是以降低农业生产风险、推动农业发展来推动经济增长、有效降低贫困的。当然，大力推行农业保险则是降低风险的有效手段。但是在我国，保险行业起步较晚，保险从业人员素质低下、公民整体的保险意识不强等问题一直制约着保险业的发展，产生的保险"马太效应"也越发明显——越是需要被保险覆盖的低收入人群反而越不会参保。因此，这种抵抗农业发展风险的农业保险也显得越发难以推行。要想摆脱政府救济而采用商业化的模式运作还存在困难，特别是改变农民现有的观念，还有一条很远的路需要走。同时，在国际上，小额保险计划的推行，也已经是一项非常成熟的缓解贫困手段。通过为低收入人群提供保障，解决低收入人群的诸如看病等临时性大额开支问题，可以进一步解放生产力，有效促进经济增长。中国虽然近年来也加入了开展小额保险的国家行列，但较小的覆盖面、不接地气的舶来方式等，都制约着保险在经济发展中的进一步作用。特别是对西部民族地区而言，保险还未成为金融支持体系的重要组成部分。

（四）强化 NGO 的支持作用是纽带

就西部民族地区的金融开发而言，仅依靠中央政府的政策支持、自治地方的统筹协调还远远不够，非政府组织作为第三方机构还应当发挥有力的纽带作用。巴基斯坦微型金融组织（Pakistan microfinance Network，PMN）从 1997 年成立便致力于构建微型金融组织、推动微型金融服务等，通过支持微型金融机构的发展，为低收入人群提供了多样化、差异化的金融服务，有力地推动了巴基斯坦欠发达地区的金融开发。而英国的各类少数民族企业中心，如 Bolton and Bury 企业中心（BBEC）、伯明翰黑人企业组织等，一直致力于通过专业知识和先进管理经验为少数民族企业提供帮助，同时还在语言和融资方面提供服务。这种第三方机构的介入，特别是民族地区的自组织，大到金融协会，小到金融互助组，能够比政府更好地融入当地的民族文化、宗教，形成促进民族地区发展的有力推手。

二、减贫策略下西部民族地区的参与式金融开发

如前所述，真正意义上的参与式金融开发并不会自动出现，这不是一种自发而成的市场行为，而是以政策性金融为主导地位的一系列发展手段。因此，需要扫除众多的障碍性因素，即开发手段、开发过程和开发结果必须是和西部民族地区相适应的，以最大化发展的有利因素。

（一）提高金融支持信息的透明度和公开性

"参与式"使金融开发成为施援方与受援方共同努力、知识共享、共同受益的过程。要做到有效参与，一定要确保信息的可获得性，特别是一系列金融支持政策要能被各参与方有效获得及更新。政策的制定者、执行者与接收者都需要处在信息公开的环境中，才能做到使各方有效参与各项目、各政策的实施。特别是对于有关金融支持政策，如利率优惠、低收入人群保障等项目，西部民族地区的社会公众提前了解这些项目的实施时间、范围和各地区间的差异非常重要。当前，我国中央政府在民族地区的相关金融支持政策较为单一，其实施范围更是多以西部地区概括之，缺乏针对具体民族的政策，致使地方政府的政策较为混乱、模糊，急需针对这些区域的金融支持政策进行顶层设计，使信息完整、有效地披露。

（二）完善基础教育机制，培育参与能力

随着经济社会的进一步发展，传统的九年义务教育所能提供的学历和文化水平，越来越无法使广大农民适应当下快节奏、高科技含量的社会生活，也更加无法满足他们的就业、创业需要。而在广大的西部民族地区，九年义务教育的普及仍相当有限。在金融开发的过程中，对金融支持政策的不理解、金融相关知识的匮乏成为少数民族群众参与度较低的一个重要原因。要发挥扶贫长远效益，应当加快打破贫困的代际传承规律，让民族地区群众享受均等的教育机会，改变现有经济贫困、地域相隔等现状。同时，应当强化对贫困群众的致富手段、思路的教育，特别是融资方式、手段的学习，使其能够融入现代社会，使用先进且适合的金融工具和产品。

（三）推行差异化政策，激发参与积极性

只有推崇公民文化的社会，才能拥有具备参与精神和参与氛围的社会主体，而公共意识、社会责任感也才能在这个社会得到充分的认同。即使在我国的相对发达地区，社工一类社会角色也才刚刚出现，奉献、参与理念的推广还存在一定障碍。在被宗教、民族文化等影响上千年的西部民族地区，就需要更多的耐心去激发民众参与的积极性。首先，用示范带动做正确引导。一是通过当地示范带动，二是去民族不同地区参观学习，让各民族群众看到发展的实际效益和美好前景，让他们用"想参与、想致富"的意愿代替原有"等、靠、要"的思想。其次，要用差异化的金融支持政策来满足不同民族地区的需求，使这些金融开发形式在这些区域易于接受、易于参与。在制定保障性的金融开发政策时，应当换位思考，推行适合当地的保险政策。

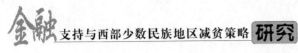

（四）强化开发的便利性，降低参与成本

公共参与和公共开发一样，是需要成本的，这是学界已无争议的事实。各参与主体都将面临参与成本，这是影响有效参与的直接因素。如何有效降低这种成本，是推行参与式开发的重要方面。然而，中央对于西部民族地区的支持是不遗余力的。在金融开发的过程中政府方的参与成本将不再是考虑重点，降低社会公众尤其是贫困家庭的参与成本才是这一过程中的重中之重。这就需要金融开发政策与当地经济发展的阶段相适应，同时这种金融开发形式还要适合当地的民族、宗教、文化等社会因素。例如在涉藏工作重点省的生产经营活动中，与正规金融相比，非正规金融往往起着不可忽视的作用。这和涉藏工作重点省特殊的地理环境、人口分布、经济发展模式密不可分，因此涉藏工作重点省的非正规金融常以"庙宇金融""牧区金融"的形式存在。金融开发政策也应当遵循这样的逻辑，应当具备更方便、快捷、灵活的参与地点和方式，恰当选择参与时间，将农牧民参与的机会成本降到最低。同时，还应当认可并鼓励现存的特定非正规金融形式，将其纳入监管，为进一步的金融开发提供思路。

第十一章　差别化发展战略

差别化发展战略的概念源于企业发展规划，后来陆续由一些学者逐步拓展到区域发展规划中。随着市场产品不断细分，企业要在激烈的市场中角逐并生存下来，必须提高产品的市场竞争力，主动融入全球一体化的浪潮，塑造独特的企业文化与技术硬实力。按照市场一般规律，差别化发展战略可以简述为：以满足顾客多元化的需求为导向，企业向市场提供的独特的、不可替代性较强的特色产品或服务，以体现相对优势的发展战略。

在日益全球化的今天，全球竞争态势由微观层面企业竞争转变为中观层面区域产业竞争，甚至国家综合实力的竞争。竞争中有合作，合作中有竞争，竞合并存的状态已成为区域发展的"新常态"，促使各地根据自身优势，找准自身的全球定位，根据自身产业基础和资源禀赋，形成别具一格的差异化发展路径。早在国家第九个五年计划中，我国就明确提出在经济发展方面要"有所为有所不为"，其初衷在于一方面规范政府对经济的调整行为，另一方面审时度势调整经济发展战略。战略实施的直接效果就是摒弃了过去片面追求自给自足、遍地开花的旧发展模式，转而建立良性竞争的现代产业体系。随着全面深化改革大幕开启，全球一体化趋势不断向纵深发展，经济发展张弛有度、"有所为有所不为"的战略思维已被广大群众所接受，由此基于区域经济发展的视角推演出了地区差别化发展战略这一定义，并且差别化发展战略应用领域不断拓宽，被广泛运用、借鉴到发展经济学、区域经济学、金融学等多个应用经济学理论或实践领域。

第一节　差别化发展战略借鉴及概念框架

一、差别化发展战略的概念界定及扩展应用

差别化发展战略应用到区域经济发展中之后，主要强调要根据主导产业竞争力、产业配套水平及人力资源状况制定特色发展规划。实行区域差别化发展的目的在于发挥自身所长，在全球竞争中占有一席之地，并与其他各成员单位形成互利共赢、协同发展的竞合格局，促进区域间利益共享、资源合理流动，实现区域共同发展。在市场经济条件下，区域经济差别化发展战略是各方博弈的结果。同时，当前国家强调区域协调发展，其内涵也包括避免同质竞争。为推动区域协调发展，中央针对全国区域进行谋篇布局，先后提出了西部大开发、振兴东北老工业基地等区域总体发展战略，同时，编制全国主体功能区规划、批复多个国家级新区及综合配套改革试验区等。这些相应的规划出台均是在充分辨清地方经济文化社会差异的前提下，引导各区域实行差异化发展。

区域金融发展是区域经济发展的重要支撑，差别化的区域经济发展战略必然要求与之相得益彰的差别化金融发展战略或差别化金融支持战略。我国各区域在经济发展水平、金融发展质量上差异十分显著，如果全国一盘棋地实施金融扶贫政策，那么按照市场规律，东部将拥有更多的金融资源，中西部地区"失血"现象将更为严重。金融发展路径本身也表明，在落后地区金融对经济的支持作用见效较慢、周期较长，若采用"大一统"的金融发展政策或扶贫政策，易造成欠发达地区"启动慢"而"刹车快"的窘境。因此，在保障区域金融发展整体高效的同时，还需因地制宜、因时制宜地制定和实施区域差异化发展战略。

二、差别化发展战略是实现后发优势的战略选择

当前，在全球经济一体化、区域经济集团化愈演愈烈的形势下，要么有机融入全球化浪潮，参与全球产业分工，要么主动放弃，被全球化洪流所覆没，这是无法回避的现实。如何顺应全球化时代潮流，在潮流中迎头赶上、掌握在全球化背景下经济发展的主导权是我国西部民族地区经济社会发展中应考虑的首要问题。实施差别化发展战略是解决这一难题的重要方法：通过差别化发展战略，激发后发优势，以小博大，成

为全球化进程中重要参与者。为此，有必要更进一步对差别化发展战略的特点及优点进行深刻剖析。

（一）差别化发展战略的实质是扬长避短

差别化发展战略是区域经济发展新常态下的必然选择，是推进产业合作、合理配置资源、消除不同区域盲目竞争、设置商贸壁垒的重要方法，更是落后地区扬长避短、更好地融入全球化产业分工协作的理想路径。只有基于区域特色禀赋资源等方面的差异，特别是自然资源条件等非流动性资源差异，差别化战略才有广阔的适用范围。某个地区拥有区别于其他区域的自然资源是实现经济起飞的重要条件之一，而差异不仅仅体现于此，独有的历史文化资源、人力资源、科技发展实力都可以成为区域经济发展的特色。一旦某个地区在发展过程中偏离了自身特色，也就失去了竞争的领先优势，就会处于不利的竞争位置。因此，一个地区只有集思广益，不断地为彰显地区自身特色而积极谋划，竭力汲取与自身发展相宜的人才、资本等要素资源，才能形成独一无二的竞争力。

（二）差别化发展战略有助于生产要素有序流动

实施差别化发展战略，避免过去的盲目发展、同质化发展的困境，可以依托自身资源禀赋，注重选择性发展。如此一来，以主导产业形成相关产业集群，吸引上下游配套产业集聚，资金、劳动力等相关生产要素配套完善，可以形成增长极，最后依靠增长极的扩散效益推动区域协调发展。例如，被誉为"中国生态环境第一县"的浙江省丽水市庆元县，由于工业发展基础相对薄弱，产业特点不突出，基础设施较为落后，2008年毅然决定取消辖区内高海拔地区乡镇在招商引资、工业税收等方面的指标考核。在国家加强生态文化建设的大背景下，该县决定将生态保护、环境治理与生态经济作为高海拔片区的考核指标，鼓励发展生态观光产业。在辖区内的低海拔地区，积极发展绿色低碳产业，强化招商引资的硬软件环境。通过在县域内实施不同的差别化发展战略，推动一、三产业互动，庆元县开创了全县经济发展与生态建设双赢的大好格局。

（三）差别化发展战略有利于挖掘欠发达地区的优势

欠发达地区由于投资回报率较低，金融供给水平不高，"资金外逃"或"资金溢出"现象较明显。因此，要改变欠发达地区尤其是老少边穷地区金融资源匮乏的局面，除采用财政政策的手段以外，还需在金融扶贫政策、金融减贫策略、金融制度创新等方面实施差别化战略。从国际社会来看，欧美等西方国家的金融调控以间接方式为主，将差异化体现在金融工具的运用上。例如，美国各州、各区域联邦储备银行在贴现率制定上有很大自主权。经济欠发达的州可以通过调整贴现率及政策来

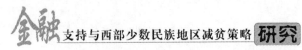

影响或修正区域内的投资。同时，在银行业存款准备金率的制定方面，也是根据银行所处分区不同而不同，最大限度地保证了银行对本地区信用潜力的挖掘。当前，西部地区金融服务功能还不够完善，金融体系还不够健全，金融发展对经济发展的促进作用还不明显。参考美国金融差别化发展战略的经验，可以考虑对西部地区特别是民族地区金融发展制定差别化政策措施，在区域内部亦可实行更为细化的金融差别化发展战略，积极引导优质的金融资源流向"失血"严重的民族地区，促进欠发达地区挖掘潜力，更好发挥后发优势。

第二节　差别化发展战略的目标取向

　　本节所研究的差别化发展战略扩大了区域经济、区域金融发展的外延，特指金融支持或金融参与精准扶贫的差别化发展战略。改革开放以来，我国综合竞争力和国际影响力不断增强，经济社会发展成绩斐然，这些成绩的取得与金融业的发展分不开。然而不能忽视是：我国自上而下、稳健有序的统一的金融政策可以维护国家和地区金融秩序稳定，有效化解经济风险，但因金融发展与地区经济发展存在相互促进关系，存在马太效应，最后会导致各区域发展不均衡。由此，针对地区、区位、民族等差异实施富有弹性的差别化金融发展战略刻不容缓。我国幅员辽阔、民族众多，地貌特征、文化风俗习惯极为复杂多样，针对我国经济社会现状，要实现"美丽中国梦""幸福中国梦"，全面实现现代化，就迫切需要实行差别化的经济发展方针和金融发展战略。从国家层面看，我国东、中、西部及东北地区发展不均衡，可以通过中央财政转移支付的形式进行调节。那么金融发展从宏观层面如何实现区域均衡？

一、我国统一金融政策的回顾梳理

　　长期以来，我国金融政策的"统一性"主要指的是不同类别金融机构、不同区域的统一。由于不同区域在市场化程度、资源禀赋、金融供需方面均存在差异，整齐划一的金融政策不可能再在不同区域达到同样的效果。统一的金融发展战略或金融政策主要体现为以下几点：第一，准备金政策方面。老少边穷地区由于居民收入普遍偏低、优质的企业客户较少，存款增长能力不足。同时，金融资产交割及清算工具缺乏创新，导致统一的准备金基础货币创造能力不足。第二，贷款政策方面。再贷款包括的种类有扶贫再贷款等，尽管有的已经考虑到了区域的差异性，实行了有差别的再贷款品种，但是在实际运作过程中再贷款在授信额度、利率期限方面向民族地区以及贫困连片地区的倾斜力度还不够。第三，再贴现政策方面。由于商业信用发展水平不一致，当前统一的货币政策容易导致这些经济落后地区的再贴现业务停滞不前。第四，信贷政策方面。在高度集权的授信管理体系下，地方信贷政策权限一般都低于上级，一般多遵守上级管理政策，这已经成为一种路径依赖，在国家未经允准但也未明令禁止的金融领域很难实现质的突破。第五，准入政策方面。西部民族地区人口密度低，金融服务的半径较长，导致正规金融机构经营成本偏高，与全国其他地方一致的资本金要求必然影响一些有潜在投资意向的法人金融机构的积极性。第六，利率政策方面。当前，我国正在逐步实现利率市场化，然而利率市场化在西部民族地区实现难度更大，且极容易造成这些地区实际利率负向变化，进而引发民族地区资金外逃。

二、我国差别化金融减贫模式梳理

　　我国差别化金融减贫模式的差异性主要体现在机构差别化和区域差别化上。从机构差别化来看：一是存款准备金率的差别化。根据不同类型金融机构资质、资本充足率及不良贷款等指标，考虑到国家宏观调控的政策配套，人民银行一般会采取增减调节的办法对各类存款金融机构的准备金予以调节，从而实现金融机构健康有序运转。二是贷款利率的差别化。2004 年，央行实施贷款利率改革，扩大了商业性金融机构对贷款利率浮动区间的自主决定权，各银行类金融机构根据自身业务情况扩大了贷款利率浮动区间。三是定向央行票据。基于货币政策的传导原理，央行通过发行各类央行票据，对各银行类金融机构的资产负债表进行调节，并对信贷投放频率较快、数量较大的金融机构进行了警示威慑，同时也回收了市场流动性。四是特别化存款。特别化存款与央行票据作用类似，所不同的是其制定的利率水平偏高，惩戒意味低于央行票据。从区域差别化来看，主要是给予不同地区差别化的金融扶持政策。最典型的例子是西藏自治区：每年的扶贫贴息贷款实行单列，年初人行拉萨中心支行向央行提出扶贫贴息资金新增申请，央行批复核准后就可实施。另外，西藏地区农牧民生活特点还赋予了西藏地区相对宽松的现金管理制度。为了支持西藏实体经济发展，西藏辖区内本币贷款利率较同期全国各级别贷款利率要低 2 个百分点。

第三节 差别化金融调控分区中
主要聚类要素及其测度

区域经济发展与区域金融发展两者之间的关系一直较难精确地界定，但可以肯定的是两者之间互为因果关系。因此，从这个维度可以将两者关系描述为：金融服务是区域经济发展的一种需求，同时也是发展质量的体现。对区域经济与区域金融两者互动关系的研究，有助于优化区域资源配置，制定符合当地实际的区域金融支持策略。在梳理前人相关文献的过程中可以发现，不同地区的经济增长与金融发展水平之间的相关关系差异是显著的，金融政策若能在宏观调控时兼顾区域差异，那么将有助于提高地方积极推动发展意愿和动力。金融发展与区域经济增长的相关关系成为宏观金融调控中需重点考虑的方面，同样，金融要素在不同地区实现金融减贫的作用力度差别也是宏观金融调控需着重思考的领域。为此，本节的内容就是以代表西部民族地区经济发展水平的广西、宁夏、新疆、西藏、内蒙古五大自治区的宏观数据为依据来度量这一差异[1]，以期将这两者的差异性纳入宏观金融政策的统一框架中予以应用执行。

一、金融发展与西部民族地区经济增长相关关系的区域差异

（一）模型的建立

受样本数据所限，如果在计量模型中仅采用时间序列，那么可能相关信息不充分会导致实证分析的可信度降低。为了检验西藏、宁夏、新疆、内蒙古、广西五大民族自治区经济发展与金融发展互动性的差异，我们采用了面板数据的分析方法。同时，在具体的处理方式上，我们在数据选用上放弃了传统做法中将银行业存贷款总额作为金融资产的替代变量继而计算金融相关率的做法，而是参考借鉴了一些较为前沿、针对意义更好的做法，即以贷款作为金融对经济促进作用的衡量指标，以存款作为经济对金融推进作用的考察指标[2]。这一新的做法相比于传统做法在实践上更趋合理，也更符合理论基础。本节以西藏、宁夏、内蒙

---

[1] 这里的西部不是指地理位置上的西部，而是指经济意义上属于西部大开发范畴的西部，所以广西、内蒙古被纳入样本范围。

[2] 范祚军，关伟. 差别化区域金融调控的一个分区方法 [J]. 管理世界，2008（4）：39.

古、新疆、广西五大自治区 1995—2012 年的 GDP、金融机构各项存款、金融机构各项贷款、政府财政支出为各变量样本[①]，利用面板数据探究省域层面，观察各省区中观层面地区经济发展与金融发展的互动关系及金融减贫作用力度。

按一般的研究步骤，在使用面板模型时，首先需确定选用何种形式的模型。若选择面板数据模型，还需借助 Hausman（1978）检验原理进一步判断是选择固定效应模型还是随机效应模型，之后再用 F 检验判断是选用变斜率系数模型还是变截距模型。

根据金融经济学相关原理，可以把金融促进地区经济发展、经济进步的模型设定为

$$\mathrm{gdp}_{it} = \alpha_{it} + \beta_{it}l_{it} + u_{it} \qquad (11-1)$$

式中，α_{it} 为截距项；β_{it} 为斜率系数；i 为横截面数据；t 为时间序列数据；gdp_{it} 为地区生产总值；l_{it} 为地区金融机构各项贷款总额；u_{it} 为随机误差项。

反之，地区经济增长对金融的推动作用可以用模型设定为

$$d_{it} = \delta_{it} + \eta_{it}\mathrm{gdp}_{it} + \lambda_{it}l_{it} + \gamma_{it}f_{it} + \sigma_{it} \qquad (11-2)$$

式中，d_{it} 为地区金融机构各项存款总额；f_{it} 为地区财政支出；σ_{it} 为模型的随机扰动项；而 δ_{it}、η_{it}、λ_{it}、γ_{it} 分别为各要素贡献边际系数。

（二）单位根检验及协整检验

在对所有变量进行回归分析之前，需对各序列进行平稳性检验。本研究在序列平稳性检验中分别采取了 LLC、Im Pesaran 及 Hadri 三种检验办法。结果显示，序列均存在单位根，在进行一阶差分后仍存在单位根，但是在二阶差分之后各序列均通过检验，表明各序列是二阶单整序列，服从 I（2）。在此基础上，分别对（gdp、l）与（d、gdp、l、f）进行协整检验，结果表明变量之间亦存在显著的协整关系。

（三）模型输出结果及结果分析

针对式 11 - 1，在利用 Eviews 软件分别对模型进行 F 检验及 Hausman 检验之后，确定了选用固定效应变截距模型较为合适。同理，针对式 11-2 进行相同的步骤之后，发现同样选择固定效应变系数模型较为合理。在确定模型之后，分别对模型 1 与模型 2 进行 OLS - FE 回归。模型 1 的回归结果见表 11-1。

---

① 统计数据分别来源于《西藏统计年鉴》（1996—2013）、《宁夏统计年鉴》（1996—2013）、《广西统计年鉴》（1996—2013）、《内蒙古统计年鉴》（1996—2013）、《新疆统计年鉴》（1996—2013）。

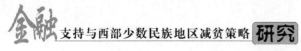

表 11-1　模型 1 输出结果

Dependent Variable：GDP

Method：Pooled EGLS（Cross-section SUR）

Date：12/13/13　Time：19：51

Sample：1995 2012

Included observations：18

Cross-sections included：5

Total pool（balanced）observations：90

Linear estimation after one-step weighting matrix

Variable	Coefficient	Std. Error	t-Statistic	Prob.
C	−48. 273 61	17. 346 53	−2. 782 897	0. 006 7
L?	1. 208 662	0. 007 203	167. 809 2	0. 000 0
Fixed Effects（Cross）				
NX--C	−4 600. 368 3			
NMG--C	795. 731 5			
XJ--C	−353. 932 4			
XZ--C	84. 030 68			

Effects Specification		
Cross-section fixed（dummy variables）		

Weighted Statistics			
R-squared	0. 997 586	Mean dependent var	−0. 326 174
Adjusted R-squared	0. 997 442	S. D. dependent var	24. 332 44
S. E. of regression	1. 034 889	Sum squared resid	89. 963 55
F-statistic	6 942. 810	Durbin-Watson stat	1. 209 505
Prob（F-statistic）	0. 000 000		

Unweighted Statistics			
R-squared	0. 964 675	Mean dependent var	2 731. 358
Sum squared resid	37 152 793	Durbin-Watson stat	0. 297 693

　　从模型拟合程度来看，拟合优度较高，达到了 0.99 以上。同时，各地区金融发展与经济发展高度相关，相伴概率为 0，模型 F 检验显著。一阶差分处理后，DW 值也通过了检验，消除了自相关现象。从回归结果的经济意义来看，当五大民族自治区金融机构贷款每增加 1 亿元，平均说来将会导致五大民族自治区地区生产总值增加 1.2 亿元。这一结果表明民族地区金融发展与经济增长存在正向相关关系。但由于五

大民族自治区在经济基础、社会结构、经济人口等方面存在异质性，金融发展水平对地区经济增长的正向推进作用的差异性在所难免。从回归结果来看，内蒙古与西藏的金融对经济发展的促进作用比五大民族自治区的平均促进作用更显著。其中，内蒙古自治区金融对经济支持力度最为明显，比平均促进作用多了795.73亿元。反之，相比于其他四大民族自治区，宁夏回族自治区的金融对经济的支持作用相对不是那么显著，在五大自治区之中支持作用也是相对最低的，比平均水平少了460.37亿元。除此之外，广西壮族自治区、新疆维吾尔自治区的金融发展对经济的促进作用也比平均水平要低，但广西与平均水平相差不大。在此基础上，我们进一步在同一截面上分别对五大民族自治区进行GDP变量对贷款变量 L 的回归①，得出了五大民族自治区经济发展中的具体金融贡献系数差异，如表11-2所示：

表 11-2　五大民族自治区金融对经济发展的贡献系数

地区	金融对经济发展的贡献系数
宁夏	0.71
内蒙古	1.512
西藏	1.22
新疆	1.036
广西	1.044

从结果来看，五大自治区金融对经济增长的推动作用明显。系统论观点认为，把各种影响因素按照一定的技术处理方法或统一标准放到一个整体系统里面去考察个体差异性，这样得出的结果可信度同样较高。从表11-2金融对经济发展的贡献系数来看，内蒙古与西藏金融对经济发展的贡献份额更高，分别达到了1.512与1.22，这与前面面板数据回归得到的结果是一致的。因此，两大地区今后应进一步强化金融对经济的支持作用，强化金融服务实体经济的能力。而宁夏金融对经济发展的贡献份额相对最小，只有0.71，这表明自治区可能存在一定程度的"金融抑制"现象，因此未来需从优化信贷结构、扩大社会融资规模、发挥金融调控功能、强化金融服务功能、加强政策引导、改善金融生态环境等多个方面增强金融对经济发展的输血功能，使其能更好地为后发地区赶超战略的实施提供优质的金融服务。

---

① 在五大自治区变量回归结果中，对各序列进行聚类处理，得到标准化数据之后再进行了OLS回归。回归结果均通过了各统计量检验，拟合优度较高，同时不存在异方差及自相关。

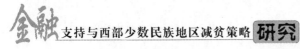

模型 2 的回归结果见表 11-3。从模型 2 的输出结果来看，除了个别参数值（内蒙古财政支出与广西财政支出）的 t 值不显著以外，其余各解释变量均比较显著。这表明经济增长对金融发展有明显的推动作用。同时，模型拟合程度较高，F 值也比较显著，DW 经过加权后等于 1.886，这表明模型不存在自相关现象。从 Eviews 输出结果来看，内蒙古与新疆的 GDP 对存款的边际贡献率高，充分表明了经济发展水平决定了金融发达程度。这也基本与经济发展越好，经济总量越大，地区存款就越充裕，金融机构就越发达的现实吻合。

表 11-3　模型 2 输出结果

Dependent Variable：D?

Method：Pooled EGLS（Cross-section SUR）

Date：12/13/13　Time：23：09

Sample：1995 2012

Included observations：18

Cross-sections included：5

Total pool（balanced）observations：90

Linear estimation after one-step weighting matrix

Variable	Coefficient	Std. Error	t-Statistic	Prob.
C	−88.286 91	40.294 81	−2.191 024	0.031 8
NX--GDPNX	0.389 601	0.144 921	2.688 361	0.009 0
NMG--GDPNMG	0.801 031	0.057 409	13.953 14	0.000 0
XJ--GDPXJ	0.800 384	0.110 551	7.239 959	0.000 0
XZ--GDPXZ	0.582 240	0.134 337	4.334 187	0.000 0
GX--GDPGX	0.292 425	0.078 918	3.705 410	0.000 4
NX--LNX	1.063 115	0.130 855	8.124 387	0.000 0
NMG--LNMG	0.218 058	0.082 868	2.631 399	0.010 5
XJ--LXJ	0.277 245	0.109 958	2.521 367	0.014 0
XZ--LXZ	0.377 189	0.101 977	3.698 744	0.000 4
GX--LGX	0.930 198	0.080 758	11.518 38	0.000 0
NX--FNX	−1.061 151	0.340 142	−3.119 732	0.002 6
NMG--FNMG	−0.399 693	0.303 592	−1.316 548	0.192 3
XJ--FXJ	1.588 654	0.368 381	4.312 531	0.000 1
XZ--FXZ	1.558 131	0.111 634	13.957 51	0.000 0
GX--FGX	0.266 017	0.432 724	0.614 750	0.540 7

表11-3(续)

Fixed Effects (Cross)			
NX--C	30. 974 77		
NMG--C	-74. 495 96		
XJ--C	-6. 962 277		
XZ--C	39. 095 59		
GX--C	11. 387 88		

Effects Specification			
Cross-section fixed (dummy variables)			

Weighted Statistics			
R-squared	0. 998 937	Mean dependent var	19. 950 07
Adjusted R-squared	0. 998 649	S. D. dependent var	29. 317 27
S. E. of regression	1. 100 653	Sum squared resid	84. 800 59
F-statistic	3 463. 176	Durbin-Watson stat	1. 885 954
Prob (F-statistic)	0. 000 000		

Unweighted Statistics			
R-squared	0. 998 750	Mean dependent var	3 067. 030
Sum squared resid	1 471 202	Durbin-Watson stat	1. 369 720

与此同时，广西、宁夏、西藏的作用力度较弱，说明经济发展对金融发展的推动力较小，这也符合了这三大民族自治区经济基础薄弱、经济总量偏低的欠发达特征，也直接表明经济发展水平与金融发展二者之间的相依相存的关系。

从结果来看，宁夏、广西两地贷款对存款的影响较大，而其余三大自治区贷款对存款的影响力较为有限。新疆、西藏财政支出对金融发展的贡献度较高，说明这两地财政干预力度较大，这也表明这两大地区一直以来财政支出较多，财政扶贫的作用相对更为显著，进而造成该地区居民与企业机构存款增多，推动了地区金融水平的不断发展。五大民族自治区的金融发展差距可以较大程度上解释经济发展差异。某地区如果金融发展原始水平不高，则对经济持续发展不利，而提高地区的金融发展水平，将会相应地带动地区经济的长远发展。也可以说，各地区经济增长与金融发展是高度相关的，提高地区金融发展水平与发展质量，将更有力地促进地区经济健康快速发展。

二、金融资源在西部民族地区资本形成中的作用力度差异

上述研究主要对西部五大民族自治区的区域经济与金融的相依关系的差异性进行了剖析。不难看出尽管各地区两者之间的差异性较为明显，但五大自治区金融发展对经济的促进作用却是一致的，其主要原因在于金融资源对地区资本积累的作用日益突出，地区发展依赖于有效的资本形成，而资本充足有利于转化为实际投资，从而推动经济的快速发展，改善当地的就业环境和政府财政收入，使当地政府有更多的资源投入基础设施配套建设，更好地改善当地投资环境，形成良性循环。改革开放初期，政府储蓄与实物投资构成了社会资本的主要来源，后来间接价值投资与多元储蓄结构成为社会资本积累的重要途径。所谓的间接价值投资又主要分为两种具体的方式：一种是以股票、债券作为媒介实现储蓄投资的转换方式；另一种是间接融资，通过银行存贷款实现投资与储蓄的转化。我国东部地区改革起步较早，利用市场机会的能力较强，较之于其他区域，率先实现了资本的有机形成。

（一）构建模型及数据说明

为更形象地描述与定量研究金融发展对地区资本形成的影响力，本节从构建模型中选取了西部五大民族自治区的资本形成总额作为被解释变量，以五大自治区全部金融机构贷款总额为解释变量，将模型构建为[①]

$$k_{it} = \varphi_{it} + \psi_{it} l_{it} + \nu_{it} \tag{11-3}$$

式中，k_{it} 为宁夏、西藏、内蒙古、新疆、广西五大民族自治区 1995—2012 年资本形成总额[②]；相应的 l_{it} 前文已做了描述，表示五大民族自治区的金融机构贷款总额（1995—2012 年）；ψ_{it} 为参数向量；ν_{it} 为随机扰动项，满足零均值、同方差的古典假定条件；φ_{it} 为截距项。

（二）单位根检验及协整分析

在对西部五大民族自治区资本形成总额及金融机构贷款总额进行相关分析之前，首先需要对各序列进行平稳性检验。本研究在序列平稳性检验中主要采取了 LLC、Im Pesaran 及 Hadri 检验三种办法。结果显示，序列均存在单位根，在进行一阶差分后仍存在单位根，但是在二阶差分

---

① 本模型参考了范祚军、关伟的《差别化区域金融调控的一个分区方法》（《管理世界》，2008（4）：41）。

② 资本形成总额数据中，宁夏、内蒙古、新疆的数据来源于各自统计年鉴（1996—2013），而西藏、广西的资本形成总额数据来源于《中国区域经济统计年鉴》（1996—2013）。

之后各序列均通过检验，表明各序列是二阶单整序列，服从 I（2）。在此基础上，分别用 EG 两步法对（k、l）进行协整检验，结果表明变量之间协整关系明显。

（三）模型输出结果及结论解释

针对本模型及式 11-3，分别通过 OLS-FE 及 OLS-RE 决策构建 F 统计量，利用 Hausman 检验，结果表明本模型适用于固定效应的变斜率系数的模型。其检验结果见表 11-4。

表 11-4　模型检验结果

Dependent Variable：K？

Method：Pooled EGLS（Cross-section SUR）

Date：12/19/13　Time：12：30

Sample：1995 2012

Included observations：18

Cross-sections included：5

Total pool（balanced）observations：90

Linear estimation after one-step weighting matrix

Variable	Coefficient	Std. Error	t-Statistic	Prob.
C	−387. 292 2	36. 820 31	−10. 518 44	0. 000 0
NX−LNX	0. 613 646	0. 014 206	43. 196 22	0. 000 0
NMG−LNMG	1. 219 441	0. 025 717	47. 418 43	0. 000 0
XJ−LXJ	0. 739 212	0. 020 154	36. 679 07	0. 000 0
XZ−LXZ	1. 210 241	0. 111 210	10. 882 49	0. 000 0
GX−LGX	0. 941 881	0. 024 715	38. 109 60	0. 000 0
Fixed Effects（Cross）				
NX−−C	−353. 939 8			
NMG−−C	−351. 184 5			
XJ−−C	113. 883 4			
XZ−−C	365. 322 7			
GX−−C	−481. 961 4			

Effects Specification		
Cross-section fixed（dummy variables）		

Weighted Statistics			
R-squared	0. 993 654	Mean dependent var	4. 340 086
Adjusted R-squared	0. 992 940	S. D. dependent var	11. 647 82

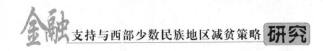

表11-4(续)

S. E. of regression	1.018 498	Sum squared resid	82.986 98
F-statistic	1 391.817	Durbin-Watson stat	1.651 490
Prob（F-statistic）	0.000 000		
	Unweighted Statistics		
R-squared	0.991 129	Mean dependent var	1 807.524
Sum squared resid	5 719 078	Durbin-Watson stat	0.983 044

从统计检验结果来看，模型的可决系数达到了 0.99 以上，表明拟合程度较好，西部五大民族自治区资本形成总额与金融发展（贷款总额）高度相关，各对应的解释变量 t 值均比较显著。同时，F 检验也比较满意，模型解释力较强。此外，模型的 DW 值也保证了模型不存在自相关现象。

从 Eviews 输出结果来看，金融信贷对各地区资本形成的影响十分显著，且不同地方间的差异较大。内蒙古与西藏的资本形成对金融信贷的依赖性最大，相关系数达到了 1.2 以上。相比之下，宁夏与新疆两地的资本形成对金融信贷的依赖性稍低一些，广西则依赖程度居中。这一结果表明，近年来由于新一轮西部大开发力度的不断加强，从宏观层面来看金融机构发展对西部五大民族自治区的资本形成也施加了较大影响。相比而言，东部地区民营经济发展较活跃，非正规金融盛行，其资本形成不太依赖于正规金融，相反依靠金融资源以外的要素积累更为明显。研究还发现，西部民族自治区金融对固定成本形成的作用力度差异显著，一方面表明自治区内部经济、金融发展水平差异明显，另一方面也表明民族地区资本流动不畅。当前应抓住"一带一路"建设的有利契机，打破各种区域壁垒与体制障碍，促进各要素的自由流通，进一步放开和发展民族地区金融市场，鼓励信贷资源合理配置，提高地区利用金融资源服务区域经济的效率与作用力度。

第四节　西部少数民族地区金融支持结构差异的形成原因及解释

在我国现行的经济框架范围内，金融支持经济发展、贫困地区的金融减贫的支持方式、支持结构都呈现出显著性差异。而这些差异性是基于多方面原因而产生的。纵观我国经济发展历程，区域发展差异相伴而生，且区域间经济实力的差异性造成了区域间金融资源服务经济的质与量都具有较大的差别。这样的情形容易导致经济周期制约下的经济结构剧烈变化，同样各区域的产业培育、扶持也面临不同风险系数的差异。就我国而言，金融扶贫体系内部的结构性差异主要归因于不同地区间的科教水平、宗教习俗、风土人情等社会因素交叉作用，部分地区则是商业银行受的行政干预。同时我国各个地域传承和沿袭下来的商业文明、信用基础、金融生态环境的多样性也对金融减贫的结构性差异造成了较大程度的影响。其作用机理可以大致描述如下：

一、减贫进程中的经济地理与文化差异

尽管一直以来，金融减贫的主体一般多为商业金融机构与贫困民众，但对地方政府在金融减贫过程中自始至终承担的角色却不能有丝毫的忽略。长期以来，我国城乡的反贫困尤其是民族地区的反贫困主要是一种政府行为，而通常扶贫资金来源最多的依然是财政投入。因此，金融减贫由于受到地方政府的不同程度干预，从某种意义上来说也带有较为浓厚的政府作用背景。金融管理部门在推进减贫过程中的一系列非均衡发展策略应用及各级地方政府在金融减贫过程中的干预行为差异，势必对各地区的经济发展水平、金融发展水平以及扶贫效率造成千差万别的影响。总结起来，不同地理单元的文化、风俗、宗教等人文差异及区域经济发展路径的差别导致了我国金融减贫过程中的多样性与复杂性（见图 11-1）。

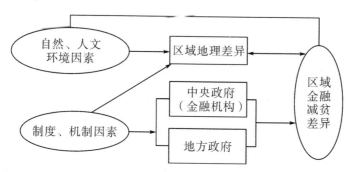

图 11-1 金融减贫的结构性差异

（一）区域经济地理与文化差异

一方水土养育一方人，不同的地理区位与文化铸就了不同区域人的性格特征。将这种自然生态的原理引申到金融减贫结构性差异的生态环境分析之中，可以得出结论：不同地理单元的风土人情、宗教信仰等差异构成了金融减贫生态环境差异的非制度影响因素。

历史底蕴及文化传承都在一定程度上影响着地区经济活动的发展方向与变化速率。例如关中平原自古以来的富庶感在某种程度上强化了关中人的自我满足感；四川、湖南等丘陵地区的人们由于地理环境引发的强烈的生存意识促使他们拥有敢闯敢干的豪迈胸襟；陕北"黄土高坡"粗犷的文化属性，"激励"了该片区经济发展粗放式增长模式的形成，而重利轻文的价值判断又进一步弱化了该地区经济社会发展的文化底蕴。可见，不同区域的文化结构差异可能对经济发展起到不同的作用。

江浙地处我国东部沿海，自然资源尤其是土地资源相对贫瘠，但自改革开放以来，江浙地区依靠市场创新及政府服务职能的不断完善，民营经济发展持续取得佳绩。以浙江温州为例，温州素来资源匮乏，在改革开放大背景下，在生存与生活双重压力交织作用下，不时推出市场体制机制创新。究其本质，应得益于其重商文化传统。

从历史发展情况来看，明清时期松江地区已经出现了资本主义萌芽，手工作坊已初具规模。到了 20 世纪 20 年代，苏杭等地已成为闻名遐迩的中外工商业基地。温州自唐代以来一直就是中国东南沿海地区有名的手工业名城，有着深厚的商业文化传统。这种深厚的文化积累塑造了温州人即便只有一毛钱也愿意当小老板的社会心态。江浙自晚清以来形成的重商、重教的文化氛围及社会风气与韦伯所推崇的新教伦理与资本主义精神极为匹配，它推动了金融信用的发展并促进了当地社会进步。

同理，泉州在古代作为"海上丝绸之路"的起点城市，其发展历程代表了东南福建地区的历史变迁。福建独具特色的海洋文化的包容性无疑更强，形成了具有特定历史影响力的闽商阶层。不同于我国晋商或徽商的特质，闽商具有勤俭、节约、包容、尚义的个体特质，对外开放度较高。闽商阶层形成了良好的重义轻利的文化氛围，这种氛围为福建地区经济发展以及以民间为主的信用文化建设奠定了扎实的群众基础。

较之于东南沿海地区，我国中西部地区自古以来一直是军事斗争的主战场，战事连绵，这在一定程度上导致了该片区域脆弱性及封闭性特征突出；在市场发育不充分条件下，这些地区很难形成一种作为主体行为规则的商业信用规范。尤其在西部民族地区，由于受其独特文化习俗的影响，"轻商贱利、重义轻财"观念习俗根深蒂固，阻碍了市场经济的进一步发展，也很大程度上抑制了金融减贫的众多载体的产生。例如，藏族农牧民将牦牛视为财富，一般不愿意宰杀或者交易。耻于经商是四川凉山州彝族地区的传统，彝民普遍认为做生意是"偏事"，物品以送为荣，以卖为耻。这些观念随着社会发展已大大改观。

另外，中华人民共和国成立以来传统的计划经济体制对各地区经济社会发展带来明显的影响。例如，西部地区与东北地区由于受计划经济的影响程度较深，时至今日其民族地区的市场经济水平仍然不高，与市场经济发达的沿海地区在企业家精神、市场创新意识、对市场信用的认识等诸多方面都有较大的差距。多种差异造成了金融生态环境的差异。

（二）区际发展路径的差异

各区域历史文化与自然禀赋的差异也对地区金融生态环境有十分重要的影响，进而对推进金融扶贫的方式方法产生了不同的影响。除此之外，区域间发展路径、产业结构及创新精神等不同程度的差异也有可能形成较为显著的区域经济运行模式差异及金融生态环境、金融减贫方式和结构的差异。

区域发展路径一般有两种。一种是市场主导型，另一种是政府主导型。当前，全面深化改革，全面推进市场经济体制改革，厘清政府与市场的边界，充分发挥市场对资源配置的决定性作用是重要内容之一。依照党的十一届三中全会的精神内涵，在市场主导型的区域发展路径中，市场与政府的角色定位是清晰的。政府要完善三张清单，做有为政府，通过创新环境的优化助推企业家精神的塑造，在坚持市场决定性作用的前提下，进一步促进、倡导经济技术模仿和创新活动。

对于区域发展路径的政府主导型模式，理论界有诸多的论述，譬如"地方政府公司主义模式""GDP 导向模式"等。在地区经济发展的起步阶段，市场机制作用尚不能完全发挥出来，此时借助政府的力量及政府掌握的资源可以对经济发展产生立竿见影的效果。但随着市场主体市场竞争意识的加强和市场体系的逐步完善，如果地方政府一如既往地干预，就完全有可能适得其反。公有制企业与非公有制企业在经营方式、经营理念上的差异可对金融生态环境有明显的影响。实践表明，民营经济的发展，有助于地方信用体系建设的加速发展。究其原因，民营经济要在市场经济环境中生存下来，其顽强的生命力被激发，重点体现在良好的信誉记录、进取创新的精神、科学的企业管理手段等方面，而这些优势则有助于它们获得体制内正规金融的青睐。良好的信用记录作为一种硬约束条件同样也是非正规金融贷款必备要素。因此，在民营经济较为发达的地区，诚信意识、诚信文化自然也是市场机制完善所要求的重要内容。而在广大的贫困地区尤其是西部民族地区，由于所处的地理位置偏僻、交通条件较为落后，外界信息的获取能力极为有限，生产生活条件落后，使其对外界具有一定的排斥性，排斥外部科技与知识信息。而"日出而作""日落而息"的生存方式与较封闭保守的社会结构相结合直接导致西部民族地区产业结构单一的后果，而以传统种植业为主的产业结构又制约了非农产业的发展，严重缩小了金融减贫借助的载体范

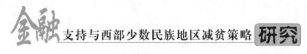

围，也直接造成了金融减贫土壤的贫瘠。

二、金融支持过程中的政府行为差异

（一）金融减贫的差异与中央政府行为

中央政府会根据宏观经济战略实际需要对不同区域实施不同的金融扶贫政策或不同的金融支持手段，继而对地区形成一定的区域发展激励。具体而言，基于中央政府行为的金融减贫差异性体现为以下三点：

1. 差别化的信贷支持政策

如上文所述，为实现东部地区的率先发展，人民银行给予了其低利率贷款政策。除此以外，还提供了其他一些优惠政策。如人民银行在广东等省下放了金融产品创新及基准利率基础上的利率弹性浮动等权限。多重政策的叠加，使东部沿海地区的信贷规模以及城乡居民整体脱贫都迈入了快车道。以中央政府名义出台的一些差别化利率政策，打破了早期全国信贷政策一盘棋的格局，促进了区域金融的健康发展。

2. 中西部上市公司融资的差别化政策

20世纪90年代后，我国企业开始尝试股票等直接融资方式。但因市场机制还未完善，为更好进行宏观调控和解决金融资源的稀缺性，最初就是以行政配额的方式进行股票融资。因此，各地股权融资资源的竞争就演变为区内上市公司数量的比拼。在市场竞争机制作用下，广东、上海等东部发达地区的上市公司陡增，占据了IPO的绝大多数席位，而中西部地区在该梯队中的上市公司屈指可数。因此，金融资源的集聚效应迅速使上海、深圳成为国内外大量金融机构入驻的"人间天堂"，而广大的中西部尤其是西部地区成了被资本市场所遗忘的角落；而资本市场发展的滞后也在一定程度上抑制了地区的金融发展水平和金融结构的优化，继而扩大了地区间经济发展水平差距。

3. 宏观政策调控对区域金融扶贫效应的差别化影响

一般而言，我国的金融制度安排与整体金融发展水平是相适应的，但由于各地区金融结构与金融发展水平的差异，金融扶贫效果往往会出现较大的差异。例如，东部地区具有功能相对完备的金融组织和相对完善的市场体系，因而在实现投资—储蓄的转化等方面优势明显。金融资源的合理配置客观上为金融减贫提供了可操作空间，为金融减贫的层级划分提供了科学性依据。相应地，中西部地区由于融资结构单一，整体金融发展水平低下，金融行业对宏观政策调控的敏感度更高。由于各类宏观政策的执行都决定了微观领域细节的变化，就自然地形成了中西部地区时间较长的金融调整适应周期。再加上由于融资结构单一，国有几

178

大商业银行的信贷一直是中西部民族地区融资的主要渠道；一旦商业银行信贷出现断裂，这些地区的经济发展将会受到巨大的冲击。可以看出，我国区域金融发展水平的失衡在一定程度上影响了"大一统"宏观金融政策调控的实施效果。

（二）区域金融结构的差异与地方政府行为

在中央与地方分权制改革以后，地方政府的经济自主发展能力有了显著的提高。一方面，地方政府作为"理性经济人"，不断谋求地区经济发展相对较快的速度，而同时亦需依靠自身的优势与政治艺术尽可能多地向中央政府争取优惠政策。GDP导向及"投资饥渴症"导致地方经济对投资形成强烈的依赖，进而导致对投资资金来源主体——各类金融机构信贷的激烈角逐。以海南为例，海南的金融发展历程伴随着海南岛的开发历程，各类金融机构从无到有，从单一类型到所有类型全部具备。在利好政策的导向下，海南各类金融机构急剧扩张、膨胀，最终严重影响经济发展。当前，西部许多省会城市结合区位条件和金融发展基础都提出了要建设各种类型的金融中心，如成都、西安、重庆都在力争打造中国西部金融中心，广西南宁欲建设面向东南亚的区域国际金融中心。考虑到金融对现代经济的作用和影响力，地方政府打造建设各类型的金融中心本无可厚非，但是在实际操作层面地方政府一定要充分正视金融机构盲目扩张带来的后果。金融机构以量为导向的扩张模式将会给本地区经济发展带来深层次灾难，无谓地片面争夺金融机构并不是一个明智的办法。如何将本地区有限的金融资源最大限度地引导到发展实体经济，最大限度地带动本地区中小企业发展，最大限度地解决各类产业发展所需要的融资问题，最大限度地带动本地区依靠金融资源实现脱贫，或许才是地方政府最应该思考的课题。

第五节　西部少数民族地区的后发与蓄力呼唤更加倾斜的差别化金融发展战略

随着新时期全面深化改革不断深入和新一轮西部大开发的不断推进以及国家精准扶贫战略的纵深迈进，西部民族地区在全国生态文明建设、资源保障和社会稳定上的战略地位日益凸显。但是，西部民族地区与国内发达地区之间的差距未随经济发展而缩小，反而在一些区域有扩大之势。面对当前发展机遇，实行倾斜度更高、更清晰的差别化金融政策或许是西部民族地区实现精准扶贫的重要条件。

一、西部民族地区后发的突出表现

经过多年发展，民族地区群众生活不断改善。越来越多的民族地区群众脱离了贫困线，逐步迈入了温饱甚至小康的行列。但是，西部民族地区经济发展水平与全国平均水平仍有不少的差距。以少数民族聚居程度较高的宁夏与青海为例：2019年青海GDP为2 965.95亿元，仅为全国的2.99‰，位列全国倒数第二位；2019年宁夏GDP为3 748.48亿元，约占全国的3.78‰，位列全国倒数第三位。2019年青海、宁夏居民人均可支配收入分别是全国平均水平的73.6%、79.4%。青海贫困人口集中于青南牧区，宁夏贫困人口集中于南部山区"西海固"；民族地区群众脆弱性特质较为明显，返贫率为30%。两地区内部发展差距大，如宁夏银川地区生产总值是固原的6.3倍。以2019年年末两地金融机构各项贷款余额来看，宁夏为7 427.57亿元，而青海为6 639.79亿元，两地合计占全国比例约为1%，而贷款数额大、期限长、时间集中等特征十分显著。同时，2019年入驻青海、宁夏两地的全国性民营股份制商业银行数额均十分有限。两地的县域现存金融机构网点较之于"十五"时期减少了一半。2019年青海累积保险保费收入为98.44亿元，仅占全国的2.59‰；财险中车险比重最大，而责任险、农业保险则占比较小，寿险中也主要是投资型产品占据主导地位。另外，两地的上市公司、证券机构数量都较少。这些都表明，如果西部民族地区抓好当前机遇，可以充分发挥其后发优势。

二、西部民族地区蓄力的支撑

面对当前新的形势，民族地区实践"小康梦""中国梦"的成功之路就在脚下。同样以少数民族聚集程度较高的青海、宁夏等为例：在党的十八届三中全会"五位一体"新格局的部署之下，生态文明建设在当前经济转型的大背景下被摆在了较为重要的位置。

第一，水资源丰富。作为我国境内长江、黄河、澜沧江"三江源"和"气候源"的青海，哺育着我国一半以上的人口，是全国影响范围最大、波及面最广的生态功能区。在生态文明建设的召唤下，在新的历史时期，青海在生态文明建设方面将大有作为。

第二，作为我国重要的战略接续区与"大后方"，青海、宁夏的自然资源丰富。青海的水能资源闻名遐迩，仅黄河主干流大中型水电站的装机容量就相当于三峡电站的总装机容量，同时其太阳能资源也颇为丰富且利用率高，风能储备位居全国第四位。除此之外，青海还有约 54 类矿产资源储量位居全国前十。宁夏的自然资源也极其丰富，其煤炭探明储量高居全国第六位，火电人均发电量位居全国榜首，荒地资源储备丰富，光热、风力资源充足。这些都为承接产业转移、发展经济提供了充足的能源、原材料支撑。

第三，全国 10 个藏族自治州中，有 6 个在青海境内。青海也是我国除西藏以外的最大藏族聚居区。2015 年这 6 个州共实现 GDP843.21 亿元，占全省 GDP 的 34.89%。其中果洛州仅有 35.6 亿元，除海西州以外，其余 5 州均未实现财政收支平衡，财政自给严重不足。"保工资、保运转"是财政支出的主要领域，境内县中有一大半为国家或省级扶贫开发重点地区。因此青海民族地区金融扶贫应该有较大的发展空间。宁夏作为回族主要聚居地，拥有丰富的旅游资源与独特的民族文化，但宁夏河套平原地区与南部地区发展差距较大，尤其是南部山区被称为"苦瘠甲天下"，西海固地区更是贫困程度深重，单纯的财政扶贫速度已经远远跟不上该地区贫困的动态演化，因而以增强自身发展能力、造血功能，抵御各种自然灾害、疾病等风险的能力为主要内容的金融扶贫系列工程仍有广阔的发展潜力。

第四，青海、宁夏正处于加快发展的新机遇期。新一轮西部大开发为青海、宁夏等西部民族地区带来了政策、投资、产业等多方面的优惠。国务院 2008 年出台了文件，明确提出要给予涉藏工作重点省在民生改善、扶贫攻坚等方面的优惠政策。第五、六次西藏工作座谈会上，中央提出统筹谋划，对青海等地发展可谓多重利好政策的叠加。而宁夏自成为内陆开放型经济试验区以来，充分借助其独特的伊斯兰人文优势不断向西拓展，已经成功举办了四届中阿经贸论坛、中阿经贸博览会，同海湾伊斯兰国家的经贸往来不断深入。同时，宁夏依托区内的"母亲河"黄河资源，全区积极打造"黄河金岸"，为宁夏全面建成小康社会、实现脱贫、提升沿黄城市带综合竞争力、建设西部生态屏障、优化国家城市体系、构建和谐的民族关系提供了清晰明确的路径实现图。

三、西部民族地区发展的金融倾斜

自从习近平总书记在湘西考察时提出"精准扶贫"的战略构想以来，我国扶贫工作思路和方式更加务实，更加强调贫困对象识别精准、资金使用精准、项目安排精准等内容。考虑到当前我国 14 个连片特困地区有相当多的区域（如涉藏工作重点省、新疆南疆三地州、六盘山区、乌蒙山区等）为西部民族地区，各民族地区区域差异显著，在金融

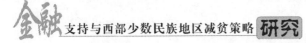

支持扶贫的策略上更应该以精准脱贫为出发点，避免大水灌漫、大而化之的减贫策略。一方面，要精准识别减贫对象，调查核实各级扶贫机构对贫困户的建档资料以及民政系统登记的低收入群体和救济人员资料，针对精准扶贫"四个一批"工作制定差异化的扶持政策，找准扶贫的着力点及方向。另一方面，要充分利用金融工具，激励各社会主体参与减贫工作。具体来看，第一，实行优惠利率。可以参考早期对东部经济特区的做法，在基准贷款利率水平上，西部民族地区商业银行下浮 2~3 个百分点，商业银行的利差损失由人民银行核准并由财政部补齐拨付。第二，实行差别化的存款准备金制度。可考虑根据西部民族地区实际，将地方性金融机构的存款准备金率在全国同类标准上再进行下调。第三，采取再贷款资金回笼政策。如可以增加发放机构、扩大投向范围、执行利率下浮、加大再贷款资金回笼程度。第四，实施费率优惠政策。民族地区保险机构保费可以根据实际情况酌情低于全国统一标准，差额部分由财政给予适当补贴。第五，降低金融机构准入门槛，鼓励民族地区推广小额项目，引导设立村民资金互助社等机构。第六，针对农业的脆弱性特质，设立专门的涉农信贷风险补偿基金。由民族地区所在省（区）、地市州财政按照一定标准予以补偿。如中央、青海地方财政等对涉农贷款都按照一定的比例给予了适当的补贴。涉农贷款有力地促进了青海地区农村经济的发展，实现了金融减贫的良好社会效果。第七，加大对不良贷款的处理力度。民族地区不良贷款率有增高的趋势，因此银监局等监管机构应对金融机构的不良贷款记录进行统一的筛查，对符合核销条件的由财政彻底清算核销。第八，制定专项贷款平台的过渡方案。对涉及民生改善与灾后重建等专项贷款，在确保贷款合理使用条件下准予其三年过渡期。如青海玉树地震后就采取了这样的做法，为玉树当地基础设施的建设、企业生产力的恢复提供了较为宽松的金融政策空间。第九，鼓励民族地区优质企业上市。对于那些对地区经济发展有突出贡献、带动能力强的上市后备企业，可根据情况酌情减少审批程序。如青海省进一步建立健全上市梯次培育工作机制，鼓励省内企业开展资产证券化工作。

第六节　差别化发展战略的路径选择

在金融支持地方经济发展和金融减贫发展模式差异中，最主要的表现形式是金融结构的差异。因结构差异而引发深层次的功能机制差异，从而导致金融对实体经济的增长、宏观经济调控中产生的实际效果的差异，这一点不仅仅体现于我国金融体系发展的脉络，也同样常见于不同类型的国家金融发展比较及研究。像我国这样幅员辽阔的国家，由于经济发展中金融要素的作用凸显，但同时空间流动性受到的阻力比较大，极为容易造成不同地区之间的金融结构发展差异。因我国东中西部地区、东北地区以及各区域内部差别比较大，对此进行经济结构差异的研究，提出参考意见，有利于推进金融体制改革，为我国金融结构合理发展提供政策建议。下面就分别从宏观、中观、微观三个维度提出差别化发展战略的路径选择。

一、差别化金融发展战略的宏观政策框架

（一）差异化的金融宏观调控政策

前文已经详细阐述了无差别金融发展政策对我国东中西部地区发展带来的弊端，此处不再赘述。从区域发展不平衡的分析结果来看，地区间的金融结构差异起着十分重要的作用。我国西部地区由于经济水平较低，其发展过度依赖银行信贷行为的特点十分显著，前文实证部分已经印证了这一点。在统一的金融政策背景下，资本本身的逐利性极易导致西部的资金流失到东部，进而拉大东西部经济发展的差距。为防止地区发展差距的进一步扩大，需要实施差异化的金融宏观调控政策，增强地区金融结构的协调度。同时，通过贯彻落实产业政策和民生工程，加大对欠发达地区尤其是西部民族地区的政策支持力度。但是制定宏观金融政策要统筹考虑又要区别对待，特别是在实施过程中对个别地区要有准备金、利率等的差异化政策。

结合我国长期以来城乡、区域发展之间形成的二元结构现状，实行差异化的金融宏观调控政策，要依据区域市场实际制定准入政策。例如在欠发达民族地区需要放宽市场准入条件，引导金融资金入驻，充分发挥当地经济发展的后发优势，从而有助于引入社会资本，为地方经济发展产生更大的服务效应。在具体的金融政策制定上，相关职能部门可以尝试从市场的角度寻求新的金融发展路径，可以从金融机构性质、类别、注册资本等方面入手，降低设立条件，支持商业银行、政策性银行、合作银行成立优势互补综合金融机构，鼓励各类资本到民族地区农村设立富有地方特色的新型村镇银行，进而推进农村金融发展。

（二）差异化的地区金融管理政策

实施差异化的金融管理政策可以考虑借助货币政策工具——准备金率、利率等手段来调节，缩小其比率，进而消除区域之间金融结构的差异性。例如，美国在1935年将对纽约的准备金率设为26%，其他16个

城市较大的国民银行最高为 20%，而欠发达地区准备金率仅为 14% 左右。因此，我国可以参考美国的实例对东中西部不同区域实施差别化的准备金率。从我国的实践来看，差别化的准备金率实施试点最先是从县域支行开始的，而后扩展到农行三农事业部，已有 12 个省 942 家县域支行参与。针对当前我国连片特困地区精准扶贫现状，可考虑在大区分行指导下赋予人行省级中心支行一定权限。针对连片特困民族地区各银行类机构的存贷比情况，可以调低当地的存款准备金率。在再贷款与再贴现政策方面，可考虑结合连片特困地区农牧业发展水平、产业结构，在风险可控的情况下适度增大支农、支小、扶贫等各类再贷款的规模，放宽还款期限和用途。不同连片特困地区可以实行差别化支农再贷款利率。此外，在坚持推进利率市场化的前提下，不断完善资金监管和区域结算方式方法，还可考虑赋予连片特困地区人行大区分行利率调控权，在全国利率的基础上根据当地实际情况适当予以调整。

从试点效果来看，使用差别化存款准备金率等货币政策工具，可以有效调节地区经济结构和解决"一刀切"带来的弊端，更好地保障政策的针对性和连续性，从而体现以信贷调控来支持贫困地区、民族地区发展的政策意图。

（三）局部扶持政策

局部性的扶植型政策调控的核心思想是针对金融结构区域差异性的缩减，及时通过对贫困地区的正常扶持，将金融结构调整的重点聚焦到如何培育并维持、提高区域差异下的金融体系功能上。要想在短时期内缩小东、中、西部地区或西部地区内部金融资源配置失衡的差距，就需要建立有倾向性的市场体制、体系，加大扶植民族地区企业的优惠力度，增加灵活度及优惠性。

要在实践层面上全方位地加大扶植型政策的力度，需要重点扶植西部民族地区金融机构，促进西部金融市场的市场机制作用的发挥；在遵守金融规则的前提条件下，在完善市场自我调节机制的基础上，使处于劣势的西部地区可以在更为有利和协调的平台上实现经济社会发展的大跨越。要解决我国金融发展不平衡的问题，一定离不开区域领域的研究，因此在实施差别化金融政策过程中，需更加注重扶持型金融政策体系的构建，从而缩小我国金融结构的区域性差异，进而推动区域经济协调发展。

西部民族地区发展水平直接关乎全国全面小康与经济社会现代化进程。西部民族地区经济社会的发展必须处理好金融与经济的关系，只有彻底改变西部民族地区金融制度现有的供给模式，实施局部性扶持政策，实现上下结合的金融制度体制机制的创新，并且尊重各金融主体，才能建立行之有效的西部民族地区金融与经济良性耦合发展的宏观制度环境，才能真正实现对西部民族地区经济现有发展方式的变革。如根据西部民族地区的优势资源，发展具有市场竞争力的产业群，进一步增强西部民族地区招商引资的力度，完善金融体制。西部民族地区金融发展与经济增长的良性耦合需要一个长期的过程，刚开始效果可能不太明显，但随着时间的推移，西部民族地区金融结构均衡发展的效果将会逐步显现。

二、空间异质特性下的金融差别化发展中观调整机制

（一）东部发达地区金融发展差别化调整机制

东部地区的金融差别化发展战略应以直接调整为主、间接调整为辅。调整过程中需注意两个基本面：一是视区域具体经济状况采取因地制宜的金融及经济手段，二是保持国际化的视野与国际接轨。具体来说，主要有如下几个方面。

第一，加快东部民间资本的融入。东部地区民营经济发达，可考虑参照国有银行参股的方式组建治理机构完善、真正服务于实体经济的民营银行，逐步实施金融对内与对外全方位开放战略，建立与多元化经济结构相适宜的金融结构。

第二，尝试各类金融创新，丰富现有金融结构。东部地区经济的发展不仅体现为金融及第三产业的发展，也体现为知识创新、科技创新日新月异的发展。因此在东部地区，应该因时制宜尝试创新，对各类金融工具进行丰富和完善，尤其是应大力提高有助于建设创新型国家、增强国际竞争力的科技型金融、知识型金融发展水平，提升金融向高科技行业、知识型行业渗透的能力及融合的能力，这也有助于改变当前发达地区不合理的金融结构。

第三，加快构建和完善东部地区多层次、宽领域的金融市场体系，有助于增强抵御和防范金融风险的能力，分散并降低金融危机可能带来的损失，从而提高东部地区金融市场效率及服务实体经济的能力。

（二）中西部欠发达地区金融发展差别化调整机制

相比于东部发达地区，中西部地区总体金融发展水平低一些，金融体系不完善，经济货币化程度较低，因此针对这些区域的金融差别化发展要以中央直接调控为主、地方间接调整为辅。可考虑在贷款利率、准备金率、再贴现率等方面进行调整，具体有如下几个方面。

第一，实现政策性金融与商业性金融联动互补。当前西部地区尤其是西部民族地区经济发展底子较弱，单纯的商业性金融难以有效支持地

方经济的发展，而政策性金融机构能够有效填补资本市场及商业性金融服务的空白。这样既满足了中西部落后地区的融资需求，又符合国际惯例。美国与德国就是通过设置区域性金融机构来推动落后地区经济发展的。对于西部民族地区而言，结合我国精准扶贫战略，更应该实现商业性金融、政策性金融的有机搭配。在推进精准扶贫中，产业扶贫是增强贫困地区"造血"功能的重要举措，为更好地推动金融资金参与产业扶贫，引导资金流向贫困地区优质产业，需要制定激励约束机制。同时，要发挥政策性金融的服务保障职能。农业发展银行要在整体城镇化建设贷款、改善农村人居环境建设贷款、涉农棚户区（城中村）改造贷款等中长期贷款的基础上继续拓展经营范围，尤其是农业现代化建设、农村土地整治和农民集中住房方面的业务，投向上要向民族地区特别是集中连片地区适当倾斜；国家开发银行在开展精准扶贫业务时，对贫困地区要因地制宜放宽项目设立、投向、回购等方面的条件，可以为贫困地区项目推动提供资本金支持，并减少政府负债。

第二，建立更加接地气的新型金融机构。村镇银行、小额贷款公司等新型金融机构在对欠发达地区"输血"及支持地方经济发展方面有着突出作用。目前，江苏、辽宁、重庆等地在小额贷款公司设立方面推进力度较大，贷款余额也比较多。在这些地区可以很明显地看到由于受到了小额贷款公司的信贷支持，中小企业发展活力较为强劲，对地方经济发展的作用也比较突出。而资金互助社和村镇银行的设立宗旨就是助推"三农"发展，对完善农村地区金融服务体系作用较显著。基于新型金融机构在经济发展中的作用，当前应鼓励在符合条件的欠发达地区新增乡镇级村镇银行等金融机构，可以尝试在基础条件较好的村设立资金互助社、社区银行等机构，作为地方金融机构的二级梯队。

第三，探索有差别的金融市场准入制度。在探索金融机构的相关市场准入条件方面，可结合西部民族地区具体情况及精准扶贫战略所需，在国家实施精准扶贫连片特困地区等重点地区适当降低金融机构的准入条件，依据当地发展水平和发起企业实力，设置差异化的注册资本金额度。同时支持符合条件的西部民族自治州或者条件较好的民族自治县设立地方性银行，实现金融服务在西部民族地区的全覆盖。

三、金融差别化发展战略调整中的微观运作路径

在微观方面，人民银行提出，社会金融结构的协调均衡发展要求在市场中充分发挥金融的资源配置作用，促进融资结构的优化和社会的和谐建设。金融结构在区域间发展不平衡主要体现为金融资源配置中的不

合理性，这种不合理性又主要呈现为直接融资与间接融资两者融资结构的巨大差异。要从微观运作路径上充分实现金融差别化发展战略带来的政策调控红利，就需要在合理的区域结构下，以微观层面的金融产品、服务创新为突破点，以市场的决定性作用为导向，逐步完善区域金融生态环境及人力资本形成机制，以更好地实现金融差别化发展战略实施带来的正向经济社会溢出效应。

（一）强化金融扶贫的异质性设计

结合我国经济地域较宽的特点，需要提前谋划、重点布局，推行金融产品差别化战略。以我国县域经济为例，我国有 2 862 个县（县级市、旗）等区划单位，根据各县的特点不同，又大致可分为农业县、工业县、资源特色县及国家级贫困县。为此，在引导金融更好服务当地经济时，应坚持区别对待的工作方针，针对不同的西部民族县域类型与特点推行针对性较强的金融产品差别化实施方案。同时，可以借鉴东部发达地区的一些经验，在不同地区通过重点发展、细化市场和构建完善的金融产品体系来更好地满足不同地域、不同类型的客户需求。在对客户需求以及风险状况进行充分研究的基础上，不断研发出与需求相匹配的新产品或服务，不断深化发展西部民族县域高端服务业。此外，金融机构在具体业务操作流程中也可实行差别化战略，如建立客户大数据信息，及时跟踪国家重点投向和产业政策的变化，关注行业发展态势和市场需求的变化，不断捕捉客户新需求等，为实施金融产品差别化战略提供充实的依据。

（二）推行差别化金融人才战略

我国西部地区尤其是西部民族地区经济基础较差、人力资源开发相对滞后，因此这些地区反贫困的重点应逐步转移到以依靠科技进步、提高贫困农民的素质为主要内容的人力资本投资上来。如可以进一步强化"智力支边""春蕾计划""光彩事业""幸福工程"等反贫困事业的广度与深度，更好地实现扶贫开发与劳动力就业、劳务输出、生态移民等的有机结合。考虑到新时期金融在西部民族地区经济社会发展中所起的作用越来越大，打造一批懂金融，社会责任感、正义感较强，具备国际化视野与创造性思维能力的高层次金融人才就显得尤为必要。金融业的竞争从某种意义上说是金融创新人才的竞争。金融创新人才不能仅靠外部引进，还应该着手进行内部培养，建立深厚的金融创新人文底蕴。西部民族地区可考虑地区实际实施差别化的金融人才战略，从创造有利于金融人才成才的宽松环境、更新观念、建立健全培养选拔金融创新人才的有效机制、建立一套行之有效的激励机制等方面大力挖掘、培养高素质的金融人才。西部地区一些金融机构更应该尊重人才、用好人才，给

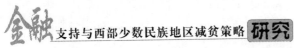

予他们广阔舞台，合理开发与配置金融创新人才，以便在地区竞争、国际竞争中立于不败之地。

（三）营造良好的民族金融生态环境

良好的金融生态环境对提高地区金融发展水平意义重大，更有助于发挥资金"洼地"效应。金融环境得到改善，民族地区可以不断从外部引入充裕资金，有利于为地区经济发展构建充盈的"资金池"。当前，针对西部民族地区金融生态环境普遍比较脆弱的实际情况，政府相关职能部门应加大对逃废债行为的打击，提高行政效率与司法效率，加快推进全社会信用体系构建，积极营造诚实守信的社会风气。此外，地方宗教管理机构还可利用信教群众宗教信仰及宗教文化的熏陶，鼓励宗教教义与信用文化的有机结合，以增强民族地区群众的整体信誉意识。

（四）完善民族地区的投融资体系

要积极构建完备的西部民族地区融资体系，一是要完善民族地区信用评级制度，如可以分门别类地为民族地区小微企业、民族特色企业建立信誉档案，根据信用记录确立信用评级。二是创新各种担保体系，如由财政部门或政府平台公司、大型商业性金融机构、资本实力雄厚的大型国有企业共同出资组建信用担保公司，可以将信用评估表、小组联保等作为信贷资金投放的依据。另外，可以成立以政府信用兜底，社会资本、慈善资金等各方共同参与融资的担保资金池，来解决扶贫对象抵质押物不足等问题。三是发展金融相关中介机构，对参与连片特困地区群众相关贷款项目的，财政可以适当地补贴手续费。

（五）构建区域性、民族性的资本市场

前文已述，西部民族地区同样面临着融资结构的调整，在发展以银行信贷为主的间接融资的同时，更应该大力扩大以资本市场为主的直接融资结构。直接融资方式时间成本低、效率高，从某种意义上来说，对地区经济发展有着不可替代的突出优势。就我国而言，直接融资渠道主要为债券和股票。在发行债券方面，考虑到少数民族地区旅游资源丰富，作为阳光产业的旅游业发展潜力巨大，当地优质旅游企业可尝试发行债券，一些实力雄厚的大型旅游公司还可发行旅游专项企业债券。此外，在发行债券时可考虑与民族地区投资活动结合起来，允许到民族地区进行投资的企业优先发行企业债，并规定发债所得的70%需用于民族地区。整合各方面扶持资金和资源，探索设立产业发展基金和教育医疗特殊困难救助基金，以基金的形式代替各项财政补贴，并在使用中做大基金规模。同时，在化解贫困地区县、市各级地方债务的同时，积极探索政府与社会资本合作（PPP）、拨改租等投融资模式，解决城市建设、交通建设、区域供排水以及农村基础设施建设等资金需求。在股票发行方面，可参考国外风险资本交易及二板、三板市场的成熟做法，结合国内科技产权市场的实践，尝试建立"西部少数民族特色企业板块"，或者结合新丝绸之路经济带建设适时地推出一些民族特色突出的中小企业股票市场，以促进民族地区中小企业发展。

参考文献

[1] 金炳镐. 社会主义初级阶段的民族理论研究 [J]. 黑龙江民族丛刊, 1988 (3): 8-15.

[2] 都永浩. 论民族素质与民族经济发展 [J]. 黑龙江民族丛刊, 1991 (2): 48-54, 124.

[3] 谭明华. 试论民族的发展及其度量 [J]. 民族研究, 1992 (5): 1-9.

[4] 熊锡元. 试论制约民族发展的几个重要因素 [J]. 民族研究, 1993 (3): 1-6, 14.

[5] 金炳镐. 论民族和谐发展 [J]. 黑龙江民族丛刊, 2007 (6): 10-15.

[6] 金炳镐. 论民族发展规律 [J]. 西南民族大学学报 (人文社科版), 2007 (2): 7-13.

[7] 龙先琼. 关于民族发展问题的几点理论思考 [J]. 吉首大学学报, 2006 (4): 89-93.

[8] 乌尔西耶夫. 论民族发展的基本模式、因素和趋向 [J]. 内蒙古社会科学, 1994 (6): 38-43.

[9] 吴琼. 民族协调发展: 我国当前民族发展理论的新概括 [J]. 新疆大学学报 (哲学人文社会科学版), 2010 (3): 72-76.

[10] 王薇, 郭景涛. 区域经济发展不平衡状况下民族发展面临的问题 [J]. 北方经济, 2006 (14): 11-12.

[11] 吴彬. 对少数民族贫困地区金融服务问题的研究 [J]. 西南金融, 2011 (12): 48-51.

[12] 胡言真. 对少数民族地区金融发展的思考 [N]. 中国城乡金融报, 2011-7-27 (B02).

[13] 刘梅. 金融发展理论与民族地区经济发展研究 [J]. 西南民族大学学报 (人文社科版), 2003 (8): 15-19.

[14] 韩廷香. 论西部民族地区开发中金融深化策略 [J]. 西北民族大学学报, 2003 (6): 53-56.

[15] 郑长德. 民族地区技术赶超的金融支持研究 [J]. 西南金融, 2013 (2)：8-11.

[16] 赵志刚. 浅析民族地区金融优惠政策 [J]. 开发研究, 2010 (1)：120-123.

[17] 刘华富, 尹志超. 西部民族地区金融发展问题研究 [J]. 西华大学学报, 2006 (2)：59-60.

[18] 时光, 伍艳重. 西部民族地区资本形成战略研究 [J]. 西南民族大学学报, 2004 (7)：119-123.

[19] 李劼发. 中国少数民族教育的历程与民族发展 [J]. 民族教育研究, 2000 (3)：49-54.

[20] 林晓华. 媒介素养与少数民族发展 [D]. 成都：四川大学, 2006.

[21] 贾晞儒. 论民族发展 [J]. 青海社会科学, 2000 (1)：95-98.

[22] 张兵. 少数民族社区旅游开发研究 [J]. 民族论坛, 2013 (2)：54-59.

[23] 张勇. 拉丁美洲小额信贷初探 [J]. 拉丁美洲研究, 2004 (4)：59-62.

[24] 孙若梅. 小额信贷与农民收入：理论与来自扶贫合作社的经验数据 [M]. 北京：中国经济出版社, 2006.

[25] 王群琳. 中国农村金融制度：缺陷与创新 [M]. 北京：经济管理出版社, 2006.

[26] 张杰. 中国农村金融制度调整的绩效：金融需求的视角 [M]. 北京：中国人民大学出版社, 2003.

[27] 赵晓芳, 王亦龙. 少数民族贫困地区货币政策区域化问题研究 [J]. 西北民族大学学报, 2010 (3), 82-88.

[28] 涂裕春. 民族地区实施国际扶贫融资的途径及问题 [J]. 内蒙古社会科学, 2012 (3)：86-91.

[29] 鲁健彪. 关于民族贫困地区扶贫路径选择的理性思考 [J]. 经济问题探索, 2011 (5)：150-154.

[30] 郭佩霞. 民族地区扶贫效益评价体系的构建 [J]. 西南民族大学学报, 2009 (9)：52-55.

[31] 汪三贵, 张伟宾. 少数民族贫困变动趋势、原因及对策 [J]. 贵州社会科学, 2012 (12)：85-90.

[32] 王明黔, 王娜. 西部民族贫困地区反贫困路径选择辨析：基于空间贫困理论视角 [J]. 贵州民族研究, 2011 (4)：141-145.

[33] 郑长德. 中国少数民族地区技术赶超的金融约束与金融支持研究 [J]. 兰州商学院学报, 2012, (6): 1-9.

[34] 谭春枝, 张家寿. 印度对欠发达地区的金融支持及经验教训 [J]. 广西民族大学学报 (哲学社会科学版), 2007 (1): 145-148.

[35] 任志军. 民族地区经济发展及金融支持战略研究 [J]. 经济问题探索, 2007 (12): 89-93.

[36] 刘磊. 少数民族地区经济发展的金融支持研究 [J]. 黑龙江民族丛刊, 2010 (3): 39-43.

[37] 郑长德. 中国少数民族地区金融中介发展与经济增长关系研究 [J]. 西南民族大学学报 (人文社科版), 2007 (1): 54-58.

[38] 廖群云. 民族地区金融支持弱化问题及其强化对策探讨 [J]. 中南民族大学学报, 2005 (3): 73-75.

[39] 柳劲松. 民族地区金融发展与经济增长的灰关联分析 [J]. 武汉金融, 2009 (4): 26-28.

[40] 龙远蔚. 中国少数民族经济研究导论 [M]. 北京: 民族出版社, 2004.

[41] 严琼芳. 民族地区农村金融发展对农民收入影响效应分析 [J]. 武汉金融, 2012 (2): 45-48.

[42] 毛捷, 汪德华, 白重恩. 民族地区转移支付、公共支出差异与经济发展差距 [J]. 经济研究, 2011 (2): 75-87.

[43] 张毅. 我国民族地区金融浅化的微观分析 [J]. 西南民族大学学报 (人文社科版), 2010 (7): 196-199.

[44] 张家寿. 我国少数民族地区经济社会发展的金融支持体系研究 [J]. 学术论坛, 2009 (11): 111-114, 135.

[45] 中国人民银行成都分行课题组. 西南民族地区农村金融生态运行特征及行为绩效 [J]. 财经科学, 2006 (8): 110-116.

[46] 周运兰. 民族地区金融市场与民族企业融资问题研究 [J]. 中南民族大学学报 (人文社会科学版), 2011 (7): 129-134.

[47] 黄健英. 论少数民族经济与少数民族地区经济 [J]. 学术探索, 2009 (1): 38-43.

[48] MARTIN R. The new economic geography of money [M]. Chichester: Chichester John Wiley& Sons, 1999.

[49] 白钦先. 金融结构、金融功能演进与金融发展理论的研究历程 [J]. 经济评论, 2005 (3): 39-45.

[50] 郑长德. 发展金融学 [M]. 北京: 中国经济出版社, 2011.

[51] HELLMANN THOMAS F, MURDOCK KEVIN, STIGLITZ JO-

SEPH. Financial restraint: towards a new paradigm [R]. Palo Atto: Working Papers (Faculty), Stanford Graduate School of Business, 1995.

[52] 林毅夫, 孙希芳, 姜烨. 经济发展中的最优金融结构理论初探 [J]. 经济研究, 2009 (8): 4-17.

[53] 王文英. 日本北海道综合开发的历史进程和成功经验 [J]. 苏州大学学报, 2006 (5): 100-103.

[54] 沈洁日本社会保障制度的发展 [M]. 北京: 中国劳动社会保障出版社, 2004.

[55] 彭伟琳, 刘艳红. 德国住房储蓄及其中国本土化研究 [J]. 经济论坛, 2005 (23): 121-123.

[56] ILO. India: an inventory of micro insurance schemes [R]. Geneva: International Labour Office, Strategies and Tools Against Social Exclusion and Poverty (STEP) Programme, Working Paper No. 2, 2005: 1-210.

[57] 李琼, 刘爽, 宋玉琪, 等. 农村小额人身保险的制度经济学分析 [J]. 保险研究, 2011 (10): 39-45.

[58] 郭建宇. 农户多维贫困程度与特征分析: 基于山西农村贫困监测数据 [J]. 农村经济, 2012 (3): 19-22.

[59] MCKAY A, LAWSON D. Chronic poverty: a review of current quantitative evidence [S]. Nottingham: School of Economics University of Nottingham, CPRC Working Paper No. 15, 2002.

[60] PAUL COLLIER, STEFAN DERCON. The complementarities of poverty reduction, equity, and growth: a perspective on the world development report 2006 [J]. Economic Development and Cultural Change, 2006, 55 (1): 35-38.

[61] FARAH AIDA AHMAD NADZRI, RASHIDAH A BDRAHMAN, NORMAH OMAR. Zakat and poverty alleviation: roles of zakat institutions in malaysia [J]. International Journal of Arts and Commerce, 2012, 1 (12): 61-72.

[62] HONOHAN PATRICK. Financial sector policy and the poor: Selected findings and issues [R]. World Bank Working Paper , No. 43, 2004.

[63] LEVINE ROSS, ZERVOS, SARA. Stock markets, banks, and economic growth [J]. American Economic Review, 1998, 88 (3): 537-558.

[64] ROBERT G RAJAN, LUIGI ZINGALES. Financial dependence and growth [J]. Quarterly Journal of Economic, 1993, 32 (9): 717-738.

[65] 张珂, 景文博. 宁夏小额贷款公司可持续发展的初步探索 [J]. 时代金融, 2012 (18): 207, 217.

[66] 万亚明, 王彩琴. 金融支持宁夏"两区"建设路径探微 [J]. 宁夏社会科学, 2013 (4): 56-58.

[67] 常军卫. 金融发展与西部民族地区经济增长的实证研究: 以宁夏为例 [J]. 经济研究导刊, 2012 (4): 59-61.

[68] 王烨. 宁夏金融服务民生改善民生的现状、问题和对策研究 [J]. 宁夏大学学报, 2011 (4): 132-134.

[69] 李立平. 宁夏金融业发展迈出新步伐 [N]. 证券日报, 2008-7-6 (A02).

[70] 杨慧. 用好金融资源 促进宁夏经济发展 [J]. 中共银川市委党校学报, 2012 (4): 24-26.

[71] 李立平. 金融反贫困: 宁夏启示录 [N]. 证券日报, 2011-4-25 (D01).

[72] 陶春生. 我国民族地区金融发展水平的测度与分析 (2000—2010) [J]. 经济研究参考, 2013 (15): 36-49.

[73] 王婧怡. 选好切入点金融反贫困大有可为 [N]. 金融时报, 2012-1-19 (12).

[74] 李鸿雁. 宁夏伊斯兰金融发展研究 [J]. 特区经济, 2011 (12): 215-217.

[75] 张睿亮. 伊斯兰金融在中国的借鉴与发展 [J]. 阿拉伯世界研究, 2012 (1): 108-120.

[76] 马继洲. 伊斯兰金融的发展及与我国金融市场的结合 [J]. 甘肃金融, 2012 (7): 45-48.

[77] 付先军. 金融扶贫模式的调查与思考 [J]. 华北金融, 2012 (2): 45-46.

[78] 胡卫东. 金融发展与农村反贫困: 基于内生视角的分析框架 [J]. 金融与经济, 2011 (9): 60-64.

[79] 徐淑芳, 彭馨漫. 微型金融机构使命偏移问题研究 [J]. 经济学家, 2013 (5): 86-94.

[80] 王玲, 谢玉梅. 民族贫困地区多重资本约束下的减贫问题研究 [J]. 青海民族研究, 2013 (7): 66-69.

[81] 赵海荣. 我国农村非正规金融发展相关问题概述 [J]. 当代经济, 2010 (15): 72-73.

[82] 李薇. 我国农村非正规金融的问题及对策分析 [J]. 农村经济与科技, 2013 (4): 142-143, 25.

［83］胡云鹏，宋立恒. 我国小额贷款公司可持续发展面临的问题及对策［J］. 当代经济，2013（2）：54-56.

［84］杨旻. 关于非正规金融效应的思考［J］. 昌吉学院学报，2013（3）：15-18.

［85］崔澜. 对我国非正规金融发展的思考与建议［J］. 财会研究，2013（3）：72-74.

［86］王曙光. 民族地区金融反贫困中的资本整合、文化融合与体制磨合：新疆案例［J］. 农村经济，2009（11）：3-8.

［87］张韬. 中国人口较少民族发展问题研究［D］. 北京：中央民族大学，2010.

［88］赵曦，严红，刘慧玲. 西部农村扶贫开发战略模式研究［J］. 经济问题探索，2007（12）：75-80.

［89］金鑫，徐晓萍. 中国民族问题报告：当代中国民族问题和民族政策的历史反观与现实思考［M］. 北京：中国社会科学出版社，2008.

［90］史睿. 国家"兴边富民行动"研究［D］. 北京：中央民族大学，2010.

［91］庞笑笑，王荣成，王文刚. 中国东北延边少数民族地区发展的障碍因素分析：以延边朝鲜族自治州为例［J］. 世界地理研究，2010（3）：135-142.

［92］朱玉福，伍淑花. 中国扶持人口较少民族发展的政策及其实践研究［J］. 贵州民族研究，2011（6）：22-28.

［93］朱玉福，周成平. 人口较少民族教育事业发展研究［J］. 民族教育研究，2010（4）：107-112.

［94］丁志国，谭伶俐，赵晶. 农村金融对减少贫困的作用研究［J］. 农业经济问题，2011（11）：72-77，112.

［95］梁树广，黄继忠. 基于贫困含义及测定的演进视角看我国的贫困［J］. 云南财经大学学报，2011（1）：55-61.

［96］林伯强. 中国的经济增长、贫困减少与政策选择［J］. 经济研究，2003（12）：15-25，90.

［97］陆静. 金融发展与经济增长关系的理论与实证研究：基于中国省际面板数据的协整分析［J］. 中国管理科学，2012（1）：177-184.

［98］马丽娟. 经济发展中的金融中介［M］. 北京：中国金融出版社，2005.

［99］王曙光. 中国的贫困与反贫困［J］. 农村经济，2011（3）：3-8.

［100］叶普万. 贫困经济学研究［M］. 北京：中国社会科学出版

社，2004.

[101] 米运生. 金融自由化、经济转轨与农民相对贫困的恶化[J]. 经济理论与经济管理，2009（10）：60-65.

[102] 杨小玲. 中国农村金融发展与贫困减少的实证研究[J]. 金融教学与研究，2009（6）：12-16.

[103] 董晓林. 我国农村经济发展中的金融支持研究[D]. 南京：南京农业大学，2005.

[104] 董婷. 我国民族地区农村民间金融问题研究综述[J]. 赤峰学院学报，2010（5）：61-63.

[105] 中国人口较少民族发展研究丛书编委会. 中国人口较少民族经济和社会发展调查报告[R]. 北京：民族出版社，2007.

[106] 王铁志. 人口较少民族发展的结构性差异：以德昂族经济和社会发展为例[J]. 黑龙江民族丛刊，2006（1）：24-34.

[107] 李学坤，张榆琴. 云南省人口较少民族聚居区经济发展问题及对策分析：以布郎族乡为例[J]. 当代经济，2009（16）：102-103.

[108] 李若青. 云南扶持人口较少民族发展政策的实践启示[J]. 云南行政学院学报，2011（3）：85-88.

[109] JEANNENEY S G, KPODAR K. Financial development, financial instability and poverty [J]. CSAE Working Paper Series, 2005 (9):
.

[110] 中华人民共和国中央人民政府. 扶持人口较少民族发展规划（2011—2015 年）[EB/OL]. http：//www. gov. cn/gzdt/2011-07/01/content_ 1897797. htm.

[111] 杜鹃汀. 和谐社会中少数人权利的保护及其实现研究[D]. 西安：西北工业大学，2007.

[112] 朱玉福. 中国扶持人口较少民族政策实践程度评价及思考[J]. 广西民族研究. 2011（4）：18-27.

[113] 王爱苹，孙超英. 金融支持四川民族地区城镇化进程的研究[J]. 中国商贸，2014（3）：106-107.

[114] 赵洋. 金融增加值占 GDP 比重5%意味着什么[N]. 金融时报，2012-9-29（4）.

[115] 徐忠，张雪春，沈明高，等. 中国贫困地区农村金融发展研究[M]. 北京：中国金融出版社，2009.

[116] 中国少数民族修订编辑委员会. 中国少数民族[M]. 北京：民族出版社，2009.

[117] 托达罗. 第三世界的经济发展[M]. 于同申，等，译. 北

京：北京经济学院出版社，1988.

[118] 孙珊珊. 我国农村金融发展对贫困减少的影响研究 [D]. 长沙：湖南大学，2011.

[119] 王爱苹，孙超英. 四川城镇化进程中农业转移人口市民化的困境与应对：以成都、广元两市调查为基础 [J]. 中共四川省委省级机关党校学报，2014（2）：103-108.

[120] 黄达. 金融学 [M]. 北京：中国人民大学出版社，2009.

[121] 国务院扶贫办外资项目管理中心，亚洲开发银行. 中国农村扶贫方式研究 [M]. 北京：中国农业出版社，2002.

[122] 梁平，郭曦，马智利. 西南民族地区农村经济的特点与金融支持 [J]. 农村经济，2005（9）：65-67.

[123] 郑长德. 西部少数民族地区金融中介与经济增长关系研究 [J]. 西南民族大学学报（人文社科版），2007（1）：54-58.

[124] 郭田勇. 民间金融走出灰色地带 [J]. 国际金融时报，2009（2）：4-5.

[125] 张希芳. 民间金融发展现状及其对策研究 [J]. 改革与发展，2009（1）：8-9.

[126] 董冰清. 农村资金互助社的发展研究 [J]. 经济视点，2011（5）：88-89.

[127] 郭海霞，鲁可荣. 农村资金互助合作组织发展与管理现状及促进政策分析 [J]. 中国集体经济，2012（4）：7-9.

[128] 朱德位. 优化金融结构：改善金融生态的另一个视角 [J]. 上海金融，2006（1）：19-23.

[129] 牛怡楠. 西部地区金融生态状况及优化路径 [J]. 云南财经大学学报，2008（4）：62-64.

[130] 王浙诚. 农村资金互助社可持续发展的策略取向研究 [J]. 浙江金融，2011（8），71-74.

[131] 谢丽霜. 论西部扶贫实践中的小额信贷 [J]. 贵州民族研究，2002（4）：124-131.

[132] 人行西宁中支，青海省农行联合课题组. "澳援"小额信贷在欠发达地区实现可持续发展：青海海东个案调查 [J]. 青海金融，2008（7）：31-32.

[133] 王曙光. 金融减贫：中国农村微型金融发展的掌政模式 [M]. 北京：中国发展出版社，2011.

[134] 王曙光. 告别贫困：中国农村金融创新与反贫困 [M]. 北京：中国发展出版社，2012.

[135] 张娟，王荣党. 参与式扶贫开发模式探析：以云南为例 [J]. 经济研究导刊，2012（15）：120-122.

[136] 汪力斌，周源熙. 参与式扶贫干预下的瞄准与偏离 [J]. 农村经济，2010（7）：3-7.

[137] 王志丹. 贫困村参与式发展研究评述 [J]. 黔南民族师范学院学报，2014（1）：97-100.

[138] 杜黎霞. 西部地区农村微型金融扶贫开发途径探讨 [J]. 甘肃金融，2014（2）：38-40.

[139] 丁一，马盼盼. 运用"参与式"方法破解扶贫开发与环境保护的难题：以四川省小金县为例 [J]. 西南民族大学学报，2013（10）：143-146.

[140] 黄瑞华. 福特基金会在少数民族地区的活动研究 [D]. 北京：中央民族大学，2011.

[141] 苏连忠. 我国NGO扶贫问题及对策研究：以中国扶贫基金会为例 [D]. 北京：中央民族大学，2013.

[142] 何通艳. 藏区参与式反贫困研究 [D]. 成都：西南财经大学，2013.

[143] 王淑彬，黄国勤. 参与式扶贫及其绩效分析：基于江西的实践 [J]. 江西农业大学学报，2010（12）：47-52.

[144] 袁乐平，陈森，袁振华. 开发性金融：新的内涵、理论定位及改革方向 [J]. 江西社会科学，2012（1）：95-99.

[145] 杜晓山，宁爱照. 对商业银行参与金融扶贫的思考 [J]. 农村金融研究，2013（5）：5-11.

[146] 林勇，张宗益. 论现代金融体系下的开发性金融理论定位 [J]. 重庆大学学报，2007（5）：16-19.

[147] 李小云. 我国农村扶贫战略实施的治理问题 [J]. 贵州社会科学，2013（7）：101-106.

[148] 李琼，等. 农村小额人身保险的制度经济学分析 [J]. 保险研究，2011（10）：39-45.

[149] KAREN HUNT-AHMED. Contemporary islamic finance：innovations，applications and best practices [M]. Chichester：John Wiley & Sons, Inc., Hoboken, 2013.

[150] 辛树人. 差别化金融调控的目标、工具与模式选择 [D]. 成都：西南财经大学，2010.

[151] 李静. 民族地区反贫困与金融支持研究：以湖北省恩施州土家族苗族自治州为例 [D]. 武汉：中南民族大学，2011.

［152］范祚军，关伟. 差别化区域金融调控的一个分区方法 ［J］. 管理世界，2008（4）：36-47.

［153］邹林刚. 产品差别化战略：县域金融定位下的理性选择 ［J］. 现代金融，2011（7）：11-12.

［154］常军卫. 金融发展与西部民族地区经济增长的实证研究：以宁夏为例 ［J］. 经济研究导刊，2012（4）：59-61.

［155］王永清，飞传鹤. 金融支持贫困山区人口较少民族支系发展的实践与思考 ［J］. 时代金融，2012（12）：257-258.

［156］卢飞. 中国农村金融发展的区域差异研究 ［D］. 重庆：西南大学，2012.

［157］赵曦. 中国西部农村反贫困模式研究 ［M］. 北京：商务印书馆，2009.

［158］熊娜，陈池波. 农村金融治理农户脆弱性贫困实证研究 ［J］. 武汉金融，2013（2）：51-54.

［159］ZHANG YUAN，WAN GUANGHUA. Can we predict vulnerability to poverty? ［J］. Oxford Development Studies，2009，37（3）：277-287.

［160］王毅. 中国区域金融结构差异性分析 ［D］. 沈阳：辽宁大学，2011.

［161］刘磊. 少数民族地区经济发展的金融支持研究 ［J］. 黑龙江民族丛刊，2010（3）：39-43.

［162］张羽. 我国农村金融扶贫体系问题探讨 ［D］. 大连：东北财经大学，2010.

［163］赵曦. 西部大开发战略推进与西部内生增长机制培育 ［J］. 经济问题探索，2011（10）：26-28.

［164］陈明荣. 西部欠发达地区扶贫开发与金融服务问题研究 ［J］. 发展，2012（12）：65-66.

［165］郎得青. 以差别化金融政策助推青海"四个发展" ［J］. 青海金融，2011（5）：3-5.

［166］师荣蓉，徐璋勇，赵彦嘉. 金融减贫的门槛效应及其实证检验：基于中国西部省际面板数据的研究 ［J］. 中国软科学，2013（3）：33-36.

［167］刘博. 论中国少数民族地区金融支持政策的适配与选择 ［D］. 成都：西南财经大学，2014.

［168］陶磊. 中国少数民族地区金融排斥研究 ［D］. 成都：西南财经大学，2013.

后记

本书是 2012 年国家（西部）规划课题（编号 12XMZ037）研究项目的成果，由孙超英教授主持撰写。孙超英教授、曹廷贵教授、刘博博士、张华泉博士、黄天虎同学、王爱苹同学参加了课题申报和前期大量调研；陶磊博士对课题申请书提出改进意见，并与罗君华同学一起加入了后期课题撰写；赵芮博士、王茜同学参与了对书稿的补充、修改和校对；孙超英教授负责全书统稿和修改工作。全书撰写分工如下：导论由孙超英撰写，第一、二、三章由刘博、孙超英撰写，第四、六章由刘博撰写，第五章由陶磊、罗君华撰写，第七、十章由张华泉撰写，第八、十一章由黄天虎撰写，第九章由王爱苹撰写。

课题经历了五年的研究和后继的持续跟踪。令人欣慰的是，孙超英教授、曹廷贵教授以及他们的硕士、博士同学们以课题研究为起点，形成了金融支持西部少数民族地区经济发展的系列研究成果，包括诸多课题和学位论文。在形成书面成果的同时，培养了人才、锻炼了队伍。今天，我国已全面实现小康、开启了全面建设现代化国家的新征程。为曾经的努力而自豪，为美好的未来砥砺奋进！